기초에서 실무개발자까지

자바 채팅 프로그래밍

저자 : 안용화

1982	고려대학교 전기공학과 졸업(공학사)
1984	고려대학교 대학원 전자공학과 졸업(공학석사)
1984 ~ 94	LG전자 연구소 근무
1998	고려대학교 대학원 전자공학과 졸업(공학박사)
1994 ~	현재 수원과학대학 컴퓨터정보과 교수

※ 부록CD는 웹하드(www.webhard.co.kr)에서 다운로드 받으세요.

ID : guminmedia
pass : gumin

기초에서 실무개발자까지 자바 채팅 프로그래밍

2013년 8월 26일 초판 발행
2017년 8월 31일 초판 2쇄 발행
2019년 8월 10일 초판 3쇄 발행
2023년 9월 10일 초판 4쇄 발행

지은이 안용화
발행인 조규백

발행처 도서출판 구민사

주소 서울특별시 영등포구 영등포동 4가 104-1번지 동서빌딩 604호
Tel (02)701-7421~2   Fax (02)3273-9642
Http://www.kuhminsa.co.kr
신고번호 제313-1980-3호(1980년2월4일)

ISBN 978-89-7074-776-7 13560

값 24,000원

이 책은 구민사가 저작권자와 계약하여 발행했습니다.
본사의 서면 허락 없이는 어떠한 형태나 수단으로도
이 책의 내용을 이용할 수 없음을 알려드립니다.

※낙장 및 파본은 구입하신 서점에서 바꿔드립니다.
※본 서를 허락없이 부분 또는 전부를 무단복제, 게재행위는 저작권법에 저촉됩니다.
※본 서에 명시되는 소프트웨어는 각기 저작권법에 의해 보호를 받습니다.

기초에서 실무개발자까지

자바 채팅 프로그래밍

안용화 지음

※ 부록CD는 웹하드(www.webhard.co.kr)에서 다운로드 받으세요.
ID : guminmedia
pass : gumin

서문

이 책은 자바의 기본적인 문법, 예외처리, 스레드 및 이벤트를 처리하는 GUI 기반의 프로그램 작성에 익숙한 독자들을 위한 것입니다. 자바로 채팅 프로그램을 작성하는 것은 Socket 및 ServerSocket 클래스와 같은 몇 개의 클래스를 이용하면 됩니다. 다른 언어로 채팅 프로그램을 작성해본 경험이 있는 독자라면, 자바로 동일한 프로그램을 작성하는 것은 매우 쉽다는 것을 알게 될 것입니다. 실제로, 자바로 작성한 채팅 프로그램은 대부분이 사용자와의 인터페이스를 처리하는 코드이고, 호스트 간의 데이터를 주고받는 코드는 서너 줄이면 충분합니다.

이 책의 모든 예제는 Windows XP 운영체제의 명령어 프롬프트에서 실행하였고 모든 예제들이 서버를 로컬 호스트로 사용하였기 때문에 UNIX 또는 기타 운영체제를 사용하거나, 원격 서버에 접속하여 예제를 실행하기 위해서는 부분적으로 프로그램을 수정해야 할 것입니다.

이 책의 구성은 1장부터 4장까지는 자바의 입출력 스트림 개념을 이용하여, 외부 장치와 바이트 및 문자 데이터를 쓰거나 읽는 내용을 설명합니다. 5장 및 6장은 각각 네트워크에 연결된 호스트의 주소를 처리하는 InetAddress

클래스 및 URL 클래스를 이용해서 원격 호스트의 파일을 읽는 방법을 설명합니다. 그리고 7장, 8장 및 9장은 TCP/IP 프로토콜을 사용하여 서버와 클라이언트 간에 데이터를 송수신하는 방법을 단계별로 설명합니다. 10장은 파일전송 기능을 포함한 채팅 응용 프로그램을 작성하였습니다. 11장은 UDP 프로토콜을 사용해서 데이터를 주고받는 방법, 12장은 URLConnection 클래스를 사용해서 파일의 헤더를 읽어오는 방법 및 13장은 멀티캐스팅 전송 방식에 대하여 설명합니다.

끝으로, 이 책을 공부하는 모든 분들에게 행운이 함께하고 자바 전문 프로그래머가 되는데 이 책이 조금이나마 도움이 되기를 기대합니다. 아울러, 이 책이 출판되기까지 많은 격려와 조언을 해주신 구민사 조 규백 사장님 이하 임직원 여러분, 그리고 사랑하는 가족에게 감사드립니다.

2013년 8월
저자씀

C·O·N·T·E·N·T·S

CHATPER 01　　　　　　　　　　　바이트 입출력 스트림

- 002 _ 1. 스트림이란
- 003 _ 2. 바이트 입출력 클래스
- 004 _ 3. OutputStream 및 InputStream 클래스
- 004 _ 　　3.1 OutputStream 클래스
- 009 _ 　　3.2 InputStream 클래스
- 018 _ 4. FileOutputStream 및 FileInputStream 클래스
- 018 _ 　　4.1 FileOutputStream 클래스
- 023 _ 　　4.2 FileInputStream 클래스

CHATPER 02　　　　　　　　　　　필터 입출력 스트림

- 030 _ 1. FilterInputStream 및 FilterOutputStream 클래스
- 031 _ 2. DataOutputStream 및 DataInputStream 클래스
- 032 _ 　　2.1 DataOutputStream 클래스
- 036 _ 　　2.2 DataInputStream 클래스
- 047 _ 3. BufferedInputStream 및 BufferedOutputStream 클래스
- 047 _ 　　3.1 BufferedOutputStream 클래스
- 048 _ 　　3.2 BufferedInputStream 클래스
- 051 _ 4. PrintStream 클래스
- 052 _ 5. PushbackInputStream 클래스

파일처리 클래스   CHATPER 03

1. File 클래스 _056
2. RandomAccessFile 클래스 _062
3. FileDescriptor 클래스 _068

문자 입출력 스트림   CHATPER 04

1. 문자 입출력 스트림 _073
2. Writer 및 Reader 클래스 _075
   2.1 Writer 클래스 _075
   2.2 Reader 클래스 _076
3. FileWriter 및 FileReader 클래스 _077
   3.1 FileWriter 클래스 _077
   3.2 FileReader 클래스 _079
4. BufferedWriter 및 BufferedReader 클래스 _081
   4.1 BufferedWriter 클래스 _081
   4.2 BufferedReader 클래스 _083
5. OutputStreamWriter 및 InputStreamReader 클래스 _085
   5.1 OutputStreamWriter 클래스 _085
   5.2 InputStreamReader 클래스 _087
   5.3 BufferedReader 및 BufferedWriter 클래스를 이용한 문자 전송 _090
6. PrintWriter 클래스 _095
7. FilterWriter 및 FilterReader 클래스 _097
   7.1 FilterWriter 클래스 _097
   7.2 FilterReader 클래스 _098

C·O·N·T·E·N·T·S

CHATPER 05　　　　　　　　　　　인터넷 주소 처리

102 _	1. 네트워크 개요	
102 _	1.1 IP 주소란	
103 _	1.2 포트	
104 _	1.3 java.net 패키지	
105 _	2. InetAddress 클래스	
105 _	2.1 주요한 필드	
105 _	2.2 InetAddress 객체 만들기	
109 _	2.3 필드 값 구하기	

CHATPER 06　　　　　URL 클래스를 이용하여 데이터 읽기

120 _	1. URL이란?	
121 _	2. URL 클래스	
121 _	2.1 주요한 필드	
122 _	2.2 URL 객체 만들기	
127 _	2.3 필드 값 구하기	
129 _	2.4 URL로부터 데이터 읽어오기	
134 _	2.5 기타 메소드	

TCP/IP 서버 소켓　　CHATPER 07

1. 소켓과 서버 소켓　_140
2. ServerSocket 클래스　_141
2.1 ServerSocket 객체 생성하기　_142
2.2 접속요청 받기 및 서버의 소켓 생성　_144
2.3 서버 프로그램의 작성　_145
2.4 서버 소켓에 대한 정보 알아내기　_149
2.5 서버 소켓 닫기 및 객체 메소드　_150

TCP/IP 클라이언트 소켓　　CHATPER 08

1. TCP/IP 프로토콜　_158
2. 소켓과 포트란 무엇인가?　_159
3. Socket 클래스　_161
3.1 소켓 객체 생성하기　_163
3.2 소켓으로부터 스트림 객체 얻기　_166
3.3 소켓에 대한 정보 알아내기　_170
3.4 소켓 닫기 및 객체 메소드　_171

서버와 클라이언트 통신 프로그램　　CHATPER 09

1. 서버와 클라이언트 1:1 통신 프로그램　_176
2 다수의 클라이언트들 간의 통신 프로그램　_183
3. 메시지를 이용한 통신 프로그램　_190
4. 귓속말 전송 프로그램　_200

C·O·N·T·E·N·T·S

CHATPER 10   채팅 프로그램 작성

216 _ 1. 서버 프로그램
239 _ 2. 클라이언트 프로그램

CHATPER 11   UDP 프로토콜

298 _ 1. UDP 프로토콜
299 _ 2. DatagramPacket 클래스
300 _ 2.1 수신용 데이터그램의 생성
300 _ 2.2 송신용 데이터그램의 생성
301 _ 2.3 지원하는 메소드
305 _ 3. DatagramSocket 클래스
305 _ 3.1 데이터그램 소켓의 생성
307 _ 3.2 UDP 데이터그램의 송수신
311 _ 3.3 기타 지원하는 메소드

CHATPER 12   URLConnection 클래스

326 _ 1. URLConnection 객체 생성
327 _ 2. URLConnection 클래스의 메소드
327 _ 2.1 헤더의 구문 분석 메소드들
331 _ 2.2 서버로부터 데이터를 가져오는 메소드들
335 _ 2.3 URLConnection의 환경 설정 메소드
339 _ 3. 기타 메소드들

IP 멀티캐스팅 소켓　　　　　　　　　　　　CHATPER 13

1. 멀티캐스트(Multicast) _344
1.1 멀티캐스트 주소 _345
1.2 TTL(Time To Live) _346
2. MulticastSocket 클래스 _346
2.1 MulticastSocket 클래스의 생성자 메소드 _347
2.2 지원하는 메소드들 _347
3. 멀티캐스트 패킷 수신 _349
4. 멀티캐스트 패킷 전송 _350

CHAPTER 1

바이트 입출력 스트림

1.1 스트림이란
1.2 바이트 입출력 클래스
1.3 OutputStream 및 InputStream 클래스
1.4 FileOutputStream 및 FileInputStream 클래스

바이트 입출력 스트림

자바는 사용하는 운영체제 및 시스템에 관계없이 동작하도록 키보드, 파일, 네트워크 및 단말기 등과 같은 모든 입출력 장치에 스트림(stream)을 이용하여 입출력을 수행한다.

스트림이란 순서가 있는 일련의 데이터를 의미하는 추상적인 개념이다. 즉, 사용자가 스트림을 이용하여 입출력을 수행하면 자바가상기계는 실제 입출력 하드웨어 장치에 입출력 스트림을 연결한다. 본 장에서는 입출력 스트림을 이루는 개념과 파일처리에 관한 대표적인 클래스를 중심으로 입출력 스트림에 관하여 살펴본다.

1. 스트림이란

스트림이란 우리나라 말로 해석하면 "흐르는 물"로 해석될 수 있으며 순서가 있는 일련의 데이터를 의미하는 추상적인 개념이다. 프로그램 입장에서 하드디스크에 저장된 파일을 메모리로 읽어 드릴 때, 하드디스크와 메모리 사이에 채널이 형성되고 데이터는 이 채널을 통하여 전달된다. 이와 같이 하드디스크, 네트워크 및 메모리 등과 같이 데이터 소스나 목적지 사이에 데이터를 주고받기 위하여 그림 1.1과 같이 형성된 채널을 통하여 일련의 데이터가 흘러 들어가거나, 흘러 들어오는 것을 스트림이라 이해하면 된다.

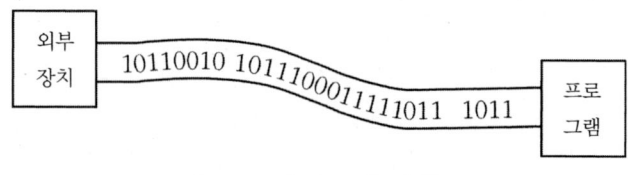

[그림 1.1] 스트림 구성

자바는 이와 같이 스트림이라는 개념을 이용하여 사용하는 하드웨어 및 오퍼레이팅 시스템에 독립적으로 입출력의 기능을 제공하며 java.io 패키지에서 스트림을 구현하기 위하여 약 40여개의 스트림 클래스를 제공한다. 또한 자바에서 지원하는 스트림 클래스는 처리하는 데이터가 바이트 단위(파일을 2진수 데이터로 취급)인가 또는 문자 단위인가에 따라서 구분되며 본 장에서는 바이트 단위로 데이터를 송수신하는 입출력 스트림 클래스부터 살펴보기로 한다.

2. 바이트 입출력 클래스

바이트 입출력 스트림 클래스는 바이트 단위로 시스템의 메모리와 주변장치와의 데이터 전송, 서버와 클라이언트간의 데이터 전송 등을 처리하는 클래스들을 의미한다. 그림 1.2는 java.io 패키지에서 바이트 단위로 데이터를 송수신하는 클래스들을 보여주며 단순한 입출력만을 담당하는 기본적인 입출력 스트림 클래스 및 스트림에 들어온 데이터를 조작하는 필터 스트림(짙은 색깔로 표시) 클래스로 구분할 수 있다.

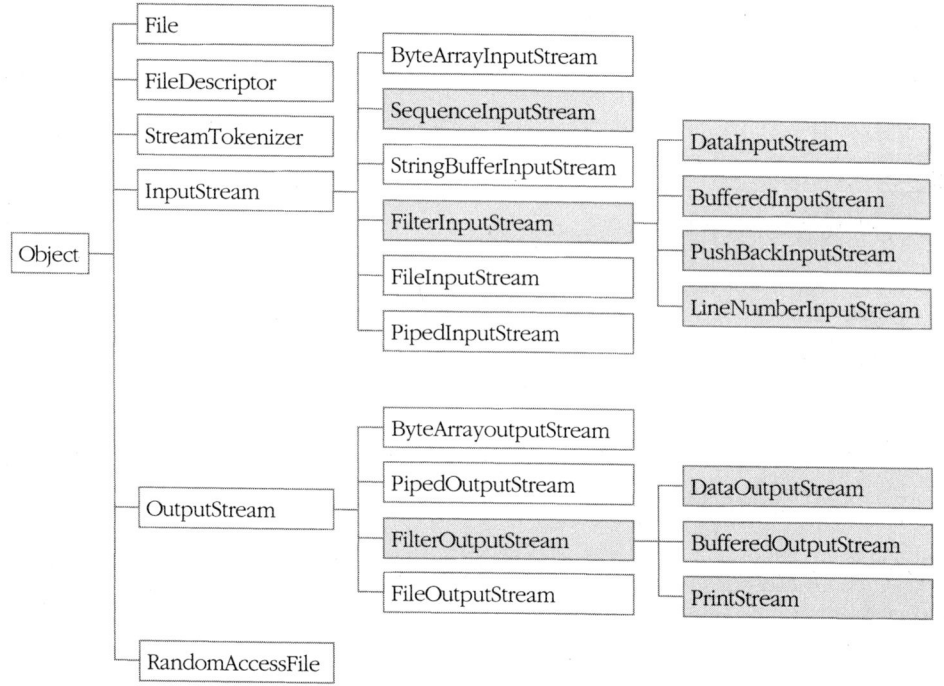

[그림 1.2] 바이트 입출력 스트림 클래스

바이트 출력 스트림 클래스들은 그림 1.2의 OutputStream 클래스 및 그의 하위 클래스들이며 메모리의 내용을 파일 및 네트워크등과 같은 출력장치에 출력하는 클래스들이다. 바이트 입력 스트림 클래스들은 그림 1.2의 InputStream 클래스 및 그의 하위 클래스들이며 파일 및 네트워크 등과 같은 입력장치로부터 데이터를 읽어서 메모리에 저장하는 클래스들이다.

이때 입출력 장치사이에 오가는 데이터는 바이트 단위의 2진 숫자이며 본 절에서는 자바에서 지원하는 대표적인 입력 및 출력 스트림 클래스들을 자세히 살펴본다.

3. OutputStream 및 InputStream 클래스

그림 1.2에서 보는 것처럼 java.io 패키지에 포함된 InputStream 및 OutputStream 클래스는 좀 더 세부적인 기능을 하는 다른 많은 서브 클래스들의 상위 추상 클래스이며 본 장에서 자세히 설명한다.

3.1 OutputStream 클래스

OutputStream 클래스는 추상 클래스로서 모든 출력 스트림 클래스들의 최상위 클래스이며 이 클래스는 FileOutputStream 및 TelnetOutputStream와 같은 하위 클래스들이 **메모리에 있는 바이트 데이터를 파일이나 다른 컴퓨터와 같은 특정한 미디어로 전송하는데** 필요한 기본적인 메소드들을 아래와 같이 지원한다.

```
public abstract void write(int b) throws IOException
public void write(byte[] data) throws IOException
public void write(byte[] data, int offset, int length) throws IOException
public void flush() throws IOException
public void close() throws IOException
```

위의 메소드들은 위의 형식에서 보는 것처럼 실행도중에 IOException 예외를 발생할 수 있으므로 반드시 예외처리를 해주어야 한다.

1) public abstract void write(int b) throws IOException

write(int b) 메소드는 OutputStream 클래스에서 지원하는 가장 기본적인 메소드이며 인수

b는 32비트의 크기를 가지는 정수이지만, 전송되는 데이터는 가장 낮은 8비트의 데이터만을 전송(스트림으로 보냄)하고 나머지 24비트는 전송하지 않는다. 예를 들면, 16진수 값으로 0x98018027를 전송하더라도 위의 24비트는 전송이 되지 않으므로 0x980180은 전송이 되지 않고 가장 낮은 8비트인 0x27만 전송이 된다.

결과적으로 **write(int b) 메소드는 인수 b의 가장 낮은 바이트 값인 0x00에서 0xFF(10진수로 255)를 전송하며** 전송되는 0에서 255 값은 부호가 없는 양의 정수 값으로 인식된다. 이러한 이유는 자바는 부호가 없는 바이트 정수를 정의(unsigned byte)하는 자료형이 없어서 int 자료형을 대신 사용하기 때문이다. 만일 사용자가 필요에 따라 부호가 있는 바이트의 정수 값을 전송하는 경우는 수신측에서 수신된 데이터의 MSB(Most Significant Bit)가 1이면 음수로 해석하면 된다. 예제 1.1은 ASCII 코드값 32부터 127에 해당하는 문자를 한 줄에 8개씩 출력한다.

[예제 1.1] **DisplayCharacter.java**

```java
import java.io.*;
public class DisplayCharacter
{
    public static void main(String args[]) throws java.io.IOException {
        for(int i=32; i<127; i++){
            System.out.write(i); // 32부터 127까지의 정수 값을 화면에 출력한다.
            if(i%8 == 7)
                System.out.write('\n'); // 8개의 문자를 출력하고 줄을 이동한다.
            else
                System.out.write('\t'); // 하나의 문자를 출력하고 탭을 출력한다.
        }
        System.out.write('\n');
    }
}
```

예제 1.1 설명

write() 메소드를 호출한 System.out 객체는 OutputStream 추상 클래스의 하위 클래스인 PrintStream 클래스의 객체로서 모니터를 가리키며 자바에서 미리 정의해 놓았다. 따라서 자바에서 모니터에 데이터를 출력하기 위해서는 별도로 모니터 객체를 생성할 필요없이 System.out 객체를 사용하면 된다. 따라서 System.out.write(i); 명령은 for 문에 의하여 32부터 127까지에 해당하는 문자(콘솔은 수치값을 숫자가 아닌 문자로 해석함)를 화면에 출력하며 프로그램의 실행결과는 아래와 같다.

	!	"	#	$	%	&	'
(	)	*	+	,	-	.	/
0	1	2	3	4	5	6	7
8	9	:	;	〈	=	〉	?
@	A	B	C	D	E	F	G
H	I	J	K	L	M	N	O
P	Q	R	S	T	U	V	W
X	Y	Z	[	\	]	^	_
`	a	b	c	d	e	f	g
h	i	j	k	l	m	n	o
p	q	r	s	t	u	v	w
x	y	z	{	|	}	~	

2) public void write(byte[] data) throws IOException

한 번에 한 바이트씩만 전송하는 write(int b) 메소드는 전송이 비효율적이다. 따라서 전송의 효율을 높이기 위하여 배열로 저장된 여러 바이트 데이터를 한 번에 전송할 수 있는 write(byte[] data) 메소드가 있다. 물론, data 배열에 저장된 내용은 0에서 255까지의 부호가 없는 바이트 데이터를 가져야 한다.

예제 1.2는 write(byte[] data) 메소드를 사용하여 여러 데이터를 한 번에 전송하는 방식을 사용해서 ASCII 코드값 32부터 127를 8개씩 화면에 출력한다.

[예제 1.2] **DisplayCharacterBlock.java**

```java
import java.io.*;
public class DisplayCharacterBlock
{
    public static void main(String args[]) throws java.io.IOException{
        byte[] b = new byte[(127-31)*2]; // 바이트 기억공간을 할당한다.
        int index=0;
        for(int i=32; i<127; i++){
            // 배열에 32부터 126까지 바이트 데이터 및 '\t' 데이터를 저장한다.
            b[index++] = (byte) i; // 정수를 바이트(0에서 255)값으로 캐스트한다.
            if(i%8 ==7)
                b[index++] = (byte)'\n'; // 8개의 데이터 다음에는 newline을 삽입한다.
```

```
        else
            b[index++] = (byte) '\t';
    }
    b[index++] = (byte) '\n';
    System.out.write(b); // b 배열에 저장된 모든 데이터들을 한번에 출력한다.
    }
}
```

예제 1.2 설명

for 반복문의 (byte) 케스트 연산자를 가지는 3개의 수행문은 각각 32부터 126까지의 4바이트 정수값, 4바이트 값을 가지는 '\t' 및 '\n' 값을 바이트 데이터로 변환하여 배열에 저장시킨다. 따라서 for 문을 수행하면 바이트 배열 b에 32, '\t', 33, '\t', 34, '\t', 35..... 126, '\n'의 값의 순서로 바이트 데이터가 저장된다.

마지막 수행문인 System.out.write(b);는 b 배열에 저장된 모든 내용을 콘솔에 출력하므로 실행결과는 예제 1.1과 같다. 콘솔의 특성 때문에 이 프로그램이 예제 1.1보다 눈에 뛰게 빠르지는 않겠지만 콘솔이 아니라 파일에 쓰는 경우라면 속도의 차이를 느낄 수 있을 것이다. 예제 1.3은 한 문자 당 4바이트로 구성된 문자열을 바이트 데이터로 변환하여 화면에 출력한다.

[예제 1.3] **DisplayString.java**

```
import java.io.*;
public class DisplayString
{
    public static void main(String args[]) throws java.io.IOException {
        byte[] buffer;
        for(int i=0; i<args.length; i++){
            buffer = args[i].getBytes(); // 문자열을 바이트 데이터로 변환한다.
            System.out.write(buffer);
            System.out.write('\n'); // 다음 문자열은 새로운 줄에 출력한다.
        }
    }
}
```

> 📌 예제 1.3 설명
>
> 출력할 문자열들을 명령어 라인에서 입력받아 args[i]에 저장한다. for 문의 첫 번째 수행문은 args[i]가 가리키는 문자열을 **getBytes() 메소드를 사용하여 문자 데이터(4바이트로 구성됨)를 바이트 데이터로 변환시키고** 두 번째 수행문에서 화면에 출력한다.
> 예를 들면, [java DisplayString An Young Hwa]를 입력하여 클래스를 실행한다고 가정하자. for 문의 첫 번째 수행문은 args[0]가 가리키는 문자열 "An"을 바이트 데이터로 변환하여 buffer 바이트 배열에 저장하고 다음 수행문에서 write() 메소드에 의하여 화면에 출력한다. 이와 같이 args[1]이 가리키는 문자열 "Young " 및 args[2]가 가리키는 문자열 "Hwa"도 같은 방식으로 화면에 출력하므로 실행결과는 아래와 같다.

출력할 문자열들을 명령어 라인에서 입력받아 args[i]에 저장한다. for 문의 첫 번째 수행문은 args[i]가 가리키는 문자열을 **getBytes() 메소드를 사용하여 문자 데이터(4바이트로 구성됨)를 바이트 데이터로 변환시키고** 두 번째 수행문에서 화면에 출력한다.

예를 들면, [java DisplayString An Young Hwa]를 입력하여 클래스를 실행한다고 가정하자. for 문의 첫 번째 수행문은 args[0]가 가리키는 문자열 "An"을 바이트 데이터로 변환하여 buffer 바이트 배열에 저장하고 다음 수행문에서 write() 메소드에 의하여 화면에 출력한다. 이와 같이 args[1]이 가리키는 문자열 "Young" 및 args[2]가 가리키는 문자열 "Hwa"도 같은 방식으로 화면에 출력하므로 실행결과는 아래와 같다.

```
An
Young
Hwa
```

3) public void write(byte[] data, int offset, int length) throws IOException

write(byte[] data, int offset, int length) 메소드는 write(byte[] data) 메소드와 기능이 유사하나, 바이트 배열에서 offset 위치(0이 배열에서 첫 번째 바이트 데이터를 가리킴)부터 length 개의 바이트를 한 번에 전송하는 메소드이다. 예를 들면, 예제 1.2의 마지막 수행문인 write(b);를 write(b, 32, 10);으로 수정하면 클래스는 문자 '0' 부터 '9' 까지를 화면에 출력한다.

4) public void flush() throws IOException

BufferedOutputStream 및 BufferedWrite 클래스는 지정한 크기의 버퍼가 채워졌을 때 버퍼의 내용을 전송한다. 그러나 버퍼가 채워지기 전에 강제로 버퍼의 데이터를 전송해야 하는 경우가 있다. flush() 메소드는 버퍼의 내용이 채워지지 않아도 강제적으로 버퍼의 내용을 전송하는 기능을 한다.

5) public void close() throws IOException

close() 메소드는 현재 실행중인 스트림이 사용하는 파일 핸들 또는 포트와 같은 자원을 해지하는 기능을 수행한다. 만일 실행중인 출력 스트림을 닫았을 때, 닫혀진 스트림에 데이터를 전송하면 IOException 예외가 발생한다.

3.2 InputStream 클래스

InputStream 클래스는 추상 클래스로서 모든 입력 스트림 클래스들의 최상위 클래스이며 이 클래스는 FileInputStream 및 TelnetInputStream와 같은 하위 클래스들이 **파일이나 다른 컴퓨터로부터 바이트 데이터를 읽어서 메모리로 저장하는 기능을 제공**하는 기본적인 메소드들을 아래와 같이 지원한다.

```
public abstract int read() throws IOException
public int read(byte[] data) throws IOException
public int read(byte[] data, int offset, int length) throws IOException
public int available() throws IOException
public long skip(long n) throws IOException
public void close() throws IOException
public synchronized void mark(int readlimit)
public synchronized void reset() throws IOException
public boolean markSupported()
```

위의 메소드들은 위의 형식에서 보는 것처럼 실행도중에 IOException 예외를 발생할 수 있으므로 반드시 예외처리를 해주어야 한다.

1) public abstract int read() throws IOException

read() 메소드는 InputStream 클래스에서 지원하는 가장 기본적인 메소드이며 스트림(외부 장치가 전송한 일련의 데이터)으로부터 바이트 데이터(0x00~0xFF)를 읽어서 상위 24비트는 0으로 채워진 4바이트 정수 값을 반환한다. 이때 읽혀진 바이트 데이터는 10진수로 0에서 255까지의 양의 정수 값이다. 예를 들면, read() 메소드가 0x80을 읽으면 4바이트 값인 0x00000080을 반환하며 값은 양의 정수 128을 의미한다.

결과적으로 **read() 메소드는 1바이트의 양의 정수 값을 읽어서 4바이트의 정수 값으로 반환**한다. read() 메소드는 입력 스트림의 끝을 만나는 경우에는 -1을 반환한다. 따라서 read() 메소드를 이용해서 모든 바이트 데이터를 읽었는지를 확인하기 위해서는 읽은 데이터가 -1인지를 체크하면 된다. 예제 1.4은 키보드로부터 하나의 문자(바이트 데이터)를 입력받아 화면에 출력하는 프로그램이다.

[예제 1.4] **ReadCharacters.java**

```java
import java.io.*;
public class ReadCharacters
{
    public static void main(String args[]) throws java.io.IOException {
        int data;
        while((data = System.in.read()) >= 0)
        // 엔터키까지 입력한 문자들을 하나씩 읽으며 CTRL-Z는 -1을 반환
            System.out.write(data);
    }
}
```

예제 1.4 설명

read() 메소드를 호출한 System.in 객체는 InputStream 클래스의 객체로서 키보드를 가리키며 자바에서 미리 정의해 놓았다. 따라서 자바에서 키보드로부터 입력된 문자를 읽어오기 위해서는 별도로 키보드 객체를 생성할 필요 없이 System.in 객체를 사용하면 된다. while 문의 System.in.read() 메소드는 키보드로부터 엔터키까지 입력한 문자들을 한 문자씩 읽어서 그에 대한 문자 코드 값을 4바이트 정수 값으로 반환하고 화면에 출력한다.

따라서 키보드로부터 1 및 enter를 입력하면 다음 줄에 1이 출력되고 235 및 enter를 입력하면 235가 출력되고 fighting 및 enter를 입력하면 fighting이 출력되며 마지막으로 CTRL-Z(-1을 반환함) 및 enter 키를 입력하면 프로그램이 종료된다. 아래는 실행 결과를 보여준다.

```
1
1
235
235
fighting
fighting
·Z
```

2) public int read(byte[] data) throws IOException

read(byte[] data) 메소드는 키보드, 파일 및 다른 컴퓨터에서 전송한 스트림 데이터를 한 번에 여러 바이트 데이터를 읽어서 data 바이트 배열에 저장한다. 따라서 이 메소드는 한 번에 한 바이트씩 읽는 read() 메소드보다 효율적이다. 또한 이 메소드는 외부 디바이스로부터 읽어서 바이트 배열에 저장된 바이트의 수를 반환하고 스트림의 마지막인 경우는 -1을 반환한다.

예제 1.4은 키보드로부터 입력된 문자열을 스트림으로부터 하나씩 읽어서 출력하므로 비효율적이다. 따라서 예제 1.5와 같이 스트림으로부터 블록 단위로 데이터를 읽는 read(byte[] data) 메소드를 사용하여 읽는 속도를 증가시킬 수 있다.

[예제 1.5] **ReadCharactersBlock.java**

```java
import java.io.*;
public class ReadCharactersBlock
{
    public static void main(String args[]) throws java.io.IOException {
        byte[] buffer = new byte[80];
        int numberRead; // 읽어서 배열에 저장한 바이트 데이터수를 저장한다
        while((numberRead = System.in.read(buffer)) >= 0)
 // 키보드에서 enter키 까지 입력한 문자들을 읽어서 buffer 배열에 저장하고
 // 읽은 문자 데이터 수를 반환하여 numberRead 정수변수에 저장한다.
            System.out.write(buffer, 0, numberRead);
 // buffer에 있는 데이터를 처음부터 numberRead 개수 만큼 화면에 출력한다.
    }
}
```

> 예제 1.5 설명

while 문의 System.in.read(buffer) 수행문은 문자들 및 Enter 키를 입력하면 최대 80 바이트까지 읽어서 buffer 배열의 처음 위치부터 저장하고 읽혀진 바이트 수를 numberRead 정수변수에 저장한다. 그리고 buffer 배열의 내용들은 다음 수행문인 write() 메소드에 의하여 화면에 출력된다.

Ctrl-Z 및 Enter 키를 입력하면 -1이 반환되므로 while문을 빠져나가 프로그램이 종료된다. 또한 키보드로부터 80개 이상의 문자를 입력해도 나머지 데이터를 다음번에 읽으므로 enter 키까지 입력된 모든 문자열을 출력하게 된다. 따라서 프로그램의 결과는 예제 1.4와 같으나, 데이터를 읽는 속도가 빨라진다.

3) public int read(byte[] data, int offset, int length) throws IOException

read(byte[] data, int offset, int length) 메소드는 스트림으로부터 length 개의 데이터를 읽어서 data 배열의 offset(0은 배열의 처음 위치를 지정함) 위치부터 차례로 저장한다. 또한 이 메소드는 읽은 바이트 데이터의 수를 반환하고 스트림의 마지막인 경우는 -1를 반환한다.

예제 1.5에서 사용된 read(byte[] data) 메소드는 enter 키까지 입력된 하나의 문장만을 바이트 배열에 저장할 수 있으나, read(byte[], int, int) 메소드를 사용하면 enter 키로 구분된 다수의 문장을 버퍼에 저장할 수 있다. 예제 1.6은 read(byte[], int, int) 메소드를 사용하여 다수의 문장을 버퍼에 저장하는 내용을 보여준다.

[예제 1.6] **ReadCharactersOffset.java**

```java
import java.io.*;
public class ReadCharactersOffset
{
    public static void main(String args[]){
        try{
            int bufferSize = 80;
            int size=0; // 버퍼에 저장된 데이터의 수를 저장함
            int dataRead;
            byte buffer[] = new byte[bufferSize];
            while((dataRead = System.in.read(buffer, size, bufferSize-size)) >= 0){
    // buffer 배열에 enter 키까지 입력된 데이터를 차례로 저장함
                size += dataRead;
            }
            System.out.write(buffer,0, size); // buffer의 내용을 출력함
        }catch(IOException e){
            System.err.println("스트림으로부터 데이터를 읽을 수 없습니다.");
        }
    }
}
```

◁▶ 예제 1.6 설명

bufferSize는 버퍼의 크기를, size는 버퍼에 저장된 데이터의 수를, dataRead는 스트림으로부터 읽혀진 데이터의 수를 나타낸다. while문의 조건식에서 read() 메소드는 enter 키로 구분된 다수의 문장을 읽어서 연속해서 buffer 배열에 저장한다.

예를 들면, 키보드로 "internet programming enter키", "java programming enter키", "fighting enter키" 및 CTRL-Z 키를 입력하면 read 메소드는 모든 데이터를 읽어서 buffer 배열에 저장한다. 그리고 마지막에 CTRL-Z에 의하여 EOF(-1)를 만나면 while 문을 빠져나가고 출력문에 의하여 buffer에 저장된 모든 내용을 출력하므로 실행결과는 아래와 같다.

internet programming
java programming
fighting
·Z
internet programming
java programming
fighting

첫 4개의 줄은 키보드 입력을 나타내고 나머지 3개의 줄은 buffer의 내용을 출력한 결과이다. 예제 1.6은 버퍼 크기(80) 이상의 데이터를 입력하면 프로그램이 더 이상 입력을 받지 않는다. 따라서 80개 이상의 데이터를 입력할 때 자동적으로 버퍼의 크기를 늘려주면 이러한 문제점을 해결할 수 있다. 예제 1.7은 예제 1.6에 버퍼의 크기를 늘려주는 모듈을 추가한 프로그램이다.

[예제 1.7] **ReadCharactersIncr.java**

```java
import java.io.*;
public class ReadCharactersIncr
{
    static int size = 0;
    static int bufferSize = 80;
    static byte buffer[] = new byte[bufferSize];
    public static void main(String args[]){
        try{
            int dataRead;
            while((dataRead = System.in.read(buffer, size, bufferSize-size)) >= 0){
                size += dataRead;
                if(size == bufferSize)
                    increaseBufferSize();
            }
            System.out.write(buffer,0, size);
```

```
        }catch(IOException e){
            System.err.println("스트림으로부터 데이터를 읽을 수 없습니다.");
        }
    }
    static void increaseBufferSize(){
        bufferSize += 80;
        byte[] newBuffer = new byte[bufferSize];
        System.arraycopy(buffer, 0, newBuffer, 0, size);
        buffer = newBuffer; // buffer 배열의 크기가 80개 늘어난다.
    }
}
```

예제 1.7 설명

increaseBufferSize() 메소드는 buffer 배열의 크기가 채워지면 배열(버퍼)의 크기를 80만큼 증가시킨다. increaseBufferSize() 메소드의 첫 번째 수행문은 버퍼의 크기를 80만큼 증가시키고 두 번째 수행문은 늘어난 크기를 가지는 새로운 버퍼 newBuffer를 만든다. 그리고 세 번째 수행문은 원래 buffer 데이터를 길이가 늘어난 newBuffer에 복사하고 네 번째 줄에서 새로운 버퍼를 이전 버퍼인 buffer에 복사한다. 따라서 이 프로그램은 버퍼가 꽉 차면 자동으로 버퍼의 크기를 80 바이트 만큼 늘려서 저장하므로 어떠한 크기의 데이터도 읽어 드릴 수 있다.

4) public int available() throws IOException

available() 메소드는 입력 스트림으로부터 블록킹없이 읽어올 수 있는 데이터의 수를 반환한다. 만일 읽기 가능한 데이터가 없는 경우에는 0을 반환한다. 예를 들면, available() 메소드를 사용하여 입력 스트림으로부터 읽기 가능한 데이터의 수만큼 배열의 크기를 설정하는 방법은 다음과 같다.

```
try{
    byte[] data = new byte[System.in.available()];
    System.in.read(data);
}catch(IOException e){System.err.println("데이터를 읽을 수 없습니다.");
```

5) public long skip(long n) throws IOException

skip(long n) 메소드는 입력 스트림으로부터 인수로 주어진 n 바이트 수만큼을 읽지 않고 스킵할 수 있는 기능을 제공한다. 그러나 이 메소드는 실제로 스킵을 원하는 n 바이트 수보다 적은 데이터 바이트가 스트림에 있을 수도 있으므로 실제로 스킵한 바이트 수를 반환하며 스트림의 끝을 만나면 -1를 반환한다.

예를 들면, 입력 스트림 in에서 80바이트를 스킵하기 위한 예제는 아래와 같다.

```
try{
    long bytesSkipped=0;
    long bytesToSkip=80;
    while(bytesSkipped < bytesToSkip){
        long n=in.skip(bytesToSkip - bytesSkipped);
        if(n==-1) break;
        bytesSkipped += n;
    }
}catch(IOExceptio e){System.err.println(e);}
```

6) public void close() throws IOException

close() 메소드는 현재 실행중인 스트림이 사용하는 파일 핸들 또는 포트와 같은 자원을 해지하는 기능을 수행한다. 그러나 System.in은 보통 닫을 필요가 없다. 만일 실행중인 입력 스트림을 닫았을 때, 닫혀진 스트림을 통하여 읽기를 시도한다면 IOException 예외가 발생한다.

```
try{
    URL u = new URL("http://www.ssc.ac.kr/");
    InputStream in = u.openStream();
    // 스트림으로부터 데이터를 읽어오기....
    in.close();   // 입력 스트림을 닫는다.
}catch(IOExcption e){
    System.err.println(e);
}
```

7) public synchronized void mark(int readlimit)

8) public synchronized void reset() throws IOException

입력 스트림으로부터 데이터를 읽고 있을 때, 현재 읽고 있는 데이터에 마킹을 하고 계속해서 그 후의 데이터를 읽는 도중에 마킹을 리셋하면 이전에 마킹한 데이터부터 다시 데이터를 읽는 기능이 필요한 경우가 있다.

mark(int readlimit) 및 reset() 메소드는 위와 같은 기능을 지원하며 이러한 기능은 파싱관련 프로그램 등에서 사용할 수 있다. 즉, mark(int readlimit) 메소드는 현재 읽고 있는 데이터를 마크하고 그 후에 데이터를 읽는 중에 reset() 메소드를 수행하면 이전에 마크한 위치의 데이터부터 다시 읽는 기능을 수행한다.

그러나 스트림의 특정한 데이터를 마크하고 다시 읽기를 원하는 리셋의 위치가 제한이 있는데, mark() 메소드의 readlimit 인수가 지정한 수보다 더 많은 데이터를 읽었다면 IOException 예외가 발생한다. 예를 들면, 특정한 데이터에서 mark(10) 문을 수행하고 11개 이상의 데이터를 읽은 후에 reset() 명령을 수행하는 것은 IOException 예외를 발생시킨다.

또한 주어진 시점에서 스트림에는 하나의 마크만 있을 수 있다. 만일 두 번째 마킹을 하게 되면 첫 번째 마크는 자동적으로 지워진다.

9) public boolean markSupported()

자바에서 지원하는 모든 입력 스트림 클래스들이 마킹을 지원하는 것은 아니다. 따라서 markSupported() 메소드는 사용되는 입력 스트림 클래스의 마킹 기능의 지원유무를 알려준다. 즉, 이 메소드는 스트림이 마킹을 지원하는 경우는 true를 반환하고 그렇지 않은 경우는 false를 반환한다. 만일 마킹을 지원하지 않는 스트림에 마킹과 리셋 기능을 구현하면, mark() 메소드는 아무 일도 하지 않고 reset() 메소드는 IOException 예외를 발생시킨다.

예제 1.8은 copy() 메소드의 첫 번째 인수가 지정하는 스트림의 데이터를 두 번째 인수가 지정하는 스트림으로 복사한다.

[예제 1.8] **StreamCopier.java**

```
import java.io.*;
public class StreamCopier
{
    public static void main(String args[]){
        try{
            copy(System.in, System.out);
```

```
// System.in은 키보드, System.out은 모니터를 의미함
    }catch(IOException e){
        System.err.println("스트림으로부터 데이터를 읽을 수 없습니다.");
    }
}
public static void copy(InputStream in, OutputStream out) throws IOException{
    int bytesRead;
    byte[] buffer = new byte[256];
    synchronized(in){
        synchronized(out){
            while((bytesRead = in.read(buffer)) >= 0){
                out.write(buffer, 0, bytesRead);
            }
        }
    }
}
}
```

예제 1.8 설명

copy() 메소드는 키보드(System.in)에서 입력한 데이터(입력 스트림)를 모두 읽어서 모니터 (System.out)로 출력(출력 스트림)하는 프로그램이다. 스트림의 끝을 나타내는 CTRL-Z 키를 입력(-1을 반환)하면 while 문의 조건식이 진실이 되어 프로그램은 종료된다. 아래에서 짝수 줄은 키보드로부터 입력한 데이터를 보여주고 홀수 줄은 화면에 출력된 데이터를 보여준다.

this is a sample data.
this is a sample data.
my name is younghwa ahn
my name is younghwa ahn
·Z

4. FileOutputStream 및 FileInputStream 클래스

FileOutputStream 클래스는 메모리의 내용을 읽어서 파일로 저장하는 기능을 수행하는 클래스이며 FileInputStream 클래스는 파일의 내용을 읽어서 메모리에 저장(로딩기능)하는 기능을 수행하는 클래스이다.

4.1 FileOutputStream 클래스

OutputStream 클래스의 하위 클래스인 FileOutputStream 클래스는 그림 1.3과 같이 프로그램(메모리)과 파일사이에 스트림을 연결하여 메모리의 내용을 바이트 단위로 읽어서 특정한 파일로 저장하는데 사용한다.

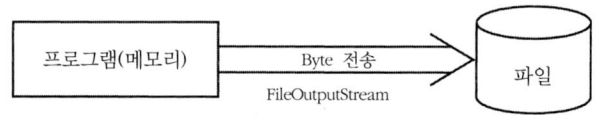

[그림 1.3] FileOutputStream 스트림의 구조

FileOutputStream 클래스는 아래와 같이 4개의 생성자 메소드를 가진다.

```
public FileOutputStream(String name) throws IOException
public FileOutputStream(File file) throws IOException
public FileOutputStream(FileDescriptor fd) throws IOException
public FileOutputStream(String name, boolean append) throws IOException
```

FileOutputStream 클래스는 메모리의 내용을 파일로 저장하는 기능을 수행하므로 하드디스크에 새롭게 저장할 파일이나 기존의 파일을 지정해야 한다. 따라서 위의 생성자 메소드에서 사용하는 인수들은 지정하는 방식만 다를 뿐 모두 특정한 파일을 지정한다.

첫 번째 생성자의 인수는 직접 인수로 폴더 및 파일이름을 지정하고 두 번째 및 세 번째는 각각 File 및 FileDescriptor 객체를 사용하여 파일을 지정한다. 아래는 FileOutputStream 클래스를 사용하여 example.txt 파일에 buffer 배열(메모리)의 내용을 처음부터 n 바이트 개를 저장하는 부분 프로그램은 아래와 같다.

```
...
FileOutputStream fout = new FileOutputStream("example.txt");
```

```
fout.write(buffer, 0, n); // fout는 파일과 연결된 스트림을 의미
...
```

System.out은 모니터와 연결된 스트림 객체이므로 System.out.write(buffer, 0, n)은 buffer의 내용을 처음부터 n 바이트 개를 모니터에 전송(모니터에 출력)하나, 위와 같이 하드디스크에 저장된 파일은 수백 또는 수천 개 이상이 존재하므로 저장할 특정한 파일을 먼저 지정해야 한다. 따라서 첫 번째 수행문과 같이 인수로 지정한 파일과 연결된 스트림을 의미하는 fout FileoutputStream 객체를 생성한다.

이렇게 생성된 객체를 이용해서 fout.write() 하면 스트림과 연결된 example.txt 파일에 저장된다. 만일 하드디스크에 인수로 지정한 파일이 없다면 자동적으로 파일이 만들어진 후에 데이터가 저장된다. 그러나 기존에 존재하는 파일에 데이터를 저장하면 이전의 데이터는 모두 지워지고 새로운 데이터가 저장된다. 즉, 데이터가 overwrite된다.

기존의 데이터는 지워지지 않고 새롭게 저장되는 데이터가 기존의 데이터에 이어져 저장시킬 때는 네 번째 생성자 메소드를 사용하고 두 번째 인수를 true로 해야 한다.

FileOutputStream 클래스는 호출한 객체의 FileDescriptor 객체를 반환하는 getFD() 메소드를 아래와 같이 지원한다.

```
public final FileDescriptor getFD() throws IOException
```

자바는 열려진 모든 파일에 대한 FileDescriptor 객체를 생성한다. FileDescriptor 객체는 실제 파일에 대한 참조자나 파일내에서 읽기/쓰기 위치와 같은 정보들을 포함한다.

예제 1.9는 스트림의 끝을 알리는 CTRL-Z 키를 입력할 때까지 키보드로부터 입력된 문자열을 메모리에 저장하고 메모리의 내용을 example1_9.txt 파일에 저장하는 클래스이다.

[예제 1.9] **WriteToFile.java**

```java
import java.io.*;
public class WriteToFile
{
    static FileOutputStream fout;
    public static void main(String args[]){
        try{
```

```
        int bytesRead;
        byte[] buffer = new byte[256];
        fout = new FileOutputStream("example1_9.txt");
        while((bytesRead = System.in.read(buffer)) >= 0){
            fout.write(buffer, 0, bytesRead);
    // 키보드로부터 데이터 입력 -> 메모리 저장 -> 파일로 저장
        }
    }catch(IOException e){
        System.err.println("스트림으로부터 데이터를 읽을 수 없습니다.");
    }finally{
        try{
            if(fout!=null) fout.close();
        }catch(IOException e){}
    }
  }
}
```

예제 1.9 설명

키보드로부터 데이터를 읽어서 직접 파일로 저장하는 기능을 수행하는 클래스는 없다. 따라서 while문의 수행문에서 보는 것처럼 먼저 키보드로부터 데이터를 읽어서 메모리에 저장하고(System.in.read(buffer)), 메모리의 내용을 파일에 저장(fout.write(buffer, 0, bytesRead))해야 한다. bytesRead 변수에는 read() 메소드가 읽은 바이트의 수가 저장된다. **fout와 같은 FileOutputStream 객체는 메모리와 지정한 파일을 연결하는 스트림을 의미한다. 따라서 fout.write()는 fout 스트림에 데이터를 전송하기 때문에 스트림과 연결된 example1_9.txt 파일에 데이터가 저장**되는 것이다.

while문은 키보드로부터 CTRL-Z를 입력할 때까지 입력받은 문자열을 지정한 파일에 저장하므로 아래와 같이 키보드로부터 데이터를 입력하면(각 문장의 마지막은 Enter 키를 입력함) 입력된 데이터가 example1_9.txt 파일에 저장된다. 입력된 파일의 내용은 type 명령어 또는 에디터로 읽어서 확인할 수 있다.

What is network programming?
What can network programs do?
Network programming with Java
·Z

예제 1.10은 첫 번째 텍스트필드에 입력된 파일에 두 번째 텍스트필드에 입력한 데이터를 저장하는 윈도우 클래스이다.

[예제 1.10] **WriteToFileEvent.java**

```java
import java.awt.*;
import java.awt.event.*;
import java.io.*;
class WriteToFileEvent extends Frame implements ActionListener
{
    Label lfile, ldata;
    TextField tfile, tdata;
    Button save;
    String filename, data;
    byte buffer[] = new byte[80];

    public WriteToFileEvent(String str){
        super(str);
        setLayout(new FlowLayout());
        lfile = new Label("파일이름을 입력하세요");
        add(lfile);
        tfile = new TextField(20); // 파일이름을 입력하는 텍스트 필드
        add(tfile);
        ldata = new Label("저장할 데이터를 입력하세요");
        add(ldata);
        tdata = new TextField(20); // 저장할 데이터를 입력하는 텍스트 필드
        add(tdata);
        Button save = new Button("저장하기");
        save.addActionListener(this); // 이벤트 등록
        add(save);
        addWindowListener(new WinListener());
    }
    public static void main(String args[]){
        WriteToFileEvent text = new WriteToFileEvent("파일저장");
        text.setSize(270, 150);
        text.show();
    }
    public void actionPerformed(ActionEvent ae){ // Enter 키를 입력하면 실행
```

```java
        filename=tfile.getText(); // 파일이름을 읽음
        data=tdata.getText(); // 저장할 데이터를 읽음
        buffer = data.getBytes(); // 바이트 데이터를 변환함
        try{
            FileOutputStream fout = new FileOutputStream(filename);
            fout.write(buffer); // 메모리의 내용을 파일에 저장 getBytes() 확인해볼것
        }catch(IOException e){
            System.out.println(e.toString());
        }
    }
}
class WinListener extends WindowAdapter
{
    public void windowClosing(WindowEvent we){
        System.exit(0);
    }
}
```

예제 1.10 설명

사용자가 tfile 텍스트필드에 파일이름을 입력하고 tdata 텍스트필드에 입력할 데이터를 입력한 후에 "save" 버튼을 클릭하면 ActionEvent 이벤트가 발생하여 이벤트 처리 함수인 actionPerformed() 메소드를 자동으로 실행한다. 따라서 아래의 그림과 같이 파일 이름과 데이터를 입력하였다면, "Internet Chatting Program" 데이터가 example1_10.txt 파일에 저장되어 있는 것을 확인 할 수 있다.

참고로 FileOutputStream 클래스는 바이트 단위로 데이터를 전송하기 때문에 tdata 텍스트필드에 저장된 문자를 getBytes() 메소드를 사용하여 바이트 데이터로 변환시켜서 전송하였다. 아래의 윈도우는 오른쪽 위의 x버튼을 클릭해야 사라진다.

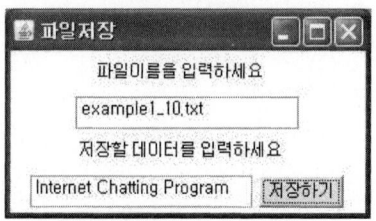

4.2 FileInputStream 클래스

FileInputStream 클래스는 InputStream 클래스의 하위 클래스이며 read() 메소드를 사용해서 하드디스크와 같은 저장장치에 저장된 특정한 파일(생성자 메소드에서 지정함)의 내용을 읽어서 메모리에 저장하는 기능을 수행한다. 그림 1.4는 파일과 메모리 사이의 데이터를 전송하는 스트림을 보여주며 스트림으로 전송되는 데이터는 바이트 단위로 전송된다.

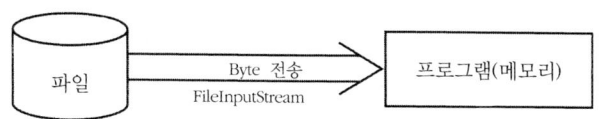

[그림 1.4] **FileInputStream 스트림의 구조**

FileInputStream 클래스는 아래와 같이 3개의 생성자 메소드를 가진다.

```
public FileInputStream(String name) throws IOException
public FileInputStream(File file) throws IOException
public FileInputStream(FileDescriptor fd) throws IOException
```

FileInputStream 클래스는 파일의 내용을 읽어야 하므로 생성자 메소드의 인수는 읽을 파일을 지정해야 하며 위의 생성자의 인수에서 보는 것처럼 파일을 직접 지정하느냐, File 또는 FileDescriptor 객체를 이용하느냐의 차이만 있다.

FileInputStream 클래스를 이용해서 example.txt 파일의 내용을 읽어서 buffer 메모리에 저장하는 부분 프로그램은 아래와 같다.

```
...
FileInputStream fin = new FileInputStream("example.txt");
fin.read(buffer);  // fin은 파일과 연결된 스트림을 의미
...
```

System.in은 키보드와 연결된 스트림 객체이므로 System.in.read(buffer)은 키보드로부터 입력한 내용을 읽어서 buffer 바이트 배열(메모리)에 저장하는 기능을 수행한다. 그러나 파일은 하드디스크에 하나이상이 존재하므로 위와 같이 특정한 파일과 연결하는 FileInputStream 객체를 생성한 후에 read() 메소드를 통해서 읽어야 한다.

FileInputStream 클래스도 아래와 같이 FileDescriptor 객체를 반환하는 getFD() 메소드를 지원한다.

public final FileDescriptor getFD() throws IOException

예제 1.11은 예제 1.9에서 생성한 example1_9.txt 파일의 내용을 메모리에 저장한 후에 화면에 출력하는 클래스이다.

[예제 1.11] **ReadFromFile.java**

```java
import java.io.*;
public class ReadFromFile
{
    public static void main(String args[]){
        int bytesRead;
        byte[] buffer = new byte[256];
        FileInputStream fin = null;
        try{
            fin = new FileInputStream("example1_9.txt");
            while((bytesRead = fin.read(buffer)) >= 0){ // 파일 -> 메모리
                System.out.write(buffer, 0, bytesRead); // 메모리 -> 화면출력
                // 파일의 데이터를 읽음 -> 메모리 저장 -> 화면에 출력 순서임
            }
        }catch(IOException e){
            System.err.println("스트림으로부터 데이터를 읽을 수 없습니다.");
        }finally{
            try{
                if(fin!=null) fin.close();
            }catch(IOException e){}
        }
    }
}
```

◈ 예제 1.11 설명

파일의 내용을 읽어서 직접 화면에 출력하는 기능을 수행하는 클래스는 없다. 따라서 while 문에서 보는 것처럼 FileInputStream 클래스를 사용해서 파일의 내용을 읽어서 메모리에 저장하고 System.out.write() 문을 사용해서 메모리의 내용을 화면에 출력해야 한다. while 문은 example1_9.txt 파일의 내용을 한 줄씩 읽어서 메모리에 저장하고 화면에 출력하므로 예제 1.9에서 저장된 example1_9.txt 파일의 내용을 아래와 같이 화면에 출력한다.

> What is network programming?
> What can network programs do?
> Network programming with Java

예제 1.12은 예제 1.10에서 저장한 example1_10.txt 파일을 읽어서 텍스트 에리어에 출력하는 클래스이다.

[예제 1.12] **ReadFromFileEvent.java**

```java
import java.awt.*;
import java.awt.event.*;
import java.io.*;
class ReadFromFileEvent extends Frame implements ActionListener
{
    Label lfile;
    TextField tfile;
    TextArea tadata;
    String filename;
    public ReadFromFileEvent(String str){
        super(str);
        setLayout(new FlowLayout());
        lfile = new Label("파일이름을 입력하세요");
        add(lfile);
        tfile = new TextField(20);
        tfile.addActionListener(this);
        add(tfile);
        tadata = new TextArea(3, 35); // 읽은 파일을 보여줌
        add(tadata);
        addWindowListener(new WinListener());
    }
    public static void main(String args[]){
        ReadFromFileEvent text = new ReadFromFileEvent("파일읽기");
        text.setSize(270, 160);
        text.show();
    }
```

```java
public void actionPerformed(ActionEvent ae){
    byte buffer[] = new byte[100];
    filename=tfile.getText(); //
    try{
        FileInputStream fin = new FileInputStream(filename);
        fin.read(buffer); // 파일의 내용을 읽는다.
        String data = new String(buffer); // 배열의 내용을 문자열로 변환
        tadata.setText(data+"\n"); // 읽은 내용을 텍스트 에리어에 출력한다.
    }catch(IOException e){
        System.out.println(e.toString());
    }
}
class WinListener extends WindowAdapter
{
    public void windowClosing(WindowEvent we){
        System.exit(0);
    }
}
}
```

예제 1.12 설명

사용자가 tfile 텍스트 필드에 파일이름을 입력하고 Enter 키를 입력하면 ActionEvent 이벤트가 발생하여 이벤트 처리 함수인 actionPerformed() 메소드를 자동으로 실행한다. 따라서 아래의 실행결과에서 보는 것처럼 텍스트필드에 example1_10.txt 및 Enter 키를 입력하면 example1_10.txt 파일 저장되어 있는 "Internet Chatting Program" 데이터가 텍스트 에리어에 출력되는 것을 볼 수 있다.

buffer 바이트 배열에 저장된 데이터는 텍스트 에리어에 출력시키기 위하여 문자열로 바뀌어야 하므로 String 클래스를 사용하여 buffer 배열의 내용을 data 문자열로 변환하였다.

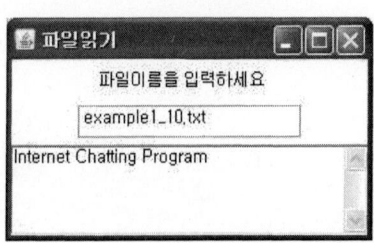

예제 1.13은 example1_9.txt라는 파일의 내용을 example1_13.txt라는 파일로 복사하는 클래스이다.

[예제 1.13] **FileCopier.java**

```java
import java.io.*;
public class FileCopier
{
    public static void main(String args[]){
        int bytesRead;
        byte[] buffer = new byte[256];
        FileInputStream fin = null;
        FileOutputStream fout = null;
        try{
            fin = new FileInputStream("example1_9.txt");
            fout = new FileOutputStream("example1_13.txt");
            while((bytesRead = fin.read(buffer)) >= 0){ // 소스파일 -> 메모리
                fout.write(buffer, 0, bytesRead); // 메모리 -> 목적지파일
            }
        }catch(IOException e){
            System.err.println("스트림으로부터 데이터를 읽을 수 없습니다.");
        }finally{
            try{
                if(fin != null) fin.close();
                if(fout != null) fout.close();
            }catch(IOException e){}
        }
    }
}
```

> 예제 113 설명
>
> A라는 파일의 내용을 읽어서 B라는 파일에 직접 저장시키는 기능을 수행하는 클래스는 없다. 따라서 반드시 중간에 메모리라는 중간 매개체를 이용해서 FileInputStream 클래스를 사용해서 A라는 파일의 내용을 메모리에 저장하고 FileOutputStream 클래스를 사용해서 메모리의 내용을 B라는 파일로 저장시켜야 한다.
> 따라서 while 문은 example1_9.txt 파일의 내용을 읽음 → 메모리에 저장 → example1_13.txt 파일에 저장하는 기능을 수행한다.

연습문제

1. 예제 1.2의 마지막 수행문인 write(b) 메소드를 write(byte[] data, int offset, int length) 메소드로 사용해서 같은 결과를 가지도록 수정하시오.

2. 예제 1.7의 arraycopy() 메소드를 별도의 함수로 직접 작성해서 사용하시오.

3. 예제 1.10에 "저장" 버튼 옆에 "닫기" 버튼을 추가해서 이 버튼을 클릭하면 윈도우가 사라지도록 하시오.

4. 키보드로부터 입력한 문자열을 특정한 파일에 저장하고 저장된 파일의 내용을 읽어서 화면에 출력하는 클래스를 작성하시오.

필터 입출력 스트림

2.1 FilterInputStream 및 FilterOutputStream 클래스
2.2 DataOutputStream 및 DataInputStream 클래스
2.3 BufferedInputStream 및 BufferedOutputStream 클래스
2.4 PrintStream 클래스
2.5 PushbackInputStream 클래스

02 필터 입출력 스트림

1장에서는 바이트 단위로 데이터를 전송하거나 받는 클래스들을 공부하였다. 만일 바이트 단위가 아닌 한글이나 숫자 등과 같이 2바이트 이상의 데이터를 전송하거나 받기를 원할 때, 전송 속도를 높이기 위하여 데이터를 버퍼에 저장하였다가 한 번에 전송하는 기능을 수행하는 클래스들이 있으면 편리하고 효율적일 것이다. 본 장에서는 이와 같이 1장에서 배운 기본적인 스트림위에 부가적인 기능을 제공하는 필터(filter) 스트림에 대해서 살펴본다.

1. FilterInputStream 및 FilterOutputStream 클래스

FileInputStream, FileOutputStream, TelnetInputStream, TelnetOutputStream 클래스와 같이 파일 및 네트워크에 **바이트 단위로 데이터를 전송하는 기능을 수행하는 클래스들을 기반(underlying) 입출력 스트림 클래스**라 한다. 그림 2.1과 같이 이러한 기반 스트림에 연결하여 바이트 데이터가 아닌 **문자, 정수, 실수 등과 같은 데이터를 직접 전송할 수 있는 기능을 추가한 클래스들을 필터 입출력 클래스**라 한다.

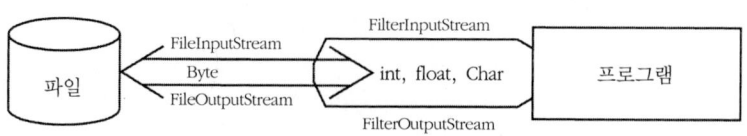

[그림 2.1] 필터 스트림의 구조

그림 2.1에서 보는 것처럼 필터 출력 클래스들의 상위 클래스는 FilterOutputStream 클래스이고 필터 입력 클래스들의 상위 클래스는 FilterInputStream 클래스이다. 이러한 필터 스트림 클래스들은 기반 스트림 클래스와 연결되어 문자 및 숫자 등을 직접 전송하는 기능을 수행하기 때문에 모든 필터 스트림 클래스의 생성자 메소드의 인수는 기반 스트림 클래스

를 사용한다. 따라서 FilterOutputStream 및 FilterInputStream 클래스의 생성자 메소드는 아래와 같다.

> protected FilterOutputStream(OutputStream out)
> protected FilterInpputStream(InputStream in)

위에서 보는 것처럼 FilterOutputStream 및 FilterInputStream 클래스의 생성자 메소드에서 사용되는 인수는 각각 OutputStream 및 InputStream 객체를 사용한다. 즉, 생성되는 필터 클래스의 객체는 인수로 주어진 기반 스트림과 연결된 객체를 의미하며, 이렇게 생성된 **필터 클래스의 객체에 데이터를 전송하면 연결된 기반 스트림을 통하여 파일이나 다른 컴퓨터와 같은 목적지에 데이터가 전송**된다.

예를 들면, FilterOutputStream 클래스는 한글 데이터를 직접 전송할 수 있는 write() 메소드를 포함한다고 가정하고(실제 필터 클래스인 DataOutputStream 클래스는 한글을 전송하는 write() 함수를 포함함) 이 클래스를 사용해서 example9.txt 파일에 "안녕하세요"라는 한글 데이터를 전송하기 위한 부분 프로그램은 아래와 같다. 아래의 프로그램에서 필터 클래스와 기반 클래스와 최종 목적지인 파일과 연결하는 과정을 이해해야 한다.

> ...
> FileOutputStream fout = new FileOutputStream("example9.txt");
> FilterOutputStream filterout = new FilterOutputStream(fout);
> filterout.write("안녕하세요");
> ...

FilterOutputStream 생성자 메소드의 인수는 FileOutputStream 객체인 fout이다. filterout 객체는 fout 스트림 객체를 통해서 example9.txt 파일에 연결되어 있다. 따라서 세 번째 수행문에서 filterout 객체에 "안녕하세요"라는 한글 데이터를 전송하면 fout 객체를 통하여 최종 목적지인 example9.txt 파일에 데이터가 저장된다. 다음 절에서는 다양한 데이터를 전송하는 대표적인 필터 스트림 클래스를 살펴본다.

2. DataOutputStream 및 DataInputStream 클래스

FileOutputStream 및 FileInputStream과 같은 기반 스트림 클래스는 한 번에 한 바이트씩 데이터를 전송한다. 그러나 자바에서 정수는 4바이트 크기로 구성되어 있다. 따라서 기반 스트림 클래스를 사용하면 정수를 전송하기 위해서 프로그램으로 4번의 write() 메소드를 실행시켜야 한다. 4바이트를 사용하는 문자, 4바이트 또는 8바이트를 사용하는 실수도 마찬가지이다.

따라서 프로그램에서 바이트 수만큼 write() 메소드를 실행시키지 않고, 자바에서 정수, 문자 및 실수를 전송할 수 있는 클래스를 지원하면 편리할 것이다. 이와 같이 기반 스트림에 연결하여 정수, 문자 및 실수와 같이 자료형 별로 데이터를 전송하는 기능을 구현하는 클래스가 DataOutputStream 및 DataInputStream 클래스이다.

2.1 DataOutputStream 클래스

DataOutputStream 클래스는 FilterOutputStream 클래스의 하위 클래스이며 바이트 단위로 데이터를 전송하는 write(int b) 메소드뿐만아니라 **부울 값, 정수, 실수, 문자 및 문자열과 같이 자료형별로 데이터를 전송하는 메소드**를 포함한다. DataOutputStream 클래스의 생성자 메소드는 아래와 같다.

```
public DataOutputStream(OutputStream out)
```

생성자에서 보는 것처럼 인수로 연결하고자 하는 OutputStream 객체를 사용해야 한다. 예를 들면, DataOutputStream 클래스를 이용해서 data.txt 파일에 정수 277777을 저장하기 위해서는 아래와 같이 프로그램을 작성해야 한다.

```
...
FileOutputStream fw = new FileOutputStream("data.txt");
DataOutputStream dos = new DataOutputStream(fw);
dos.writeInt(277777); // writeInt() 메소드는 인수로 주어진 정수를 저장한다.
...
```

위의 부분 프로그램에서 보는 것처럼 DataOutputStream 클래스는 정수를 전송하는 writeInt() 메소드를 지원한다. DataOutputStream 클래스는 정수뿐만 아니라 아래와 같이 OutputStream 클래스에서 지원하는 3개의 기본적인 write() 메소드이외에 부울 값 및 실수를 전송하는 메소드를 지원한다.

```
public synchronized void write(int b) throws IOException
public synchronized void write(byte[] data) throws IOException
public synchronized void write(byte[] data, int offset, int length)
    throws IOException
// 바이트 단위로 데이터를 전송하는 메소드
public final void writeBoolean(boolean v) throws IOException
public final void writeByte(int b) throws IOException
public final void writeShort(int s) throws IOException
public final void writeInt(int i) throws IOException
public final void writeLong(long l) throws IOException
public final void writeFloat(float f) throws IOException
public final void writeDouble(double d) throws IOException
// 인수로 지정한 부울 값, 정수 및 실수를 전송하는 메소드
```

처음 3개의 write() 메소드는 상위 클래스인 OutputStream 클래스에서 정의한 바이트 단위로 데이터를 전송하는 메소드이다. 나머지 메소드는 DataOutputStream 클래스에서만 지원하는 메소드로서 write 다음에 나오는 단어에 해당하는 자료형 데이터를 전송한다. 따라서 메소드의 인수는 해당하는 자료형의 데이터가 사용된다.

예제 2.1은 DataOutputStream 클래스를 사용해서 부울 값, 정수, 실수를 numberdata.txt 파일에 저장하는 클래스를 보여준다.

[예제 2.1] **WriteNumberData.java**

```java
import java.io.*;
public class WriteNumberData
{
    static FileOutputStream fout;;
    static DataOutputStream dos;
    public static void main(String args[]){
        try{
            fout = new FileOutputStream("numberdata.txt");
            dos = new DataOutputStream(fout); // 파일과 연결된 필터 스트림 생성
            dos.writeBoolean(true); // 1값을 파일에 저장한다.
            dos.writeDouble(989.27); // 실수를 파일에 저장된다.
```

```
            for(int i=1; i<=500; i++){
                dos.writeInt(i);  // 1 부터 500까지의 정수를 파일에 저장한다.
            }
        }catch(IOException e){
            System.err.println(e);
        }finally{
            try{
                if(dos != null) dos.close();
            }catch(IOException e){}
        }
    }
}
```

예제 2.1 설명

dos DataOutputStream 객체를 통하여 전송되는 데이터는 fout FileOutputStream 객체를 통하여 numberdata.txt 파일에 저장이 된다. 따라서 3개의 writeXxx() 메소드는 각각 부울값 true(1), 정수 1부터 500까지 그리고 실수 989.27을 numverdata.txt 파일에 저장한다. 데이터가 정상적으로 저장되었는지를 확인하기 위하여 에디터로 파일을 열어 보면 저장된 숫자는 문자가 아닌 숫자에 해당하는 2진 숫자이므로 이상한 데이터가 저장된 것을 볼 수 있다. 따라서 writeXxx() 메소드로 저장된 내용은 예제 2.3에서 보는 것처럼 대응하는 readXxx() 메소드로 읽어야 한다

writeByte(int b) 메소드는 4바이트 int 형으로 주어진 b 데이터의 하위 한 바이트만을 전송한다. writeShort(int s) 메소드는 s 데이터의 하위 2바이트를 big-endian 방식(리터럴에 있는 순서대로 쓰는 방식, 예를 들면 16진수 0x4589287a가 45, 89, 28, 7a순으로 쓰인다.)으로 전송된다. writeInt() 및 writeLong() 메소드는 각각 int형(4바이트) 및 long형(8바이트) 정수 값을 전송하는 메소드이며 데이터는 big-endian 방식으로 전송된다.

자바에서 한글과 같은 2바이트 이상의 문자를 전송하기 위해서는 Writer 클래스의 하위 클래스들(예를 들면, BufferedWrite 클래스)을 사용한다. 그러나 DataOutputStream 클래스는 정수 및 실수 뿐만아니라 문자 및 문자열을 직접 전송하는 아래와 같은 메소드를 지원한다.

```
public final void writeChar(int c) throws IOException
public final void writeChars(String s) throws IOException
```

```
public final void writeBytes(String s) throws IOException
public final void writeUTF(String s) throws IOException
```

writeChar() 메소드는 문자를 나타내기 위하여 2바이트로 표현하는 유니코드를 사용한다. 따라서 메소드의 인수로 사용하는 정수 c 값에서 문자에 해당하는 하위 2바이트를 big-endian 형식의 순서로 전송(기반 스트림에 전송)한다. writeChars()은 인수로 주어진 문자열 s의 각 문자를 2바이트 유니코드 문자로 전송한다. writeBytes() 메소드는 문자열 s에 있는 각 문자의 하위 바이트만을 전송한다. 따라서 상위 바이트에 있는 모든 정보는 손실되므로 0과 255 사이의 값을 갖고 있는 문자만을 사용해야 한다. 따라서 이 메소드는 ASCII 데이터를 기존의 터미널과 같은 디바이스나 C 프로그래밍 언어로 쓰여진 클라이언트로 전송하는 데에 적합한 방법이다.

writeUTF() 메소드는 전송하고자하는 문자열의 길이와 함께 각 문자를 UTF-8 형식으로 인코딩하여 전송한다. 이때 문자열의 길이는 부호가 없는 정수 값(0과 65,535 사이)만이 유효하므로 65,535개 보다 긴 문자열을 writeUTF() 메소드로 전송하면 java.io.UTFDataFormatException 예외를 발생시키고 아무런 데이터도 전송하지 못한다.

예제 2.2는 DataOutputStream 클래스를 사용해서 문자 및 문자열을 chardata.txt 파일에 저장하는 클래스를 보여준다.

[예제 2.2] **WriteCharString.java**

```
import java.io.*;
public class WriteCharString
{
    static DataOutputStream dos;
    public static void main(String args[]){
        try{
            String data;
            FileOutputStream fout = new FileOutputStream("chardata.txt");
            dos = new DataOutputStream(fout); // 파일과 연결함
            dos.writeChar(65); // 대문자 'A'를 전송함
            dos.writeUTF("반갑습니다");
            // 인수로 주어진 문자열을 UTF방식으로 인코딩해서 파일에 전송한다.
            dos.writeUTF("자바 채팅 프로그래밍 교재");
        }catch(EOFException e){
```

```
            System.err.println(e);
        }catch(IOException e){
            System.err.println(e);
        }finally{
            try{
                if(dos != null) dos.close();
                if(dos != null) dos.close();
            }catch(IOException e){
                System.err.println(e);
            }
        }
    }
}
```

예제 2.2 설명

dos DataOutputStream 객체를 통하여 전송되는 데이터는 fout FileOutputStream 객체를 통하여 chardata.txt 파일에 저장이 된다. 따라서 3개의 writeXxx() 메소드는 문자와 UTF 방식으로 인코딩된 인수로 주어진 문자열을 fout 객체가 지정한 파일에 전송한다.
데이터가 정상적으로 저장되었는지를 확인하기 위하여 에디터로 파일을 열어 보면 이상한 데이터가 저장된 것을 볼 수 있다. 이는 에디터의 인코딩 방식이 UTF로 지정이 되어 있지 않기 때문이다. 따라서 writeXxx() 메소드로 저장한 문자 및 문자열은 예제 2.4에서 보는 것처럼 대응하는 readXxx() 메소드로 읽어야 한다.

2.2 DataInputStream 클래스

DataInputStream 클래스는 InputStream 및 FilterInputStream 클래스의 하위 클래스이며 바이트 단위로 데이터를 수신하는 read() 메소드뿐만아니라 정수, 실수 및 문자와 같이 자료 형별로 데이터를 수신하는 메소드를 포함한다. DataInputStream 클래스의 생성자 메소드는 아래와 같다.

```
public DataInputStream(InputStream in)
```

생성자에서 보는 것처럼 인수로 연결하고자 하는 InputStream 객체를 사용해야 한다. 예를 들면, DataInputStream 클래스를 이용해서 앞 절에서 저장한 data.txt 파일의 정수를 읽기 위해서는 아래와 같이 프로그램을 작성해야 한다.

```
…
FileInputStream fr = new FileInputStream("data.txt");
DataInputStream dis = new DataInputStream(fr);
int data = dis.readInt();  // 277777을 읽어서 정수변수 data에 저장한다.
…
```

위의 부분 프로그램에서 보는 것처럼 writeInt() 메소드로 저장된 정수는 반드시 readInt() 메소드로 읽어야 한다. 아래의 메소드는 InputStream 클래스에서 지원하는 기본적인 3개의 메소드 및 DataOutputStream 클래스에서 부울 값, 정수 및 실수를 전송하는 writeXxx() 메소드에 대응되는 readXxx() 메소드를 보여준다.

```
public abstract int read() throws IOException
public int read(byte[] data) throws IOException
public int read(byte[] data, int offset, int length) throws IOException
public final boolean readBoolean() throws IOException
public final byte readByte() throws IOException
public final short readShort() throws IOException
public final int readInt() throws IOException
public final long readLong() throws IOException
public final float readFloat() throws IOException
public final double readDouble() throws IOException
```

메소드 이름에서 보는 것처럼 readXxx() 메소드들은 DataOutputStream 클래스의 메소드와 대응하는 메소드들이다. 따라서 writeInt(int i)로 저장된 정수는 반드시 readInt() 메소드로 읽어야 하고 writeDouble(double d)로 저장된 실수는 반드시 readDouble() 메소드로 읽어야 원하는 데이터를 얻을 수 있다. 다른 메소드도 마찬가지다.

예제 2.3은 예제 2.1에서 저장한 numberdata.txt 파일의 내용을 읽어서 화면에 출력하는 클래스이다.

[예제 2.3] **ReadNumberData.java**

```
import java.io.*;
public class ReadNumberData
{
```

```java
    static FileInputStream fin;
    static DataInputStream dis;
    public static void main(String args[]){
        boolean bdata;
        double ddata;
        int number;
        try{
            fin = new FileInputStream("numberdata.txt");
            dis = new DataInputStream(fin);
            bdata = dis.readBoolean(); // 부울 값을 읽는다.
            System.out.println(bdata); // 부울 값을 출력한다.
            ddata = dis.readDouble(); // 실수 값을 읽는다.
            System.out.println(ddata); // 실수 값을 출력한다.
            while(true){
                number = dis.readInt();
                System.out.print(number+" "); // 정수 값을 읽고 화면에 출력한다.
            }
        }catch(EOFException e){
            System.out.println("데이터를 모두 읽었습니다."); // 정상종료
        }catch(IOException e){ // 비정상 종료
            System.err.println(e);
        }
    }
}
```

예제 2.3 설명

dis DataInputStream 객체를 통하여 읽는 데이터는 fin FileInputStream 객체를 통하여 연결된 numberdata.txt 파일의 내용이다. 따라서 3개의 readXxx() 메소드는 각각 부울 값 true(1), 실수 989.27 및 정수 1부터 500까지의 값을 읽고 화면에 출력한다.

readInt() 메소드는 -1를 포함한 정수 값을 읽는 메소드이다. 따라서 이 메소드는 파일의 끝을 만나면 EOF(-1)이 아닌 EOFException 예외를 발생시키는 것을 주의해야 한다. 따라서 정수의 마지막 값인 500을 읽은 다음에 readInt() 메소드는 EOFException 예외를 발생시키므로 catch 문에 의하여 화면에 "데이터를 모두 읽었습니다."를 출력한다.

InputStream 클래스에서 지원하는 read(), read(byte[] data) 및 read(byte[] data, int offset, int length) 메소드는 0에서 255 사이의 부호 없는 정수를 반환하므로 스트림의 끝을 만나면 -1(EOF)을 반환하나, 필터 스트림과 같이 상위 수준에서 지원하는 readInt()를 포함한 메소드들은 부호가 있는 byte, short, 및 int 형의 정수 값을 반환하므로 -1은 유효한 데이터 값이다. 따라서 이러한 메소드는 스트림의 끝을 만나면 -1 대신에 EOFException 예외를 발생시킨다.

DataOutputStream 클래스는 아래와 같이 readFully() 메소드를 지원한다.

```
public void readFully(byte[] data) throws IOException
public void readFully(byte[] data, int offset, int length) throws IOException
```

상식적으로 OutputStream 클래스에서 지원하는 write(byte[] data)와 write(byte[], int, int)에 대응하는 메소드는 read(byte data[]) 및 read(byte data[], int, int)로 생각할 수 있으나, 위의 2개의 readFully() 메소드가 write() 메소드에 대응하는 메소드이다.

DataInputStream 클래스는 아래와 같이 부호가 없는 byte형(0~255) 및 short형(0~65,535) 데이터를 읽는 메소드를 지원하며 이들은 DataOutputStream 클래스에서 지원하는 대응하는 출력 메소드는 없다. 자바는 부호가 없는 byte 또는 short 데이터 타입이 없기 때문에 이들 메소드는 int를 반환한다. 그러나 이들 메소드 역시 스트림의 끝을 만나면 -1를 반환하는 대신에 EOFException 예외를 발생한다.

```
public final int readUnsignedByte() throws IOException
public final int readUnsignedShort() throws IOException
```

DataInputStream 클래스는 문자 및 문자열을 읽는 메소드를 아래와 같이 지원한다.

```
public final char readChar() throws IOException
public final String readLine() throws IOException
public final String readUTF() throws IOException
```

readChar()는 writeChar() 메소드에 대응하는 메소드로서 기반 입력 스트림에서 2바이트를 읽고 그것을 big-endian 형식의 유니코드 문자로 해석하여 해당하는 문자를 반환한다. 마지막에 한 바이트가 남아 있어 2바이트 유니코드를 읽을 수 없다면 EOFException 예외가 발생한다.

readUTF()는 writeUTF() 메소드에 대응하는 메소드로서 writeUTF() 메소드가 저장한 문자열을 읽고 반환한다. 스트림 끝에 이르거나 약속된 개수의 문자를 제공하기도 전에 스트림의 데이터가 다 소모된다면 EOFException 예외가 발생한다.

예제 2.4은 예제 2.2에서 저장한 chardata.txt 파일의 내용을 읽어서 화면에 출력하는 클래스이다.

[예제 2.4] **ReadCharString.java**

```java
import java.io.*;
public class ReadCharString
{
    static FileInputStream fin;
    static DataInputStream dis;
    public static void main(String args[]){
        char ch;
        String sdata1, sdata2;
        try{
            fin = new FileInputStream("chardata.txt");
            dis = new DataInputStream(fin);
            ch = dis.readChar(); // writeChar()의 대응메소드
            sdata1 = dis.readUTF(); // writeUTF()의 대응메소드
            sdata2 = dis.readUTF();
            System.out.println(ch); // 문자 'A'를 출력
            System.out.println(sdata1); // "반갑습니다"를 출력
            System.out.println(sdata2); // "자바 채팅 프로그래밍 교재"를 출력
        }catch(EOFException e){
            System.out.println(e);
        }catch(IOException e){
            System.err.println(e);
        }
    }
}
```

예제 2.4 설명

dis DataInputStream 객체와 대응하는 쓰기 메소드를 통하여 읽는 데이터는 chardata.txt 파일의 내용이다. 따라서 예제 2.2에서 저장한 문자 'A' 및 문자열 "반갑습니다"와 "자바 채팅 프로그래밍 교재"를 읽어서 화면에 출력한다.

마지막으로 DataInputStream 클래스는 writeInt(), writeBytes() 및 writeUTF() 등과 같은 메소드에 의하여 전송된 바이트 수를 반환하는 size() 메소드 및 인수로 주어진 n 바이트 만큼의 데이터를 읽지 않고 스킵하는 skipbytes() 메소드를 아래와 같이 지원한다.

```
public final int size()
public final int skipbytes(int n) throws IOException
```

skipbytes() 메소드는 반드시 n 바이트 수를 스킵해야 하며 그렇지 않으면 예외가 발생한다. 따라서 이 메소드는 크기가 n인 스킵된 바이트 수를 반환하고 스트림의 끝을 만나면 EOFException이 발생한다.

예제 2.5는 텍스트 필드로부터 구좌번호, 이름 및 잔액의 데이터를 입력받아 각각의 데이터를 정수, 문자열 및 실수로 client.txt 파일에 저장하기 위하여 DataOutputStream 클래스의 메소드를 사용한 클래스이다.

[예제 2.5] **CreateSeqFile.java**

```java
import java.io.*;
import java.awt.*;
import java.awt.event.*;
public class CreateSeqFile extends Frame implements ActionListener
{
    private TextField account, name, balance;
    private Button enter, done;
    private DataOutputStream output;   // 필터 스트림 객체
    public CreateSeqFile() {
        super( "고객파일을 생성" );
        try {
            output = new DataOutputStream(new FileOutputStream("client.txt"));
        }catch ( IOException e ) {
```

```java
            System.err.println(e.toString());
            System.exit(1);
        }
        setSize(250, 130);
        setLayout( new GridLayout( 4, 2 ));
        add( new Label("구좌번호"));
        account = new TextField(); // 구좌번호 입력 필드
        add(account);
        add(new Label("이름"));
        name = new TextField( 20 ); // 이름 입력 필드
        add(name);
        add(new Label("잔고"));
        balance = new TextField( 20 ); // 잔고 입력 필드
        add(balance);
        enter = new Button("입력"); // 입력된 데이터를 저장하는 버튼.
        enter.addActionListener(this); // 이벤트와 연결
        add(enter);
        done = new Button("종료"); // 입력을 종료하는 버튼.
        done.addActionListener( this ); // 이벤트와 연결
        add(done);
        setVisible( true );
    }
    public void addRecord() {
        int accountNo = 0;
        String d;
        if(!account.getText().equals("")){ // 구좌번호의 입력을 체크
            try{
                accountNo = Integer.parseInt(account.getText());
                if(accountNo > 0){
                    output.writeInt(accountNo); // 구좌번호를 정수로 파일에 저장한다.
                    output.writeUTF(name.getText() ); // 이름을 문자열을 저장한다.
                    d=balance.getText(); // 잔고를 문자열로 읽음
                    output.writeDouble(Double.valueOf(d)); // 잔고를 실수로 저장한다.
                }
```

```java
                account.setText( "" ); // 텍스트 필드를 삭제
                name.setText( "" );
                balance.setText( "" );
            }catch (NumberFormatException nfe) {
                System.err.println("정수를 입력해야 합니다." );
            }catch (IOException io) {
                System.err.println(io.toString());
                System.exit( 1 );
            }
        }
    }
    public void actionPerformed(ActionEvent e) {
        addRecord(); // 입력된 데이터를 파일에 저장한다.
        if (e.getSource() == done) {
            try {
                output.close(); // 파일을 닫는다.
            }catch(IOException io) {
                System.err.println(io.toString());
            }
            System.exit( 0 ); // 프로그램을 종료한다.
        }
    }
    public static void main( String args[] ){
        new CreateSeqFile();
    }
}
```

예제 2.5 설명

사용자가 "입력" 버튼을 클릭하면 이벤트가 발생하여 actionPersormed() 메소드를 자동으로 실행한다. 따라서 addRecord() 메소드에서 구좌번호는 정수로 변환하여 wrietInt() 메소드를 이용하고, 이름은 writeUTF() 메소드를 이용하며, 잔고는 실수로 변환하여 writeDouble() 메소드를 이용하여 client.txt 파일에 저장한다. 물론 저장된 파일의 내용은 에디터를 볼 수 없으며 예제 2.6과 같이 대응하는 메소드로 읽어야 한다.

모든 데이터를 입력하고 사용자가 "종료" 버튼을 클릭하면 actionPerformed() 메소드에서 파일을 닫고 프로그램을 종료하며 프로그램의 실행 내용은 아래와 같다.

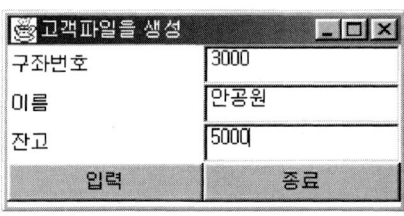

예제 2.6은 DataInputStream 클래스의 메소드를 사용해서 예제 2.5에서 저장한 client.txt 파일의 내용을 하나씩 읽어서 텍스트 필드에 출력하는 클래스이다.

[예제 2.6] **ReadSeqFile.java**

```java
import java.io.*;
import java.awt.*;
import java.awt.event.*;
public class ReadSeqFile extends Frame implements ActionListener
{
    private TextField account, name, balance;
    private Button next, done;
    private DataInputStream input;   // 필터 입력 스트림 객체
    public ReadSeqFile() {
        super( "고객파일을 읽음");
        try {
            input = new DataInputStream(new FileInputStream("client.txt"));
        }catch ( IOException e ) {
            System.err.println(e.toString());
            System.exit(1);
        }
        setSize(250, 130);
        setLayout( new GridLayout( 4, 2 ));
        add( new Label("구좌번호"));
        account = new TextField(); // 구좌번호를 읽는 필드.
        account.setEditable(false); // 데이터 입력을 금지시킨다.
        add(account);
        add(new Label("이름"));
```

```java
        name = new TextField( 20 ); // 이름을 읽는 필드.
        name.setEditable(false); // 데이터의 입력을 금지시키다.
        add(name);
        add(new Label("잔고"));
        balance = new TextField( 20 ); // 잔고를 읽는 필드.
        balance.setEditable(false); // 데이터의 입력을 금지시킨다.
        add(balance);
        next = new Button("출력"); // 파일로부터 데이터를 읽는 버튼
        next.addActionListener(this);
        add(next);
        done = new Button("종료"); // 프로그램을 종료하는 버튼
        done.addActionListener( this );
        add(done);
        setVisible(true);
    }
    public void actionPerformed(ActionEvent e){
        if (e.getSource() == next)
            readRecord(); // 데이터를 한 레코드씩 읽는 메소드
        else
            closeFile();
    }
    public void readRecord(){
        int accountNo;
        double d;
        String namedata;
        try{
            accountNo = input.readInt(); // 정수 값인 구좌번호를 읽는다.
            namedata = input.readUTF(); // 문자열인 이름을 읽는다.
            d = input.readDouble(); // 실수 값인 잔고를 읽는다.
// 읽어드린 데이터를 관련된 텍스트 필드에 출력한다.
            account.setText(String.valueOf(accountNo));
            name.setText(namedata);
            balance.setText(String.valueOf(d));
        }catch(EOFException eof){
```

```
            closeFile();
        }catch (IOException io) {
            System.err.println(io.toString());
            System.exit(1);
        }
    }
    private void closeFile(){ // 스트림을 닫고 프로그램을 종료한다.
        try{
            input.close();
            System.exit(0);
        }catch(IOException io){
            System.err.println(io.toString());
            System.exit(1);
        }
    }
    public static void main( String args[] ){
        new ReadSeqFile();
    }
}
```

예제 2.6 설명

사용자가 "출력" 버튼을 클릭하면 자동으로 이벤트가 실행되므로 actionPerformed() 메소드가 실행된다. 따라서 readRecord() 메소드는 예제 2.5에서 작성한 client.txt 파일의 내용을 readXxx() 메소드를 이용하여 한 레코드(구좌번호, 이름 및 잔고)씩 읽어서 해당하는 텍스트 필드에 출력한다. 아래는 클래스의 실행 결과를 보여준다.

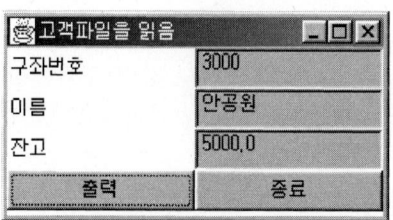

3. BufferedInputStream 및 BufferedOutputStream 클래스

FileOutputStream과 같은 기반 스트림의 write() 메소드는 수행문을 실행할 때마다 전송할 데이터를 스트림에 전송한다. 따라서 100개의 바이트 데이터를 전송하면 100번 모두 스트림에 데이터를 전송하게 되므로 전송망의 효율이 떨어진다. 이러한 비효율적인 데이터의 전송은 스트림에 데이터를 전송하기 전에 일정한 크기만큼 데이터를 저장(이를 버퍼라 함)해 놓았다가 버퍼가 꽉 차면 한 번에 스트림에 전송하면 된다.

이와 같이 스트림에 데이터를 보내기 전에 일정한 크기의 데이터를 보관하였다가 한 번에 보내는 기능을 수행하는 필터스트림 클래스가 BufferedOutputStream 및 BufferedInputStream 클래스이다. 버퍼드 입출력 스트림 클래스를 이용하면 기반 스트림으로부터 수백 바이트를 전송하고 읽는 것이 한 바이트를 전송하고 읽는 것과 거의 속도가 비슷하기 때문에 상당한 성능향상을 가져온다.

예를 들면, 파일로부터 데이터를 읽을 때 버퍼 입력 스트림을 이용하면 직접 파일로부터 데이터를 읽지 않고 버퍼에서 데이터를 읽기 때문에 효율이 좋아진다. 또한 프로그램에서 버퍼 출력 스트림을 사용하지 않는 경우는 지연 현상이 수시로 발생할 수 있지만, 버퍼 출력 스트림을 사용함으로써 효율이 높아지게 된다.

3.1 BufferedOutputStream 클래스

BufferedOutputStream 클래스는 그림 2.2에서 보는 것처럼 기반 출력 스트림에 버퍼를 연결해서 버퍼의 데이터가 차면 버퍼의 내용을 기반 스트림에 전송하는 기능을 수행한다. 즉, write(int d) 메소드를 수행할 때마다 데이터를 스트림에 전송하는 것이 아니라, 버퍼에 차곡차곡 쌓아 놓았다가 버퍼가 꽉 차면 스트림에 한 번에 전송하는 기능을 수행하므로 전송속도를 증가시킬 수 있다.

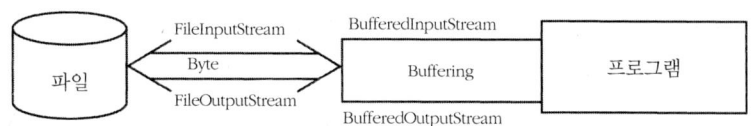

[그림 2.2] BufferedOutputStream 클래스의 객체

BufferedOutputStream 클래스는 필터 스트림 클래스이기 때문에 생성자 메소드의 인수로 연결할 FileInputStream 클래스와 같은 기반 스트림 클래스의 객체가 사용된다. 아래는 2개의 생성자 메소드를 보여준다.

```
public BufferedOutputStream(OutputStream out)
public BufferedOutputStream(OutputStream out, int size)
```

첫 번째 생성자 메소드는 out 기반 출력 스트림 객체에 연결된 BufferedOutputStream 객체를 생성한다. 이와 같이 버퍼의 크기를 인수로 지정하지 않은 생성자 메소드로부터 생성된 버퍼의 크기는 디폴트로 2048 바이트의 크기를 가진다.

두 번째 생성자 메소드는 out 기반 출력 스트림 객체에 연결되고 버퍼의 크기가 두 번째 인수인 size의 크기를 가지는 BufferedOutputStream 객체를 생성한다.

BufferedOutputStream 클래스는 자체적으로 새로운 메소드를 정의하지 않고 OutputStream 클래스에서 정의한 메소드를 아래와 같이 재 정의하여 사용한다.

```
public synchronized void write(int b) throws IOException
public synchronized void write(byte[] data, int offset, int length)
        throws IOException
public synchronized void flush() throws IOException
```

앞의 2개의 write() 메소드는 FileOutputStream 클래스와 같은 클래스에서는 인수로 주어진 바이트 데이터를 스트림에 전송하지만, BufferedOutputStream 클래스에서는 바이트 데이터를 버퍼에 전송한다. 이렇게 버퍼에 전송된 데이터는 버퍼가 다 차면 자동으로 한 번에 버퍼의 모든 데이터가 스트림으로 전송된다.

그러나 버퍼가 다 차지 않았지만, 더 이상 전송할 데이터가 없는 경우는 버퍼에 있는 내용이 스트림으로 전송이 되지 않기 때문에 최종 목적지로 전송이 되지 않게 된다. 이렇게 **버퍼가 다 차지 않았을 경우에 버퍼에 있는 데이터를 강제적으로 스트림으로 전송하게 하는 메소드가 flush() 메소드**이다. 따라서 BufferedOutputStream 클래스를 이용하는 경우는 반드시 write() 메소드 다음에 flush() 메소드를 사용해야 한다.

3.2 BufferedInputStream 클래스

BufferedInputStream 클래스를 사용하여 데이터를 읽는 경우에는 write() 메소드에 의하여 스트림으로 전송된 데이터가 일단 버퍼에 쌓인다. 그리고 BufferedInputStream 클래스의 read() 메소드를 실행하면 스트림이 아닌 버퍼로부터 데이터를 읽는다.

BufferedInputStream 클래스는 기반 출력 스트림 클래스에 연결되어 사용되므로 생성자 메소드는 연결시키고자 하는 InputStream 객체를 인수로 사용한다. 아래는 2개의 생성자 메소드를 보여준다.

```
public BufferedInputStream(InputStream in)
public BufferedInputStream(InputStream in, int size)
```

첫 번째 생성자 메소드는 디폴트로 버퍼의 크기가 2048 바이트이고 인수로 주어진 in InputStream 객체에 연결되는 객체를 생성한다. 두 번째 생성자 메소드는 버퍼의 크기를 두 번째 인수인 size로 지정하는 것만 다르다.

BufferedInputStream 클래스는 새로운 메소드를 정의하지 않고 InputStream 클래스에서 정의한 메소드를 아래와 같이 재 정의하여 사용한다.

```
public synchronized int read() throws IOException
public synchronized int read(byte[] data, int offset, int length)
        throws IOException
public synchronized  int available() throws IOException
public synchronized long skip(long n) throws IOException
public synchronized void mark(int readlimit)
public synchronized void reset() throws IOException
public boolean markSupported()
```

다중 바이트를 읽는 두 번째 메소드는 요청된 바이트의 수만큼 읽었거나 스트림의 끝에 도달했을 때, 또는 기반 스트림이 중단되었을 때 실행을 중지한다.

예제 2.7은 버퍼드 입출력 스트림을 사용하여 키보드로부터 입력된 데이터를 읽어서 화면에 출력하는 클래스이다.

[예제 2.7] **BufferedStreamCopier.java**

```java
import java.io.*;
public class BufferedStreamCopier
{
    public static void main(String args[]){
        try{
```

```java
        copy(System.in, System.out);
    }catch(IOException e){System.err.println(e);}
}
public static void copy(InputStream in, OutputStream out) throws IOException{
    synchronized(in){
        synchronized(out){
            BufferedInputStream bin = new BufferedInputStream(in);
            BufferedOutputStream bout = new BufferedOutputStream(out);
            while(true){
                int data = bin.read(); // 버퍼에 있는 데이터를 읽는다.
                if(data==-1) break; // CTRL-Z 입력은 -1를 반환한다.
                bout.write(data); // 버퍼에 데이터를 전송한다.
            }
            bout.flush(); // 버퍼에 있는 모든 데이터를 스트림으로 전송한다.
        }
    }
}
```

예제 2.7 설명

copy() 메소드에서 정의한 bin 객체는 키보드로부터 읽는 데이터를 저장하는 버퍼(입력 버퍼)를 지정하는 BufferedInputStream 객체이고, bout 객체는 메모리와 모니터와 연결된 스트림 사이에 있는 버퍼(출력 버퍼)를 지정하는 BufferedOutputStream 객체이다. 따라서 bout에 데이터를 전송하면 출력 버퍼에 전송이 되고 키보드로부터 입력한 데이터는 bin과 연결된 입력 버퍼에 자동으로 저장이 된다.

while문은 키보드로부터 입력한 데이터가 입력 버퍼에 저장된 데이터를 read() 메소드를 이용해서 읽고 write() 메소드를 이용해서 출력 버퍼에 전송한다. 이렇게 반복적으로 키보드로부터 입력한 데이터를 출력 버퍼에 쌓아두고 CTRL-Z와 엔터키를 입력하면 while 문을 빠져나간다. while 문을 빠져 나와서는 출력 버퍼에 있는 내용을 강제적으로 스트림(모니터와 연결됨)으로 전송해야 하므로 flush() 메소드를 반드시 실행시켜야 한다.

예제는 많지 않은 데이터를 처리하기 때문에 전송속도가 향상되는 것을 느낄 수는 없지만 실제적으로 수백 메가를 처리하는 데이터들은 버퍼드 입출력을 사용해야 한다. 아래는 키보드로부터 입력된 데이터와 화면에 출력된 데이터를 보여준다.

Java Internet Programming
Software Engineering

```
·Z
Java Internet Programming
Software Engineering
```

4. PrintStream 클래스

PrintStream 클래스는 FilterOutputStream 클래스의 서브 클래스로서 아래와 같이 화면에 데이터를 출력하는 print() 및 println() 메소드들을 지원한다. print()와 println() 메소드의 차이는 println()은 인수로 주어진 내용을 출력한 후에 라인 종료문자(캐리지 리턴 또는 라인피드)를 출력하고, print()는 그렇지 않다는 것이다.

```
public void print(boolean b)    // b의 값에 따라 true 또는 false를 출력한다.
public void print(char c)       // 문자 c의 값을 출력한다.
public void print(int i)        // 정수 i의 값을 출력한다.
public void print(long l)       // 긴정수 l를 출력한다.
public void print(float f)      // 부동소숫점 실수 f를 출력한다.
public void print(double d)     // 긴 부동소숫점 실수 d를 출력한다.
public void print(char[] s)     // 배열 s의 문자를 출력한다.
public void print(String s)     // 문자열 s를 출력한다.
public void print(Object o)     // 객체 o가 포함하는 문자열을 출력한다.(o.toString())
public void println()           // 라인 종료자를 출력한다.(줄뛰움)
public void println(boolean b)  // 나머지는 인수+라인 종료자를 출력한다.
public void println(char c)
public void println(int i)
public void println(long l)
public void println(float f)
public void println(double d)
public void println(char[] s)
public void println(String s)
public void println(Object o)
```

화면에 문자열 "안녕하세요"를 출력하기 위해서 System.out.println("안녕하세요");를 실행하면 된다. 위의 수행문에서 println()은 PrintStream 클래스에서 지원하는 메소드이므로

System.out은 PrintStream 클래스의 객체이어야 한다. 자바에서는 화면과 연결된 스트림 객체 System.out을 아래와 같이 기본적으로 정의하므로 사용자는 화면에 출력하기 위해서는 별도의 스트림 객체를 생성하지 않고 System.out 객체를 사용하면 되는 것이다.

java.lang.System 클래스에서는 아래와 같은 클래스 변수를 선언하고 있다.

```
public final static PrintStream out = nullOutputStream();
```

위의 선언문에서 out은 PrintStream 클래스의 객체이며 out은 클래스 변수이므로 System.out으로 접근해야 한다. 결과적으로 System.out은 PrintStream의 객체이므로 PrintStream 클래스에서 지원하는 println() 및 print() 메소드를 호출할 수 있다(System.err 객체도 같음).

System.out과 System.err 이외에 아래와 같은 생성자 메소드를 이용해서 사용자가 직접 PrintStream 객체를 생성하여 사용할 수 있다.

```
public PrintStream(OutputStream out)
public PrintStream(OutputStream out, boolean autoflush)
```

첫 번째 생성자 메소드는 out 기반 스트림에 연결된 PrintStream 객체를 생성한다. 두 번째 생성자 메소드는 out 기반 스트림에 연결된 PrintStream 객체를 생성하며 autoflush가 true이면 라인이 바뀔 때마다 버퍼의 모든 내용을 출력한다.

5. PushbackInputStream 클래스

PushbackInputStream 클래스는 데이터의 읽기 복구(unreading) 기능을 지원한다. 즉, 이 메소드는 read() 메소드에 의하여 스트림으로부터 읽은 데이터를 unread(int b) 메소드에 의하여 입력 스트림으로 다시 전송하여, 다음에 read() 메소드가 읽기를 수행할 때에 다시 읽혀질 수 있게 한다. mark()와 reset() 메소드를 설명하면서 GIF 디코더가 파일의 일부를 읽고서 인식할 수 없는 이미지인 경우에는 스트림의 내용을 다시 저장하는 것과 관련된 이야기를 언급했었다. 디코더가 처리할 수 있는 이미지인지 결정하기 위해 읽어야할 데이터의 양이 작고 고정되어 있다면 PushbackInputStream 클래스를 이용하여 같은 효과를 얻을 수 있다. 사실, 한 바이트 크기의 푸시백 버퍼는 언어 스캐너를 구현할 때 단골처럼 사용되며 이 클래스가 지원하는 생성자는 아래와 같다.

```
public PushbackInputStream(InputStream in)
public PushbackInputStream(InputStream in, int size)
```

첫 번째 생성자 메소드는 읽혀진 데이터를 다시 저장하는 스트림의 버퍼 크기가 디폴트로 1이며, 두 번째 생성자 메소드는 스트림의 버퍼 크기를 두 번째 인수로 지정할 수 있다.

PushbackInputStream 클래스는 read() 메소드를 사용하여 스트림의 데이터를 읽고, 읽혀진 데이터를 다시 스트림에 넣기 위한 메소드를 아래와 같이 지원한다.

```
public void unread(int b) throws IOException
public void unread(byte[] input) throws IOException
public void unread(byte[] input, int offset, int length) throws IOException
```

첫 번째 메소드는 양의 정수 값 0에서 255 사이의 값을 스트림에 다시 저장한다. 두 번째 메소드는 인수로 주어진 input 바이트 배열의 내용을 스트림에 다시 저장하고 세 번째 메소드는 배열에서 offset 위치부터 length 개의 데이터를 스트림에 저장한다. 스트림으로부터 한 바이트를 읽고 다시 스트림에 저장하였다가, 다시 읽는 부분 프로그램은 아래와 같다.

```
......
PushbackInputStream pinput = new PushbackInputStream(InputStream in);
int data = pinput.read(); // 한 바이트의 데이터를 읽는다.
// 바이트를 검색하고, 경우에 따라서 다음과 같이 스트림에 pushback
pinput.unread(data); // 스트림에 pushback
int data = pinput.read(); // pushback된 데이터가 다시 읽혀진다.
......
```

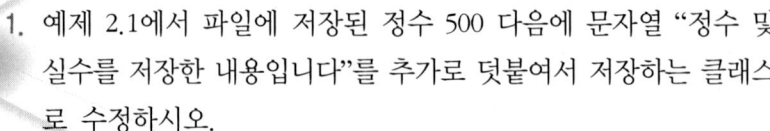

연습문제

1. 예제 2.1에서 파일에 저장된 정수 500 다음에 문자열 "정수 및 실수를 저장한 내용입니다"를 추가로 덧붙여서 저장하는 클래스로 수정하시오.

2. 예제 2.2에서 저장한 파일의 내용을 읽어서 화면에 출력하는 클래스로 수정하시오.(예제 2.4를 예제 2.2에 포함시킴)

3. 예제 2.5에 "고객의 수" 레이블 및 텍스트 필드를 추가해서 고객의 수를 텍스트 필드에 추가하는 클래스로 수정하시오.

4. 예제 2.7에서 키보드로부터 읽는 내용을 example2_7.txt 파일에 저장하고 저장된 파일을 읽어서 화면에 출력하는 클래스로 수정하시오.

CHAPTER 3

파일처리 클래스

3.1 File 클래스
3.2 RandomAccessFile 클래스
3.3 FileDescriptor 클래스

파일처리 클래스

FileInputStream 및 FileOutputStream은 특정한 파일과 연결된 스트림 객체를 생성하여 순차적으로 파일에 데이터를 저장하고 읽을 수 있는 기능을 수행한다. 반면에 File 클래스는 지정한 파일에 대한 정보 및 처리를 하는 기능을 수행하며 RandomAccessFile 클래스는 파일의 임의의 위치에 대한 접근을 구현하는 기능을 수행한다.

1. File 클래스

유닉스에서는 C:\와 같은 드라이브 구분이 없고 폴더의 구분자가 유닉스에서는 /이며, 윈도우에서는 \를 사용한다. 따라서 이런 하부 파일 시스템의 차이점을 프로그래머에게 일관된 방식으로 제공하여 자바로 작성된 프로그램이 사용되는 운영체제에 관계없이 실행되도록 하는 것은 중요하다.

java.io.File 클래스는 사용하는 운영체제에 관계없이 파일에 대한 일관된 방식의 접근이 가능하도록 자바에서의 파일 시스템을 제공한다. 즉, File 클래스에 파일 관련 요청을 하면, 하부 파일 시스템에 실제적으로 매핑해주는 것은 자바가상기계가 알아서 처리를 해주는 것이다. 따라서 프로그래머는 하부 파일 시스템의 차이에 상관없이 File 클래스에 대해서만 신경을 쓰면 된다. File 클래스는 파일을 생성 또는 삭제하고, 파일의 생성시간 및 읽고 쓸 수 있는 사용자의 권한 등과 같은 기능을 제공한다.

결과적으로 File 클래스는 파일에 대한 정보나 파일의 처리와 같은 기능만을 수행할 뿐, 파일 내용을 읽거나 쓸 수 있는 기능을 제공하지는 않는다. 파일에 대한 내용의 접근은 파일 입출력 스트림(순차적 접근)이나, RandomAccessFile(임의 접근) 클래스를 사용해야 한다. File 객체를 생성하는 생성자 메소드는 아래와 같이 3개가 있다.

public File(String dir)

인수로 주어지는 문자열(dir)은 폴더+파일이름 또는 파일이름이어야 하며 인수로 주어진 파일에 대한 File 객체를 생성한다. 폴더는 절대경로 또는 상대경로 중에 하나를 사용할 수 있다.

public File(String dir, String filename)

첫 번째 문자열 인수는 폴더의 이름이어야 하고 두 번째 인수는 파일이름이어야 한다. 따라서 이 생성자는 첫 번째 인수로 주어진 폴더와 두 번째 인수로 주어진 파일이름을 결합하여 File 객체를 생성한다.

public File(File f, String filename)

첫 번째 인수로 주어진 File 객체(폴더이름만 주어진 객체)와 두 번째 인수로 주어진 파일이름을 결합하여 File 객체를 생성한다.

위의 3개의 생성자 메소드는 예외를 발생시키지 않는다. 즉, 생성자 메소드는 인수로 주어진 파일 객체를 생성할 때 파일이 실제로 존재하는 지에 대한 여부, 또는 파일이름이 유효한 지에 대한 것조차 체크를 하지 않는다.

위의 3개의 생성자 메소드를 이용해서 생성된 File 객체는 특정한 파일을 가리킨다. 이제 생성된 File 객체는 해당 파일이 디스크에 존재하는디, 파일인지 또는 폴더인지, 언제 저장하였는지, 파일의 길이가 얼마인지, 최종적으로 저장한 날짜가 언제이지 등을 아래의 메소드 들을 이용하여 알 수 있다.

public boolean exists()

호출한 File 객체가 파일 시스템에 존재하면 true, 아니면 false를 반환한다.

public boolean isFile()

호출한 객체가 파일이면 true, 아니면 false를 반환한다.

public boolean isDirectory()

호출한 객체가 폴더이면 true, 아니면 false를 반환한다.

public String getName()

호출한 파일객체(경로+파일이름)에서 파일이름 만을 반환한다. 만일 객체가 "c:\java\ource\"와 같은 폴더로만 구성되었다면 단지 마지막 이름만 반환한다(이 경우는 source).

public String getPath()
호출한 파일객체가 가리키는 경로 및 파일이름을 함께 반환한다.

public String getAbsolutePath()
파일 시스템의 루트에서부터 시작하는 파일의 절대 경로를 반환한다.

public String getCanonicalPath() throws IOException
실제 폴더로 변환된 정규경로를 반환한다.

public boolean isAbsolute()
사용된 경로가 절대 경로이면 true, 그렇지 않으면 false를 반환한다.

public String getParent()
path 필드 안에 있는 파일이름을 제외한 폴더이름을 폴더가 없는 경우는 null를 반환한다.

public boolean canRead()
File 객체가 가리키는 파일이 읽기 가능하면 true, 아니면 false를 반환한다.

public boolean canWrite()
File 객체가 가리키는 파일이 쓰기 가능하면 true, 아니면 false를 반환한다.

public boolean isHidden()
파일이 존재하고 숨김 파일이라면 true, 그렇지 않으면 false를 반환한다.

public long lastModified()
파일이 1970년 1월 1일(GMT)부터 마지막으로 수정된 날짜까지의 시간을 밀리초로 반환한다.

public long length()
파일의 크기(바이트 수)를 반환하거나 파일이 존재하지 않는다면 0을 반환한다.

public boolean createNewFile() throws IOException
호출한 File 객체가 가리키는 파일을 생성한다. 파일이 생성되면 true를 반환하고, 그렇지 않으면 false를 반환한다. 실제로 3개의 생성자 메소드에 의하여 생성된 객체는 실제파일이 생성되는 것이 아니라 path 필드에 폴더 및 파일이름이 설정되는 것이다. 따라서 실제로 하드디스크에 특정한 파일을 생성하기 위해서는 createNewFile() 메소드를 사용해야 한다.

public boolean renameTo(File new)

호출한 파일 객체의 이름을 인수로 주어진 new 이름으로 변경한다.

public boolean delete()

호출한 파일 객체의 이름을 파일 시스템으로부터 삭제하고 true를 반환하고, 그렇지 않으면 false를 반환한다. 그러나 이 메소드는 파일을 포함하지 않는 폴더만 삭제할 수 있다. 만일 파일이 존재하는 폴더를 삭제하려고 하면 수행에 실패하고 false를 반환한다.

public boolean equals(Object obj)

호출한 객체와 인수로 주어진 obj로 지정된 객체가 같은 파일을 가리키면 true, 아니면 false를 반환한다.

public String toString()

객체가 가리키는 문자열을 반환한다.

public boolean mkdir()

호출한 객체의 path 필드에 설정된 폴더를 생성한다. 폴더가 생성되면 true를 반환하고, 어떤 다른 이유로 생성할 수 없다면 false를 반환한다. 그러나 mkdir() 메소드는 단지 하나의 폴더만 생성할 수 있다. 만일 java\source\ayh라는 디렉토리를 생성하기 위해서는 java\source 폴더는 이미 만들어져 있어야 하며 아래와 같이 프로그램을 작성해야 한다.

```
File f = new File("ayh\");
f.mkdir();
```

public boolean mkdirs()

mkdir()과 달리 하나의 폴더가 아니라, 호출한 객체가 지정한 모든 폴더를 생성한다. 예를 들면, java\source\ayh라는 폴더를 생성하기 위해서는 아래와 같이 프로그램을 작성해야 한다.

```
File f = new File("java\source\ayh\");
f.mkdirs();
```

이 메소드는 경로에 있는 모든 폴더가 생성되었거나 이미 존재한다면 true를 반환하고, 그것들 중 단지 몇 개만 생성되었거나 또는 아무것도 생성되지 않았다면 false를 반환한다.

public String[] list()

호출한 File 객체가 가리키는 폴더에 포함된 모든 파일이름을 포함하는 문자열 배열을 반환한다. 만일 호출한 File 객체가 폴더가 아니라면 null를 반환한다.

예제 3.1은 사용자가 텍스트 필드에 입력한 파일이름, 경로 또는 경로+파일이름을 입력하면 위에서 설명한 File 클래스의 메소드를 사용해서 입력한 파일 또는 경로에 관한 정보를 구하는 클래스이다.

[예제 3.1] **FileTest.java**

```java
import java.awt.*;
import java.awt.event.*;
import java.io.*;
public class FileTest extends Frame implements ActionListener
{
    private TextField enter;
    private TextArea output;
    public FileTest() {
        super( "File 클래스 테스트" );
        enter = new TextField("파일 및 디렉토리명을 입력하세요");
        enter.addActionListener( this );
        output = new TextArea();
        add(enter, BorderLayout.NORTH);
        add(output, BorderLayout.CENTER);
        addWindowListener(new WinListener());
        setSize( 400, 400 );
        setVisible( true );
    }
    public void actionPerformed(ActionEvent e) {
        File name = new File(e.getActionCommand()); // 텍스트 필드의 파일이름을 읽음
        if (name.exists()) { // + 다음에 엔터를 입력하면 안됨
            output.setText(name.getName() + "이 존재한다.\n" +
                (name.isFile() ? "파일이다.\n" : "파일이 아니다.\n" ) +
                (name.isDirectory() ? "디렉토리이다.\n" : "디렉토리가 아니다.\n" ) +
                ( name.isAbsolute() ? "절대경로이다.\n" : "절대경로가 아니다.\n" ) +
                "마지막 수정날짜은 : " + name.lastModified() +
                "\n파일의 길이는 : " + name.length() +
```

```java
                    "\n파일의 경로는 : " + name.getPath() +
                    "\n절대경로는 : " + name.getAbsolutePath() +
                    "\n상위 디렉토리는 : " + name.getParent() );
            if ( name.isFile() ) {
                try {
                    RandomAccessFile r =  new RandomAccessFile(name, "r");
                    StringBuffer buf = new StringBuffer();
                    String text;
                    output.append( "\n\n" );
                    while( ( text = r.readLine() ) != null )
                        buf.append( text + "\n" );
                    output.append( buf.toString() );
                } catch( IOException e2 ) {
                }
            }
            else if(name.isDirectory()) {
                String directory[] = name.list();
                output.append( "\n\n디렉토리의 내용은 :\n");
                for (int i = 0; i < directory.length; i++ )
                    output.append( directory[i] + "\n" );
            }
        }
        else {
            output.setText( e.getActionCommand() + " 은 존재하지 않는다.\n");
        }
    }
}
public static void main( String args[] ) {
    FileTest f = new FileTest();
}
class WinListener extends WindowAdapter
{
    public void windowClosing(WindowEvent we){
        System.exit(0);
    }
}
}
```

◆▶ 예제 3.1 설명

사용자가 아래의 윈도우에서 보는 것처럼 텍스트 필드에 FileTest.java를 입력하고 엔터키를 입력하면 이벤트가 발생하여 자동으로 actionPerformed() 메소드가 실행된다. 이 메소드는 FileTest.java를 가리키는 name File 객체를 생성하고 File 클래스에서 지원하는 다양한 메소드를 이용하여 name File 객체에 대한 정보를 구하여 아래의 윈도우와 같이 텍스트 에리어 컴포넌트에 출력한다.

만일 폴더 이름을 입력하면 else if문의 첫 번째 수행문인 name.list() 메소드에 의하여 폴더에 존재하는 파일을 구하고 다음 for 문에 의하여 폴더에 존재하는 파일들을 텍스트 에리어 컴포넌트에 출력한다.

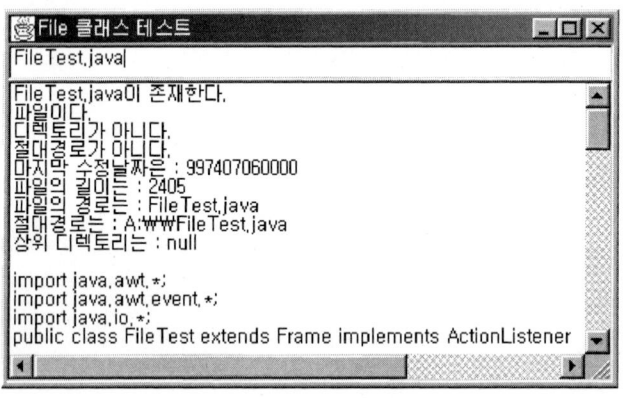

2. RandomAccessFile 클래스

FileOutputStream 및 FileInputStream 클래스를 이용해서 파일에 데이터를 전송(저장)하고 읽을 때, 파일의 접근은 순차 접근(Sequential-Access) 방식으로 입출력을 수행한다. 즉, 데이터를 파일에 차례대로 저장하고 저장된 순서대로 읽어야 한다. 그러나 가끔은 파일의 시작보다 파일의 중간이나 끝에 있는 데이터를 먼저 읽을 필요가 있는 경우가 있다. 이러한 경우에 순차 접근 방식은 처음부터 차례로 읽어서 원하는 데이터를 찾아야 하므로 시간이 많이 소요된다. 또한 순차 접근 방식은 데이터의 한 바이트만을 변경할 때에도 전체 파일을 읽고 다시 써야 하기 때문에 데이터의 내용을 수정하는 것도 번거롭다.

이와 같은 문제점을 해결하기 위하여 임의 접근(Random-Access) 방식을 사용하며 임의 접근 방식은 파일에 있는 특정한 위치의 데이터(바이트)를 읽거나, 쓰거나(저장), 또는 읽기 쓰기 모두를 할 수 있다. 읽기와 쓰기를 시작할 파일의 위치는 파일 포인터라는 정수에 의해 나타난다. 각각의 쓰기 또는 읽기는 쓰거나 읽은 바이트의 숫자에 따라 파일 포인터를 진행시키고 프로그래머는 파일을 닫지 않고도 파일 내에 있는 다른 바이트에 파일 포인터를 재위치 시킬 수 있다.

특히, 임의 접근 방식은 레코드 단위로 저장된 파일에 접근할 때 유용하다. 즉, 고정된 길이의 레코드를 사용하므로 파일의 처음 위치를 기준으로 특정한 위치에 존재하는 레코드를 쉽고 빠르게 찾을 수 있다. 자바에서 임의 파일 접근은 RandomAccessFile 클래스를 통해 수행되며 아래는 2개의 생성자 메소드를 보여준다.

> public RandomAccessFile(String name, String mode)
>   throws FileNotFoundException

첫 번째 인수로 주어지는 문자열 name은 폴더 및 파일이름으로 구성된다. 두 번째 인수인 mode는 읽기 모드를 가리키는 "r" 또는 읽기/쓰기 모드를 가리키는 "rw"가 사용될 수 있다. 자바는 쓰기 전용 접근을 허용하지 않는다.

> public RandomAccessFile(File file, String mode) throws IOException

첫 번째 인수로 File 객체를 사용하여 파일을 지정하는 것만 다르고 두 번째 인수는 첫 번째 생성자 메소드와 같다.

앞 절에서 배운 File 클래스는 특정한 파일에 대한 정보를 제공하고 처리하는 기능들을 제공할 뿐, 파일에 데이터를 전송하거나 읽는 기능은 제공하지 않는다. 그러나 RandomAccessFile 클래스는 지정된 파일에 데이터를 쓰거나 읽는 기능을 제공하기 때문에 생성자 메소드에는 파일의 폴더뿐만 아니라 읽기/쓰기의 모드에 관한 정보를 포함한다. 모드가 "r"인 경우에 하드디스크에 지정된 파일이 없다면 IOException이 발생하게 된다.

RandomAccessFile 클래스는 DataOutputStream 및 DataInputStream 클래스의 하위 클래스이므로 이들 클래스에서 지원하는 write(int b), writeInt(int i), writeUTF(String s), read(), readInt(), readUTF() 및 readLine() 등과 같은 메소드를 그대로 사용하여 파일에 데이터를 쓰거나 파일의 내용을 읽을 수 있다. 추가로 임의의 접근 방식을 구현하기 위해서 지원하는 메소드는 아래와 같다.

> public native long getFilePointer() throws IOException

읽기와 쓰기가 발생하는 파일에서 파일 포인터의 현재 위치를 반환하며 파일 포인터는 현재 읽거나 쓰고 있는 파일내의 위치를 의미한다.

public native void seek(long pos) throws IOException
파일의 처음 위치(0)로부터 pos로 지정한 위치로 파일 포인터를 이동시킨다.

public int skipBytes(int n) throws IOException
파일의 현재 위치부터 n 바이트만큼 파일 포인터를 위치시키고 실제로 스킵한 수를 반환한다. n값이 파일의 길이를 초과하면 파일 포인터를 파일의 마지막으로 이동시킨다. 파일의 끝에서 쓰기 위한 시도는 파일을 확장한다.

public native long length() throws IOException
파일의 길이를 반환한다.

public native close() throws IOException
파일을 닫는다.

예제 3.2은 사용자로부터 텍스트 필드에 입력된 구좌번호, 이름 및 잔고로 구성된 레코드 단위로 파일에 저장하는 클래스이다. Record 클래스는 RandomAccessFile 클래스를 이용하여 데이터를 레코드 단위로 파일에 저장한다.

[예제 3.2] **WriteRandomFile.java**

```
import java.io.*;
import java.awt.*;
import java.awt.event.*;
public class WriteRandomFile extends Frame implements ActionListener
{
    private TextField accountField, nameField, balanceField;
    private Button enter, done;
    private RandomAccessFile output;
    private Record data;
    public WriteRandomFile(){
        super( "파일쓰기" );
        data = new Record();
        try {
            output = new RandomAccessFile( "customer.txt", "rw" );
        } catch ( IOException e ) {
            System.err.println( e.toString() );
```

```java
            System.exit( 1 );
        }
        setSize( 300, 150 );
        setLayout( new GridLayout( 4, 2 ) );
        add( new Label( "구좌번호" ) );
        accountField = new TextField();
        add( accountField );
        add( new Label( "이름" ) );
        nameField = new TextField( 20 );
        add( nameField );
        add( new Label( "잔고" ) );
        balanceField = new TextField( 20 );
        add( balanceField );
        enter = new Button( "입력" );
        enter.addActionListener( this );
        add( enter );
        done = new Button( "종료" );
        done.addActionListener( this );
        add( done );
        setVisible( true );
    }
    public void addRecord(){
        int accountNo = 0;
        Double d;
        if ( ! accountField.getText().equals( "" ) ) {
            try {
                accountNo = Integer.parseInt( accountField.getText() );
                if ( accountNo > 0 && accountNo <= 100 ) {
                    data.setAccount( accountNo );
                    data.setName( nameField.getText() );
                    d = new Double ( balanceField.getText() );
                    data.setBalance( d.doubleValue() );
                    output.seek((long) ( accountNo-1 ) * Record.size() );
                    data.write( output );
```

```java
            }
            // 텍스트 필드의 내용을 지운다.
            accountField.setText( "" );
            nameField.setText( "" );
            balanceField.setText( "" );
        } catch ( NumberFormatException nfe ) {
            System.err.println("숫자를 입력하세요" );
        } catch ( IOException io ) {
            System.err.println("파일쓰기 에러\n" + io.toString() );
            System.exit( 1 );
        }
    }
}
public void actionPerformed( ActionEvent e ){
    addRecord(); // 입력된 데이터를 저장한다.
    if ( e.getSource() == done ) {
        try {
            output.close();
        } catch ( IOException io ) {
            System.err.println( "파일 닫기 에러\n" + io.toString() );
        }
        System.exit( 0 );
    }
}
public static void main( String args[] ) {
    new WriteRandomFile();
}
}

class Record
{
    private int account;
    private String name;
    private double balance;
```

```java
// RandomAccessFile로부터 한 레코드를 읽는다.
public void read(RandomAccessFile file) throws IOException {
    account = file.readInt(); // file로부터 구좌번호를 읽는다.
    char namearray[] = new char[15];
    for(int i = 0; i < namearray.length; i++ )
        namearray[i] = file.readChar();
    name = new String(namearray);
    balance = file.readDouble();
}
// RandomAccessFile에 한 레코드를 저장한다.
public void write(RandomAccessFile file) throws IOException {
    StringBuffer buf;
    file.writeInt( account ); // file에 구좌번호를 저장한다.
    if (name != null)
        buf = new StringBuffer(name);
    else
        buf = new StringBuffer(15);
    buf.setLength(15); // 이름을 저장하는 메모리 크기를 15로 설정
    file.writeChars(buf.toString());
    file.writeDouble( balance );
}
public void setAccount(int a) { account = a; } // 구좌번호를 설정한다.
public int getAccount() { return account; } // 구좌번호를 반환한다.
public void setName(String f) { name = f; }
public String getName() { return name; }
public void setBalance(double b) { balance = b; }
public double getBalance() { return balance; }
public static int size() { return 42; } // 한 레코드의 길이
}
```

◀▤ 예제 3.2 설명

예제 3.2는 사용자가 텍스트 필드에 구좌번호, 이름 및 잔고를 입력하고 입력 버튼을 클릭하면 이벤트가 발생하여 자동으로 actionPerformed() 메소드가 실행된다. 이 메소드는 RandomAccessFile 클래스를 이용하여 각각의 데이터를 길이가 42인 레코드 단위로 customer.txt 파일에 저장한다.

output.seek() 메소드는 파일 포인터를 쓰고자 하는 레코드의 첫 번째 바이트 위치로 이동한다. 즉, 레코드의 크기가 42바이트이므로 seek() 메소드의 인수의 값은 0, 42, 84, 126... 등과 같이 42의 배수가 각 레코드의 첫 번째 바이트의 위치의 값을 가진다. 구좌번호는 1, 2, 3, 4, 5....와 같이 순서대로 사용해야 한다. 아래의 그림은 데이터를 입력하는 과정을 보여준다.

[파일쓰기 대화상자 이미지: 구좌번호 3, 이름 안 희원, 잔고 950000, 입력 / 종료 버튼]

Record 클래스의 write() 메소드는 인수로 전달받은 file RandomAccessFile 객체가 가리키는 파일에 구좌번호, 이름 및 잔고의 값을 레코드 단위로 저장한다. 이와 반대로 read() 메소드는 구좌번호, 이름 및 잔고를 file 객체가 가리키는 파일로부터 읽는다.

마지막 줄의 size() 메소드에서 반환하는 42는 한 레코드의 길이를 나타낸다. 즉, 자바에서 int 자료형은 4 바이트, char 자료형은 2 바이트 그리고 double은 8 바이트의 기억공간을 차지하므로 구좌번호, 이름 및 잔고로 구성된 레코드의 총 바이트 길이는 42 바이트이다. 예제 3.2에서 저장된 customer.txt 파일의 내용은 이진 데이터로 저장되어 있으므로 에디터로는 확인할 수 없으므로 Record 클래스의 read() 메소드를 이용하여 읽어야 한다.

3. FileDescriptor 클래스

자바는 열려진 모든 파일에 대한 FileDescriptor 객체를 생성한다. FileDescriptor 객체는 실제 파일에 대한 참조자나 파일 내에서 읽기/쓰기 위치와 같은 정보들을 포함한다. 하나의 파일이 읽기를 위해 두 번 열린 경우에 각 FileInputStream은 각각의 FileDescriptor를 갖게 된다. 그러므로 하나의 스트림에서 수행한 읽기 작업에 의해 다른 스트림이 영향을 받지 않는다. 반대로 파일을 한 번 열어서 생긴 하나의 FileDescriptor에 연결된 여러 개의 파일 스트림을 생성할 수도 있다. 이 경우에는 FileDescriptor의 읽기/쓰기 위치의 값을 변경하는 연산에 의해 다른 스트림도 영향을 받게 될 것이다.

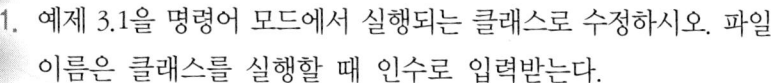

1. 예제 3.1을 명령어 모드에서 실행되는 클래스로 수정하시오. 파일 이름은 클래스를 실행할 때 인수로 입력받는다.

2. RandomAccessFile 클래스를 이용하여 파일의 내용을 읽어서 화면에 출력하는 프로그램을 작성하시오(readLine() 메소드로 읽음). 파일 이름은 클래스를 실행할 때 인수로 입력받는다.

3. 예제 3.2에 의하여 저장된 파일을 Record 클래스의 read() 메소드를 이용하여 한 레코드씩 읽어서 해당하는 텍스트 필드에 출력하는 클래스를 작성하시오.

문자 입출력 스트림

4.1 문자 입출력 스트림
4.2 Writer 및 Reader 클래스
4.3 FileWriter 및 FileReader 클래스
4.4 BufferedWriter 및 BufferedReader 클래스
4.5 OutputStreamWriter 및 InputStreamReader 클래스
4.6 PrintWriter 클래스
4.7 FilterWriter 및 FilterReader 클래스

04 문자 입출력 스트림

　바이트 입출력 스트림은 8비트의 바이트 데이터를 쓰고 읽는 스트림이다. 따라서 8비트로 표현되는 ASCII 문자집합은 바이트 입출력 스트림을 사용해서 한 번에 하나의 문자를 전송할 수 있다. 그러나 우리가 사는 지구상에는 수많은 언어가 존재하며 이러한 언어는 각자의 인코딩 방식을 적용하여 하나의 문자가 1바이트, 2바이트 또는 다수의 바이트 데이터로 변환된다. 예를 들면, 한글은 하나의 문자를 2바이트로 표현한다.

　따라서 하나의 문자 당 2바이트 이상으로 인코딩된 문자는 바이트 단위로 입출력을 수행하기 위해서는 프로그램에서 2바이트 이상의 문자를 처리(인코딩)하는 기능을 별도로 추가해야 한다. 그러나 이러한 2바이트 이상의 문자를 처리하는 기능을 프로그램이 아닌 클래스에서 처리하면 편리할 것이다. Writer 및 Reader 클래스는 2바이트 이상의 문자를 처리하여 스트림에 전송하는 클래스이다.

1. 문자 입출력 스트림

OutputStream 및 InputStream 클래스 및 모든 하위 클래스들은 바이트 단위로 데이터를 스트림에 쓰거나 읽는다. 따라서 8비트(1 바이트)로 구성된 영어 문자들은 스트림 클래스들을 이용해도 영어 문자들을 직접 전송하거나 읽어서 처리할 수 있다. 그러나 한글과 같이 2바이트로 구성된 문자는 원하는 방식으로 인코딩해서 바이트로 변환하여 스트림에 전송해야 한다. 반대로 수신측에서는 바이트 단위로 읽어서 2바이트씩 묶어서 한글 문자로 변환해야 한다.

따라서 OutputStream 클래스 및 하위 클래스들을 이용해서 2바이트 이상으로 구성된 한글과 같은 문자를 전송하기 위해서는 프로그램에서 원하는 인코딩 방식으로 인코딩하고 바이트 데이터로 변환하는 기능을 추가해야 한다. 반대로 InputStream 클래스를 이용해서 2바이트로 구성된 문자를 읽기 위해서는 바이트 데이터를 읽고 2바이트씩 묶어서 해당하는 문자로 변환시키는 기능을 프로그램에 추가해야 한다. 이와 같이 한글과 같은 2바이트 문자를 쓰거나 읽는 경우는 프로그램에서 인코딩 및 디코딩 하는 기능을 추가해서 바이트 입출력 스트림을 이용해야 한다.

그러나 프로그램에서 별도로 한글을 처리하는 인코딩 및 디코딩 기능을 추가하는 것 보다는 클래스에서 직접 한글과 같이 2바이트 이상의 문자를 처리하는 클래스가 있으면 편리할 것이다. 자바에서는 이와 같이 사용자의 편리를 위하여 2바이트 이상의 문자를 직접 쓰거나 읽는 클래스를 지원한다.

Writer 및 하위 클래스들은 2바이트 이상의 문자를 지정한 인코딩 방식으로 인코딩하여 바이트 데이터로 변환시켜 전송하고 Reader 및 하위 클래스들은 스트림으로부터 바이트 데이터를 읽어서 문자로 변환시키는 기능을 수행하는 문자 기반의 입출력 클래스이다.

그림 4.1은 문자 단위로 데이터를 쓰거나 읽는 클래스들을 보여준다. 즉, 뒤의 단어가 Writer 및 Reader로 끝나면 문자 단위로 데이터를 쓰거나 읽는 클래스들이고 OutputStream 및 InputStream로 끝나면 바이트 단위로 데이터를 쓰거나 읽는 클래스들이다.

문자 단위로 데이터를 송수신하는 주요한 클래스들은 기능이 바이트 단위로 데이터를 송수신하는 클래스들과 대응하는 클래스들이 존재한다. 예를 들면, 표 4.1에서 보는 것처럼 Writer 클래스는 OutputStream 클래스에 대응하고 Reader 클래스는 InputStream 클래스에 대응한다. 마찬가지로 FileWriter은 FileOutputStream, FileReader은 FileInputStream, BufferedOutputStream은 BufferedWriter, BufferedReader은 BufferedInputStream 클래스에 대응한다. 즉, OutputStream을 Writer로 InputStream을 Reader로 생각하면 된다.

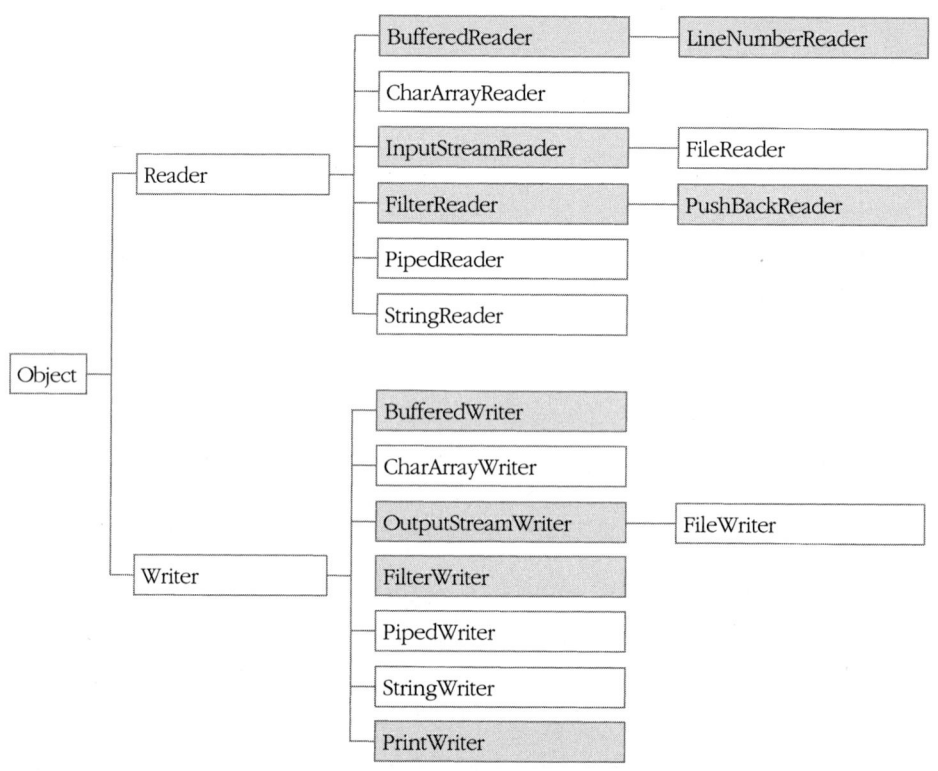

[그림 4.1] 문자 입출력 스트림 클래스

[표 4.1] 대응되는 바이트 및 문자 스트림 클래스

바이트 스트림	대응 문자 스트림	기 능
InputStream	Reader	기본 입력 스트림 클래스
FileInputStream	FileReader	파일 입력 스트림 클래스
FilterInputStream	FilterReader	입력필터 스트림 클래스들의 최상위 클래스
BufferedInputStream	BufferedReader	기본 스트림에 버퍼를 추가한다.
DataInputStream	없음	기본 자료형 데이터를 읽는다.
OutputStream	Writer	기본 출력 스트림 클래스
FileOutputStream	FileWriter	파일 출력 스트림 클래스
FilterOutputStream	FilterWriter	출력필터 스트림 클래스들의 최상위 클래스
BufferedOutputStream	BufferedWriter	기본 스트림에 버퍼를 추가한다.
DataOutputStream	없음	기본 자료형 데이터를 출력한다.
PrintStream	PrintWriter	표준 시스템(화면)에 출력한다.

자바는 **기본적으로 모든 문자집합에 대하여 16비트로 구성된 유니코드**를 사용한다. 그러나 인코딩 방식이 유니코드를 사용하지 않는 문자를 지원하는 클래스도 제공하고 있다.

2. Writer 및 Reader 클래스

Writer 클래스는 문자 단위로 데이터를 전송하는 것만 다를 뿐, OutputStream 클래스와 같은 기능을 수행한다. 마찬가지로 Reader 클래스는 문자 단위로 데이터를 읽는 것만 다를 뿐, InputStream 클래스와 기능이 같다.

2.1 Writer 클래스

그림 4.1에서 보는 것처럼 Writer 클래스는 추상 클래스로서 모든 문자 출력 클래스들의 최상위 클래스이며 하위 클래스들이 문자를 스트림에 전송하는데 필요한 기본적인 메소드를 아래와 같이 지원한다.

public void write(int c) throws IOException

인수로 주어진 32비트 정수 값에서 하위 16비트의 값(자바에서 문자는 디폴트로 유니코드를 사용하며 16비트로 구성됨)을 전송한다.

public void write(char[] text) throws IOException

문자 배열 text에 저장된 모든 문자(유니코드인 경우 문자 당 16비트)를 전송한다.

public abstract void write(char[] text, int offset, int length)
    throws IOException

문자 배열 text의 offset 위치에 있는 문자부터 length 개의 문자를 전송한다. 이 메소드는 추상 메소드이므로 하위 클래스에 의하여 구현되어야 한다.

public void write(String s) throws IOException

인수로 주어진 문자열을 전송한다. 문자열을 전송하는데 편리하고 가장 많이 사용하는 메소드이다.

public void write(String s, int offset, int length) throws IOException

첫 번째 인수로 주어진 s 문자열에서 offset 위치의 문자부터 length 개의 문자를 전송한다. 이 메소드는 전송하려는 문자열을 문자 배열로 변환한 후에 문자의 부분 배열을 출력하는 write() 메소드를 호출하여 구현되었다.

public abstract void flush() throws IOException

버퍼드 방식을 사용하는 출력 클래스에서 버퍼에 저장되어 있는 모든 데이터를 강제적으로 전송한다.

public abstract void close() throws IOException

연결된 통신 채널을 닫고 이와 관련된 모든 자원을 해제한다. Writer 클래스가 내부 버퍼를 구현한 경우에는 통신 채널을 닫기 전에 버퍼를 플러시시키는 것이 적절하다.

2.2 Reader 클래스

그림 4.1에서 보는 것처럼 Reader 클래스는 추상 클래스로서 모든 문자 입력 클래스들의 최상위 클래스이며 하위 클래스들이 문자를 스트림으로부터 읽는데 필요한 기본적인 메소드를 아래와 같이 지원한다.

public int read() throws IOException

스트림으로부터 읽는 바이트를 2바이트씩 묶어서 하나의 문자를 하위 16비트(항상 0에서 65,535사이의 값만이 유효함)로 반환한다. EOF에 도달한 경우에는 -1를 반환한다.

public int read(char[] buffer) throws IOException

스트림으로부터 최대 buffer 배열 길이만큼의 문자를 읽어서 buffer 문자 배열에 저장하고 읽은 총 문자의 수를 반환한다.

public abstract int read(char[] buffer, int offset, int length)
    throws IOException

스트림으로부터 최대 length 개의 문자를 읽어서 buffer 문자 배열의 offset 위치부터 저장하고 읽은 문자의 수를 반환한다. 두 번째 및 세 번째 메소드는 아무런 문자도 읽지 못하거나 스트림의 끝에 도달한 경우에는 -1를 반환한다.

public long skip(long n) throws IOException

스트림에서 인수로 주어진 숫자만큼 문자들을 건너뛰고 성공적으로 뛰어 넘은 문자의 개수를 반환한다. 블록킹되지 않은 채로 수행할 수 있는 만큼을 우선 수행하고 즉시 수행될 수 있는 데이터가 없는 경우에 메소드는 블록킹된다. EOF에 도달하면 메소드는 0을 반환한다.

public boolean ready() throws IOException

스트림에 블록킹되지 않은 채로 즉시 읽을 수 있는 데이터가 존재하면 true, 그렇지 않으면 false를 반환한다. 바이트 입력 스트림에서 available() 메소드는 스트림에서 읽을 수 있는 바이트의 수를 반환하나, 문자인 경우는 하나의 문자가 다양한 길이의 바이트로 인코딩(예를 들면, UTF-8)될 수 있으므로 문자의 수 대신 데이터의 유무를 반환한다.

> public boolean markSupported() throws IOException
> public void mark(int readAheadLimit) throws IOException
> public void reset() throws IOException

위의 메소드들은 바이트 입력 스트림의 기능과 마찬가지로 마킹과 리셋팅에 관한 기능을 수행한다.

public abstract void close() throws IOException

Reader 객체와 기반 입력 스트림을 닫고 Reader 객체가 점유한 모든 자원을 해제시킨다.

3. FileWriter 및 FileReader 클래스

FileWriter 및 FileReader는 각각 문자 단위로 파일에 데이터를 쓰거나 읽는 기능을 수행하므로 바이트 단위로 데이터를 쓰거나 읽는 FileOutputStream 및 FileInputStream 입출력 클래스에 대응하는 문자 입출력 클래스이다. 문자를 쓰거나 읽는 경우에 **사용되는 인코딩 방식과 버퍼의 크기는 시스템에서 사용하는 디폴트 방식**을 사용한다.

3.1 FileWriter 클래스

이 클래스는 문자 단위로 파일에 데이터를 직접 전송할 수 있다. 문자를 처리하는 인코딩 방식은 시스템에서 사용하는 디폴트 방식(유니코드)을 사용하며 아래와 같이 4개의 생성자 메소드를 지원한다.

public FileWriter(String filename) throws IOException

인수로 주어진 파일과 연결하는 문자 스트림을 생성한다. 디폴트로 덮어쓰기 모드를 지원한다. 즉, 새롭게 저장되는 문자가 기존의 문자를 지우면서 저장된다.

public FileWriter(String filename, boolean append) throws IOException

첫 번째 인수로 주어진 파일과 연결하는 문자 스트림을 생성하고, append 인수의 값이 true이면 전송된 문자가 기존의 문자에 추가되고 false이면 기존의 문자를 지우고 새롭게 저장된다.

public FileWriter(File file) throws IOException

인수로 주어진 File 객체가 가리키는 파일과 연결하는 문자 스트림을 생성한다.

public FileWriter(FileDescriptor fd)

인수로 주어진 FileDescriptor 객체가 가리키는 파일과 연결하는 문자 스트림을 생성한다.

FileWriter 클래스는 생성자 메소드외에 일반적인 메소드는 선언하지 않았다. 따라서 상위 클래스에서 선언한 write(), flush() 및 close()와 같은 메소드를 사용하여 파일에 문자를 저장한다. 예제 4.1은 FileWriter 클래스를 이용하여 문자열을 example4_1.txt 파일에 저장하는 클래스이다.

[예제 4.1] **WriteCharacter.java**

```java
import java.io.*;
public class WriteCharacter
{
    public static void main(String args[]) throws IOException {
        String text = "한글 문서 파일입니다.";
        FileWriter fw = new FileWriter("example4_1.txt");
          // 디폴트(유니코드) 인코딩 방식을 사용하여 저장한다.
        fw.write(text, 0, text.length()); // 파일에 문자열을 저장한다.
        fw.flush(); // 버퍼의 내용을 쓴다.
        fw.close();
    }
}
```

◁▶ 예제 4.1 설명

기능은 FileOutputStream을 이용하여 바이트 데이터를 파일에 저장하는 것과 같다. 먼저 저장하고자 하는 파일에 연결하는 FileWriter 객체를 생성하고 문자열을 직접 인수로 받아 전송하는 write() 메소드를 사용하여 문자열 "한글 문서 파일입니다."를 파일에 저장하였다. 이때 write() 메소드에 의하여 전송되는 문자열 "한글 문서 파일입니다."는 시스템이 디폴트로 유니코드 인코딩 방식을 사용한다면, 2바이트 유니코드로 변환되어 전송이 되고 파일에 저장이 된다.

3.2 FileReader 클래스

이 클래스는 문자 단위로 파일에 저장되어 있는 내용을 직접 읽을 수 있다. 문자를 처리하는 인코딩 방식은 시스템에서 사용하는 디폴트 방식(유니코드)을 사용하며 아래와 같이 3개의 생성자 메소드를 지원한다.

```
public FileReader(String filename) throws FileNotFoundException
public FileReader(File file) throws FileNotFoundException
public FIleReader(FileDescriptor fd)
```

위의 3개의 생성자 메소드는 읽을 파일과 연결하는 문자 스트림을 생성하고 인수로 파일을 지정하는 방식에서만 차이가 있다. FileReader 클래스는 생성자 메소드외에 일반적인 메소드는 선언하지 않았다. 따라서 상위 클래스에서 선언한 read(), ready() 및 close()와 같은 메소드를 이용해서 파일에 있는 데이터를 읽는다. 예제 4.2는 FileReader 클래스를 이용하여 예제 4.1에서 저장한 example4_1.txt 파일의 문자열을 읽는 클래스이다.

[예제 4.2] **ReadCharacter.java**

```java
import java.io.*;
public class ReadCharacter
{
    public static void main(String args[]) throws IOException {
        int numberRead;
        String data;
        char[] buffer = new char[80];
        FileReader fr = new FileReader("example4_1.txt");
        while((numberRead = fr.read(buffer)) > -1){
            System.out.println(buffer);  // 화면에 출력한다.
        }
        fr.close();
    }
}
```

◀▬ 예제 4.2 설명

> example4_1.txt와 연결된 fr FileReader 객체를 생성한 후에 read() 메소드를 이용하여 buffer 문자배열에 저장하고 println() 메소드를 이용하여 문자배열의 내용을 화면에 출력한다. 인코딩 방식은 예제 4.1과 같이 시스템의 디폴트 인코딩 방식인 유니코드 방식을 사용한다.

예제 4.3은 example4_1.txt 파일의 내용을 example4_3.tx 파일에 저장하는 클래스이다. 즉, 파일의 복사 기능을 구현한다.

[예제 4.3] **FileCopy.java**

```java
import java.io.*;
public class FileCopy
{
    public static void main(String args[]) throws IOException{
        int numberRead;
        char[] buffer = new char[80];
        FileWriter fw = new FileWriter("example4_3.txt");
        FileReader fr = new FileReader("example4_1.txt");
        while((numberRead = fr.read(buffer)) > -1){
            fw.write(buffer, 0, numberRead);
        }
        fw.close();
        fr.close();
    }
}
```

◀▬ 예제 4.3. 설명

> 문자를 파일에 쓰거나 읽기 위해서 FileOutputStream 및 FileInputStream 클래스 대신에 FileWriter 및 FileReader 클래스를 사용하여 파일 복사 기능을 수행하였다. 문자는 시스템에서 사용하는 디폴트 방식으로 인코딩한다.

4. BufferedWriter 및 BufferedReader 클래스

이들 클래스는 각각 BufferedOutputStream 및 BufferedInputStream 클래스에 대응되는 문자 스트림 클래스이다. 따라서 이들 클래스는 기본적인 Writer 및 Reader 객체에 버퍼를 추가해서 전송 속도를 증가시킨다.

4.1 BufferedWriter 클래스

이 클래스는 FileWriter와 같은 기반 문자 스트림에 버퍼를 연결시켜서 write() 메소드에 의하여 전송되는 모든 문자 데이터는 기반 문자 스트림으로 바로 전송되지 않고 일단 버퍼에 저장시키고 버퍼가 가득 차거나, flush() 메소드가 호출되거나, close() 메소드가 실행되면 연결된 문자 스트림으로 한 번에 전송된다.

이 클래스는 문자 기반 스트림에 버퍼를 연결시키는 클래스이므로 아래와 같이 2개의 생성자 메소드는 인수로 연결시키려는 기반 스트림을 지정해야 한다.

    public BufferedWriter(Writer out)

인수로 주어진 out Writer 객체에 연결된 BufferedWriter 객체를 생성한다. 이 생성자는 디폴트로 8192개의 문자를 저장하는 기본 버퍼 크기를 가진다.

    public BufferedWriter(Writer out, int size)

size로 지정된 버퍼 크기를 가지는 BufferedWriter 객체를 생성한다.

BufferedWriter 클래스는 아래와 같이 Writer 클래스에서 정의한 모든 write() 메소드 및 newLine() 메소드를 추가로 지원한다.

```
public void write(int c) throws IOException
public void write(char[] text, int offset, int length) throws IOException
public void write(String s) throws IOException
public void write(String s, int offset, int length) throws IOException
public void flush() throws IOException
public void close() throws IOException
```

위의 메소드들은 Writer 클래스에서 정의한 메소드의 기능과 같다.

public String newLine() throws IOException

이 메소드는 플랫폼에 종속된 라인 종료 문자열을 전송한다. 즉, 유닉스에서 \n, 맥에서 \r, 윈도우에서 \r\n을 전송한다. HTTP 서버와 같은 네트워크 코드를 작성한다면 newLine() 메소드를 사용하면 안 된다. 대부분의 네트워크 프로토콜은 호스트 플랫폼의 약속에 관계없이 \r\n을 라인 분리자로 인식한다. 따라서 newLine() 대신 명시적으로 \r\n을 전송하는 것이 바람직하다.

예제 4.4는 BufferedWriter 클래스를 이용해서 예제 4.1에 버퍼를 추가하여 파일 저장 속도를 향상시킨 클래스이다. 물론, 예제같이 작은 크기의 데이터는 속도 차이를 느낄 수 없다.

[예제 4.4] **BufferedWriteCharacter.java**

```java
import java.io.*;
public class BufferedWriteCharacter
{
    public static void main(String args[]) throws IOException {
        String text = "BufferedWriter 클래스를 이용해서 저장한 파일입니다.";
        FileWriter fw = new FileWriter("example4_4.txt");
        BufferedWriter bw = new BufferedWriter(fw); // bw는 fw에 연결된다.
        // 디폴트(유니코드) 인코딩 방식을 사용하여 저장한다.
        bw.write(text, 0, text.length()); // 파일에 문자열을 저장한다.
        // bw.write(text); 를 이용해도 됨.
        bw.flush(); // 버퍼의 내용을 쓴다.
        bw.close();
    }
}
```

◁▶ 예제 4.4 설명

기반 문자 스트림 객체인 fw FileWriter 객체에 버퍼를 붙이는 기능을 수행하는 bw BufferedWriter 객체를 생성하고 bw 객체를 이용해서 문자열을 전송하였다. 물론, write() 메소드에 의하여 전송되는 문자열 "BufferedWriter 클래스를 이용해서 저장한 파일입니다."는 시스템에서 사용하는 디폴트 인코딩 방식으로 인코딩된다.

4.2 BufferedReader 클래스

이 클래스는 FileReader와 같은 기반 문자 스트림에 버퍼를 연결시켜서 기반 스트림으로부터 읽은 문자를 프로그램에서 바로 읽지 않고 버퍼로 읽은 후에 버퍼가 꽉 차면 프로그램에서 읽는다. 즉, 이 클래스는 기반 문자 스트림과 프로그램 사이를 버퍼로 연결하여 읽는 속도를 증가시킨다.

이 클래스의 생성자 메소드의 인수는 연결될 기반 문자 스트림인 Reader 객체이며 아래는 2개의 생성자 메소드를 보여준다.

public BufferedReader(Reader in)

인수로 주어진 in Reader 문자 스트림 객체에 연결된 BufferedReader 객체를 생성한다. 이 생성자는 디폴트로 8192개의 문자를 저장하는 기본 버퍼 크기를 가진다.

public BufferedReader(Reader in, int size)

두 번째 인수인 size로 지정된 버퍼 크기를 가지는 BufferedReader 객체를 생성한다.

BufferedReader 클래스는 아래와 같이 Reader 클래스에서 정의한 모든 read() 메소드를 정의하고 추가로 문자열을 한 번에 읽어드리는 readLine() 메소드를 지원한다.

```
public int read() throws IOException
public int read(char[] buffer, int offset, int length) throws IOException
public int read(char[] buffer) throws IOException
public long skip(long n) throws IOException
public boolean ready() throws IOException
public boolean markSupported() throws IOException
public void mark(int readAheadLimit) throws IOException
public void reset() throws IOException
```

위의 메소드들은 Reader 클래스에서 정의한 메소드들이다.

public String readLine() throws IOException

이 메소드는 한 번에 한 라인의 문자열(텍스트)를 읽는 메소드이다. 즉, 키보드로부터 "자바 인터넷 프로그래밍엔터키"를 입력하면 문자열 "자바 인터넷 프로그래밍"을 읽거나(반환하거나), 파일 또는 다른 컴퓨터가 전송한 텍스트에서 한 줄씩(즉 엔터키("\r\n")까지) 문자열을 읽는 기능을 수행한다.

'\r', '\n' 및 "\r\n"은 라인 분리자로 인식되고 반환되는 문자열에는 포함되지 않는다. 따라서 이 메소드는 키보드로부터 한 라인씩 텍스트를 읽어 오는 경우에 흔히 사용되며 EOF에 도달하면 null를 반환하고 EOFException 예외를 발생시키지 않는다.

예제 4.5는 BufferedReader와 readLine() 메소드를 사용하여 명령어 라인에서 지정한 파일(키보드로부터 파일의 이름을 입력하는 것은 다음 절을 배워야 함)의 내용을 한 줄씩 읽어서 화면에 출력하는 클래스이다.

[예제 4.5] **ReadByLine.java**

```java
import java.io.*;
public class ReadByLine
{
    public static void main(String args[]){
        String data;
        if(args.length != 1)
            System.err.println("입력 파일을 지정하십시오.");
        try{
            FileReader infile = new FileReader(args[0]); // 명령어 라인에서 읽음
            BufferedReader br = new BufferedReader(infile);
            while((data=br.readLine()) != null){ // 한 줄씩 읽는다.
                System.out.println(data);
            }
        }catch(IOException e){
            System.err.println(e);
        }
    }
}
```

◆ 예제 4.5 설명

br BufferedReader는 명령어 라인에서 입력한 파일과 연결하는 문자 스트림 객체(infile FileReader 객체)와 프로그램 사이에 버퍼를 추가한 객체이다. 따라서 br.readLine()는 파일의 내용을 한 줄 읽어서(엔터키까지의 문장) 버퍼에 저장하고 버퍼가 차면 프로그램으로 읽혀진다.
while 문의 조건식에서 readLine() 메소드는 스트림의 끝을 만나면 null 값을 반환하므로 null로 스트림의 끝을 체크한다. 따라서 [java ReadByLine ReadByLine.java]를 키보드로 입력하여 클래스를 실행하면 화면에 ReadByLine.java의 내용을 출력한다.

5. OutputStreamWriter 및 InputStreamReader 클래스

지금까지는 필터 바이트 입출력 스트림은 기반 바이트 입출력 스트림과 연결하였고 필터 문자 입출력 스트림은 기반 문자 입출력 스트림과 연결하였다. 그러나 필터 문자 입출력 스트림이 기반 바이트 입출력 스트림과 연결을 할 필요가 있다. OutputStreamWriter 및 InputStreamReader 클래스는 필터 문자 입출력 스트림을 기반 바이트 입출력 스트림과 연결시키는 클래스이다.

5.1 OutputStreamWriter 클래스

이 클래스는 문자 데이터를 바이트 기반의 입출력 스트림으로 전송하기 위해서 문자 입출력 스트림을 바이트 스트림으로 변환시켜서 전송하는데 사용한다. 따라서 Writer 객체를 OutputStream 객체로 연결시켜야 하므로 이 클래스의 생성자 메소드의 인수는 아래와 같이 OutputStream 객체를 사용해야 한다.

>   public OutputStreamWriter(OutputStream out)

인수로 주어진 OutputStream 기반 출력 스트림 객체 out에 연결된 OutputStreamWriter 객체를 생성한다. 생성된 객체를 이용해서 전송하는 문자는 바이트로 변환할 특별한 인코딩 방식이 명시되지 않으므로 연결된 플랫폼의 기본 인코딩 방식이 사용된다.

>   public OutputStreamWriter(OutputStream out, String encoding)
>   throws UnsupportedEncodingException

인수로 주어진 OutputStream 기반 출력 스트림 객체 out에 연결하고 두 번째 인수로 주어진 **encoding으로 명시된 방식으로 문자를 인코딩하는 OutputStreamWriter 객체를 생성한다.** 즉, 사용자가 특별한 인코딩 방식을 지정할 수 있으므로 네트워크 애플리케이션에 적합한 생성자 메소드이다.

결과적으로 OutputStreamWriter 클래스는 한글 및 다국적 언어로 구성된 텍스트를 특정한 인코딩 방식에 따라 바이트로 변환하여 기반 스트림에 출력하는 기능을 수행하며(문자 스트림을 바이트 스트림으로 변환하는 기능을 수행), 그림 4.2는 이와 같은 내용을 보여준다.

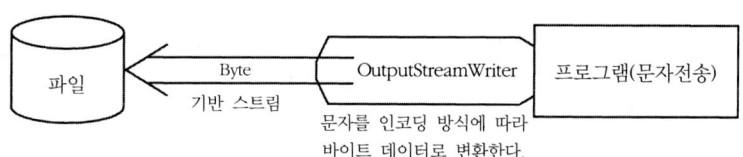

[그림 4.2] OutputStreamWriter 스트림 구조

문자 인코딩 방식은 영문자 및 기타 문자를 7비트로 표현하여 0~127 사이의 값으로 인코딩하는 ASCII 방식, 0~127 사이의 값은 ASCII 문자와 동일하고 나머지 128개의 문자는 제어 코드이거나 강세가 표시된 문자, 또는 국제 문자들로 이루어진 Latin1, Latin2와 같은 ISO 인코딩 방식이 있다. 그리고 한글과 같은 2 바이트 문자를 처리하는 KS5602 방식, 각각의 문자를 1~3바이트의 데이터로 변환시키는 UTF8 방식 및 자바에서 기본적으로 사용하는 Unicode 인코딩 방식 등을 사용할 수 있다.

OutputStreamWriter 클래스는 아래와 같이 Writer 클래스에서 지원하는 모든 메소드를 지원한다.

```
public void write(int c) throws IOException
public void write(char[] text, int offset, int length) throws IOException
public void write(String s) throws IOException
public void write(String s, int offset, int length) throws IOException
public String getEncoding()
public void flush() throws IOException
public void close() throws IOException
```

예제 4.6은 OutputStreamWriter 및 기반 바이트 출력 스트림인 FileOutputStream 클래스를 사용해서 "행복한 시간 보내세요."라는 문자열을 KSC5601 인코딩 방식을 사용해서 example4_6.txt 파일에 저장하는 클래스이다.

[예제 4.6] **WriteCharacter5601.java**

```java
import java.io.*;
public class WriteCharacter5601
{
    public static void main(String args[]) throws IOException {
        String text = "행복한 시간 보내세요.";
        FileOutputStream fos = new FileOutputStream("example4_6.txt");
```

```
        OutputStreamWriter osw = new OutputStreamWriter(fos, "KSC5601");
        osw.write(text, 0, text.length());
        osw.flush(); // 버퍼의 내용을 전송한다.
        osw.close();
    }
}
```

◆ 예제 4.6 설명

example4_6.txt 파일과 연결된 기반 바이트 출력 스트림인 fos FileOutputStream 객체를 생성하고 다시 fos와 연결된 osw OutputStreamWriter 객체를 생성해서 파일에 문자를 KSC5601 인코딩 방식으로 인코딩해서 저장한다.

5.2 InputStreamReader 클래스

이 클래스는 OutputStreamWriter 클래스와 반대 기능을 수행한다. 즉, 이 클래스는 바이트 입력 스트림으로부터 읽은 바이트 데이터를 지정된 인코딩 방식을 사용하여 문자로 변환하는 기능을 수행한다. 그림 4.3은 파일과 연결된 바이트 입력 스트림으로부터 읽은 바이트 데이터를 문자로 변환하는 내용을 보여준다.

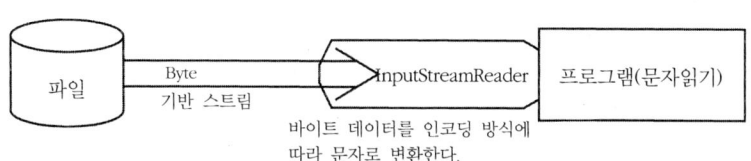

[그림 4.3] InputStreamReader 스트림 구조

InputStreamReader 클래스의 생성자는 바이트 데이터를 읽어오는 기반 바이트 입력 스트림을 인수로 가지며 지원하는 생성자 메소드는 아래와 같다.

    public InputStreamReader(InputStream in)

인수로 주어진 InputStream 객체 in 객체에 연결되고 플랫폼의 디폴트 인코딩 방식을 사용하여 문자를 읽는 InputStreamReader 객체를 생성한다.

    public InputStreamReader(InputStream in, String encoding)
        throws UnsupportedEncodingException

인수로 주어진 InputStream 기반 입력 스트림 객체 out에 연결하고 두 번째 인수로 주어진 encoding으로 명시된 방식으로 문자를 인코딩해서 읽는 InputStreamWriter 객체를 생성한다. 즉, 사용자가 특별한 인코딩 방식을 지정할 수 있으므로 네트워크 애플리케이션에 적합한 생성자 메소드이다.

결과적으로 InputStreamReader 클래스는 OutputStreamWriter 클래스에 의하여 특정한 인코딩 방식으로 인코딩되어 전송된 문자를 읽어 오는데 사용되며 아래와 같이 Reader 클래스에서 지원하는 모든 메소드를 지원한다.

```
public int read() throws IOException
public int read(char[] text, int offset, int length) throws IOException
public int read(char[] text) throws IOException
public String getEncoding()
public boolean ready() throws IOException
public void close() throws IOException
```

FileReader 클래스는 시스템의 디폴트 인코딩 방식(유니코드)으로 문자를 읽기 때문에 예제 4.6에서 저장한 example4_6.txt 파일(KSC5601 방식으로 인코딩)은 FileReader 클래스를 이용해서는 저장된 한글 문자를 정상적으로 읽을 수 없다. 따라서 예제 4.7과 같이 InputStreamReader 클래스를 이용해서 읽어야 한다.

[예제 4.7] **ReadCharacter5601.java**

```java
import java.io.*;
public class ReadCharacter5601
{
    public static void main(String args[]) throws IOException {
        int bytesRead;
        char[] buffer = new char[128];
        FileInputStream fis = new FileInputStream("example4_6.txt");
        InputStreamReader isr = new InputStreamReader(fis, "KSC5601");
        // 저장된 문자의 인코딩 방식과 일치해야 한다.
        while((bytesRead = isr.read(buffer, 0, buffer.length)) != -1)
            System.out.println(buffer);
    }
}
```

◁▣ 예제 4.7 설명

> "KSC5601" 방식으로 인코딩된 문자를 읽기위해서 "KSC5601" 방식으로 지정하여 isr InputStreamReader 객체를 생성하고 읽는다.

예제 4.8은 명령어 라인에서 클래스 이름, 입력 인코딩, 입력 파일의 이름, 출력 인코딩 및 출력 파일의 이름으로 실행하면 입력 파일로부터 문자를 읽어서 출력 파일에 저장하는 클래스이다. 이때 출력 문자에서 유효하지 않는 문자는 일반적으로 물음표와 같은 대체문자로 교체된다.

[예제 4.8] **FileCopyEncoding.java**

```java
import java.io.*;
public class FileCopyEncoding
{
    public static void main(String args[]) throws IOException{
        int numberRead;
        char[] buffer = new char[16];
        if(args.length != 4){
            System.out.println("입력인코딩 입력파일이름 출력인코딩 출력파일이름을 지정하세요!!");
            return;
        }
        FileInputStream fileIn = new FileInputStream(args[1]);
        FileOutputStream fileOut = new FileOutputStream(args[3]);
        InputStreamReader isr = new InputStreamReader(fileIn, args[0]);
        OutputStreamWriter osr = new OutputStreamWriter(fileOut, args[2]);
        while((numberRead = isr.read(buffer)) > -1)
            osr.write(buffer, 0, numberRead);
        osr.close();
        isr.close();
    }
}
```

◆➡ 예제 4.8 설명

> 명령어 라인에서 [FileCopyEncoding KSC5601 ReadByLine.java KSC5601 ReadByLine.txt]을 입력하고 실행하면 ReadByLine.java 파일을 KSC5601 방식으로 인코딩해서 읽어서 KSC5601 인코딩 방식으로 ReadByLine.txt 파일에 저장한다. 만일 한글을 이해 못하는 인코딩 방식을 사용하면 새로 저장된 파일에서 한글을 읽지 못하는 것을 확인할 수 있다.

5.3 BufferedReader 및 BufferedWriter 클래스를 이용한 문자 전송

예제 4.6에서 OutputStreamWriter 객체에 버퍼를 추가하면 문자의 전송속도를 늘릴 수 있으며 BufferedWriter 클래스는 OutputStreamWriter 객체에 버퍼를 추가하는 기능을 수행한다. 일반적으로 특정한 인코딩 방식을 지정해서 문자를 전송하는 경우는 아래와 같이 바이트 출력 스트림에 OutputStreamWriter 및 BufferedWriter 객체를 차례로 연결한 BufferedWriter 객체를 이용한다.

```
…
FileOutputStream fout = new FileOutputStream("ReadByLine.txt");
OutputStreamWriter osw = new OutputStreamWriter(fout);
BufferedWriter bw = new BufferedWriter(osw);
   // bw는 버퍼를 가지는 객체이고 ReadByLine.txt 파일에 연결됨
bw.write("안녕하세요.");
…
```

BufferedReader 클래스는 프로그램과 InputStreamReader 사이에 버퍼를 추가해서 스트림으로부터 읽은 데이터를 일단 버퍼에 저장하였다가 한 번에 읽어서 전송속도를 높이는 클래스이다.

도스 모드에서 키보드로부터 엔터키까지 입력된 문장을 읽기 위해서는 BufferedReader 클래스의 readLine() 메소드를 사용해야 한다. 그러나 4.4.2절에서 BufferedReader 클래스를 배우면서 키보드로부터 문장 단위로 읽는 예제를 공부하지 않은 것은 InputStreamReader 클래스를 배우지 않았기 때문이다.

즉, 키보드를 나타내는 객체는 System.in이고 이는 InputStream 객체이기 때문에 BufferedReader 클래스에 직접 연결(생성자 메소드의 인수는 Reader 객체이어야 하므로)을 할 수 없다. 따라서 아래와 같이 BufferedReader 클래스를 이용해서 **키보드로부터 문장 단위로 읽기 위해서는 InputStreamReader 클래스를 사용해야 한다.**

```
...
InputStreamReader isr = new InputStreamReader(System.in);
BufferedReader br = new BufferedReader(isr);
br.readLine(); // 키보드로부터 엔터키까지 입력된 문장을 읽는다
...
```

위와 같이 System.in 객체는 PrintStream 객체이므로 BufferedReader 생성자 메소드의 인수로 사용할 수 없으므로 먼저 InputStreamReader 객체로 변환한 후에 BufferedReader 객체를 생성하고 readLine() 메소드를 이용해서 키보드로부터 문장단위로 읽는다.

파일로부터 한 줄씩 문자를 읽어 오기 위해서는 예제 4.5와 같이 FileWriter 및 BufferedWriter 클래스를 이용하면 된다. 그러나 이러한 경우에는 시스템에서 디폴트로 사용하는 인코딩 방식(유니코드)만을 사용해야 한다. 따라서 다양한 인코딩 방식을 사용하기 위해서는 아래와 같이 FileInputStream, InputStreamReader 및 BufferedReader 클래스를 사용해야 한다.

```
...
FileInputStream fin = new FileInputStream("korea.txt");
InputStreamReader isr = new InputStreamReader(fin, "KSC5601");
BufferedReader br = new BufferedReader(isr);
br.readLine(); // 파일로부터 한 줄씩 문장을 읽는다.
...
```

위와 같이 FileInputStream 객체를 생성하고 InputStreamReader 생성자 메소드의 첫 번인수로 사용하고 두 번째 인수로 인코딩 방식을 지정한다. 이렇게 Reader 객체로 변환시켜서 BufferedReader 객체를 생성하고 readLine() 메소드를 사용해서 파일의 내용을 한 줄씩 읽는다.

예제 4.9는 키보드로부터 엔터키까지 입력된 문장을 입력 받아 example4_9.txt 파일에 저장하고 화면에 출력하는 클래스이다. 키보드로부터 CTRL-Z 및 엔터키를 입력하면 더 이상 키보드로부터 데이터 입력을 받지 않는다.

[예제 4.9] **ReadTextFromKBD.java**

```
import java.io.*;
public class ReadTextFromKBD
```

```java
{
    public static void main(String args[]) throws IOException {
        String text;
        InputStreamReader isr;
        BufferedReader br;
        FileOutputStream fos;
        OutputStreamWriter osw;
        BufferedWriter bw;
        isr = new InputStreamReader(System.in);
        br = new BufferedReader(isr);
        fos = new FileOutputStream("example4_9.txt");
        osw = new OutputStreamWriter(fos, "KSC5601");
        bw = new BufferedWriter(osw);
        while((text=br.readLine()) != null){
            System.out.println(text); // 화면에 출력한다.
            bw.write(text+"\r\n"); // 파일에 저장한다.
        }
        bw.flush(); // 버퍼의 내용을 전송한다.
        bw.close();
    }
}
```

예제 4.9 설명

문자 입출력 스트림인 BufferedReader 및 BufferedWriter 객체를 각각 바이트 입출력 스트림인 System.in과 FileOutputStream 객체에 연결하여 엔터키 전까지 입력된 문자열을 키보드로부터 입력받아 화면에 출력하고 파일에 저장하는 기능을 수행한다. 키보드로부터 CTRL-Z 및 엔터키를 입력하면 while 문을 빠져 나간다.

예제 4.10은 example4_9.txt 파일의 내용을 한 줄씩 읽어서 example4_10.txt 파일에 저장하는 클래스이다.

[예제 4.10] **BufferedFileCopy.java**

```java
import java.io.*;
public class BufferedFileCopy
```

```
{
    public static void main(String args[]){
        String data;
        try{
            FileInputStream fin = new FileInputStream("example4_9.txt");
            InputStreamReader isr = new InputStreamReader(fin, "KSC5601");
            BufferedReader br = new BufferedReader(isr);
            FileOutputStream fout = new FileOutputStream("example4_10.txt");
            OutputStreamWriter osw = new OutputStreamWriter(fout, "KSC5601");
            BufferedWriter bw = new BufferedWriter(osw);
            while((data=br.readLine()) != null){
                bw.write(data+"\r\n"); // readLine()은 라인분리자를 포함하지 않는다.
                bw.flush();
            }
        }catch(IOException e){
            System.out.println(e);
        }
    }
}
```

예제 4.10 설명

> br 및 bw 객체는 InputStreamReader 및 OutputStreamWriter 클래스를 이용해서 "KSC5601" 방식으로 인코딩하고 바이트 입출력 스트림과 연결되었다. 따라서 지정된 인코딩방식으로 example4_9.txt 파일의 내용을 한 줄씩 읽어서 example4_10.txt 파일에 저장한다

예제 4.11은 BufferedReader 및 PrintStream 클래스(다음 절에 설명됨)를 사용하여 자바 소스 프로그램을 읽어서 각각의 수행문에 문 번호를 붙이는 클래스이다.

[예제 4.11] **AttachLineNumber.java**

```
import java.io.*;
public class AttachLineNumber
{
    public static void main(String args[]){
        String buf;
```

```java
        FileInputStream fin=null;
        FileOutputStream fout=null;
        if(args.length != 2){ // 인수로 소스파일명 및 대상파일명을 입력해야 한다.
            System.out.println("소스파일 및 대상파일을 지정하십시오.");
            System.exit(1);
        }
        try{
            fin = new FileInputStream(args[0]); // 소스 파일과 연결된 입력 파일 스트림
            fout = new FileOutputStream(args[1]); // 대상 파일과 연결된 입력 파일 스트림
        }catch(Exception e){
            System.out.println(e);
            System.exit(1);
        }
        BufferedReader read = new BufferedReader(new InputStreamReader(fin));
        PrintStream write = new PrintStream(fout); // 기본 fout 출력스트림에 연결
        int num=1;
        while(true){
            try{
                buf=read.readLine(); // 한 줄의 데이터를 읽는다.
                if(buf==null) break;
            }catch(IOException e){
                System.out.println(e);
                break;
            }
            buf = num + " : " + buf; // [번호 : 프로그램 내용] 형식으로 수정
            write.println(buf); // 수정된 내용을 파일에 출력한다.
            num++;
        }
        try{
            fin.close();
            fout.close();
        }catch(IOException e){
            System.out.println(e);
        }
    }
}
```

예제 4.11 설명

명령어 라인에서 [java AttachLineNumber AttachLineNumber.java example4_11.txt]를 입력하면, AttachLineNumber.java 파일의 각각의 수행문에 아래와 같이 1씩 증가된 문 번호가 추가된 example4_11.txt 파일이 생성된다.

```
1 : import java.io.*;
2 : public class AttachLineNumber
3 : {
4 :     public static void main(String args[]){
```

결과적으로 문자를 전송하기 위해서는 BufferedWriter 및 BufferedReader 객체를 생성해서 write() 및 readLine() 메소드를 이용한다. 이때 연결되는 기반 스트림은 사용자가 인코딩 방식을 지정할 수 있어야 하기 때문에 OutputStreamWriter 및 InputStreamReader 클래스를 사용해서 FileOutputStream 및 FileInputStream 클래스와 같은 바이트 입출력 기반 스트림에 연결한다. 사실 위의 내용(코딩)은 문자를 전송할 때 공식처럼 사용하면 된다.

6. PrintWriter 클래스

이 클래스는 바이트 출력 스트림인 PrintStream에 대응하는 문자 출력 스트림 클래스이다. PrintStream 클래스는 텍스트 중심의 출력에 사용되었지만 다중 바이트 문자 집합은 잘 처리하지 못하였다. 따라서 PrintStream 클래스는 바이트 중심의 출력과 숫자 출력에만 사용된다. 따라서 다중 바이트 문자집합을 포함한 텍스트를 출력하고자 한다면 PrintWriter 클래스를 사용해야만 한다. 이 클래스는 아래와 같이 4개의 생성자 메소드가 있다.

public PrintWriter(Writer out)
인수로 지정한 문자 스트림에 텍스트를 출력하는 PrintWriter 객체를 생성한다.

public PrintWriter(Writer out, boolean autoflush)
첫 번째 인수로 지정한 문자 스트림에 텍스트를 출력하는 PrintWriter 객체를 생성하고 두 번째 인수로 지정한 autoflush의 값이 true이면, println() 메소드는 한 줄의 데이터를 출력할 때마다 연결된 스트림으로 자동으로 flush시킨다.

public PrintWriter(OutputStream out)
인수로 지정한 바이트 출력 스트림 객체(OutputStream 객체)로 플랫폼의 기본 문자 인코딩 방식을 사용하여 데이터를 출력하는 PrintWriter 객체를 생성한다. 즉, 이는 PrintWriter 객체를 BufferedWriter에 연결하고 BuffereWriter를 OutputStreamWriter에 연결하며 OutputStreamWriter를 다시 out에 연결한 것과 마찬가지다.

  public PrintWriter(OutputStream out, boolean autoflush)

 인수로 지정한 바이트 출력 스트림 객체로 플랫폼의 기본 문자 인코딩 방식을 사용하여 데이터를 출력하는 PrintWriter 객체를 생성한다. 두 번째 인수로 지정한 autoflush의 값이 true이면, println() 메소드는 한 줄의 데이터를 출력할 때마다 연결된 스트림으로 자동으로 flush시킨다.

PrintWriter 클래스는 아래와 같이 Writer 클래스에서 정의한 메소드들을 지원한다.

```
public void write(int c)
public void write(char[] text)
public void write(String s)
public void write(String s, int offset, int length)
public void flush()
public void close()
```

 위의 메소드들은 Writer 클래스의 대응 메소드와 거의 동일하게 사용된다. 하나의 차이점은 PrintWriter 클래스의 모든 메소드는 IOException 예외를 발생하지 않는다는 것이다. 만약 기반 스트림이나 writer가 IOException을 발생시키면, PrintWriter 내부에서 캐취되거나 에러 플래그가 설정된다. 이러한 플래그의 상태를 읽고 에러가 발생했다는 사실은 아래의 메소드를 이용할 수 있다.

  public boolean checkError()
  protected void setError()

PrintWriter 클래스는 PrintStream 클래스에서 지원하는 print() 및 println() 메소드를 아래와 같이 지원한다. 기본적인 기능 및 사용방식은 동일하나, 다중 문자 집합을 지원하는 점이 PrintStream 클래스의 메소드와 다르다.

```
public void print(boolean b)
public void print(char c)
public void print(int i)
```

```
public void print(long l)
public void print(float f)
public void print(double d)
public void print(char[] s)
public void print(String s)
public void print(Object o)
public void println()
public void println(boolean b)
public void println(char c)
public void println(int i)
public void println(long l)
public void println(float f)
public void println(double d)
public void println(char[] s)
public void println(String s)
public void println(Object o)
```

네트워크 코드에서는 println() 메소드를 사용해서는 안 된다. HTTP와 같은 대부분의 네트워크 프로토콜은 라인 분리자로 캐리지 리턴/라인 피드의 짝을 기대한다. 따라서 네트워크 프로그램이 println()을 사용한다면, 윈도우에서는 실행될지 모르지만 대부분의 플랫폼(유닉스 및 맥은 라인 분리자가 캐리지 리턴/라인 피드이 아님)에서는 문제를 일으킬 것이다.

7. FilterWriter 및 FilterReader 클래스

문자 스트림 클래스 역시 스트림의 기능을 확장할 수 있도록 바이트 스트림 필터와 같은 필터 메카니즘을 제공한다. 문자 스트림 필터는 기본적인 스트림 연산을 확장하고 수정할 수 있도록 기존의 문자 스트림에 연결될 수 있다. FilterWriter 및 FilterReader 클래스는 모든 문자 스트림 필터의 상위 클래스이다.

7.1 FilterWriter 클래스

이 클래스는 모든 Writer 문자 필터 스트림의 상위 클래스로서 다른 Writer 객체에 연결되어서 메소드의 모든 호출을 연결된 스트림으로 전달한다. 스트림 필터는 일반적으로

FilterWriter 클래스를 상속받은 후 원하는 기능을 구현하기 위해 메소드를 오버라이드하는 방식으로 구현되며 이 클래스에서 지원하는 생성자 메소드는 아래와 같다.

    protected FilterWriter(Writer out)

인수로 지정한 Writer 객체 out에 연결된 FilterWriter 객체를 생성한다. 메소드의 모든 호출은 연결된 스트림으로 전달된다. 다시 말하면, Writer 객체에 데이터를 출력하면 연결된 스트림으로 출력된다. 그리도 접근 한정자가 protected이므로 하위 클래스에 의해서만 호출될 수 있다.

7.2 FilterReader 클래스

이 클래스는 모든 Reader 문자 필터 스트림의 상위 클래스로서 다른 Reader 객체에 연결되어서 메소드의 모든 호출을 연결된 스트림으로 전달한다. 스트림 필터는 일반적으로 FilterReader 클래스를 상속받은 후 원하는 기능을 구현하기 위해 메소드를 오버라이드하는 방식으로 구현되며 이 클래스에서 지원하는 생성자 메소드는 아래와 같다.

    protected FilterReader(Reader in)

인수로 지정한 Reader 객체 in에 연결된 FilterReader 객체를 생성한다. 메소드의 모든 호출은 연결된 스트림으로 전달된다. 그리고 FilterReader에서 읽은 데이터는 역시 연결된 스트림으로부터 읽혀진다. 접근 한정자가 protected이므로 하위 클래스에 의해서만 호출될 수 있다.

연 습 문 제

1. 예제 4.1, 예제 4.2 및 예제 4.3을 참고해서 문자열을 파일에 저장하고 저장된 파일을 버퍼에 읽어서 화면에 출력하고 새로운 파일에 저장하는 클래스를 작성하시오.

2. 예제 4.4에서 파일에 저장할 문자열을 키보드로부터 입력받는 클래스로 수정하시오.

3. 예제 4.8에서 저장된 파일을 화면에 출력하는 기능을 추가하시오.

4. BufferedReader 및 BufferedWriter 클래스를 사용해서 키보드로부터 문자열을 입력받아 파일에 저장하고 저장된 파일의 내용을 읽어서 화면에 출력하는 클래스를 작성하시오. 단, InputStreamreader 및 OutputStreamWriter 클래스를 사용할 것.

인터넷 주소 처리

5.1 네트워크 개요
5.2 InetAddress 클래스

인터넷 주소 처리

지금까지는 프로그램이 스트림을 통하여 네트워크를 포함한 외부 장치와 데이터를 전송하고 읽는 방법을 배웠다. 5장부터는 자바에서 지원하는 InetAddress, URL 및 Socket등 다양한 클래스를 이용하여 네트워크에서 데이터를 송수신하는 방법을 배운다.

인터넷에 연결된 컴퓨터를 호스트라 부르며 이러한 호스트는 다른 컴퓨터와 구분하기 위하여 자신의 고유한 주소를 가지고 있다. 이러한 주소를 인터넷 주소, IP 주소, 또는 호스트 주소라 부르기도 하며 마침표로 구분하고 0에서 255사이의 4개의 숫자(예를 들면, 239.119.132.1)로 구성된다. InetAddress는 인터넷상에 연결된 호스트의 IP 주소를 처리하는 클래스이며 본 장에서는 이 클래스를 이용해서 인터넷의 주소를 처리하는 방법을 배운다.

1. 네트워크 개요

1.1 IP 주소란

전화가 자신만의 고유한 번호가 할당되어 있는 것과 마찬가지로, 인터넷에 접속된 모든 컴퓨터들은 각각을 구분하기 위하여 4 바이트의 고유한 주소가 할당되어 있다. 이러한 주소를 IP 주소라 하며 1 바이트로 표현되는 각각의 정수는 점(.)으로 구분되어 있다. 예를 들면, 210.119.132.1과 같은 모습을 IP 주소라고 할 수 있다.

그러나 사용자가 숫자로 표현된 IP 주소를 이용하여 인터넷에 연결된 컴퓨터에 접속하는 것은 그 주소를 외우기도 어렵고 사용하기 불편하므로 "www.ssc.ac.kr"과 같이 문자형태의 주소로 바꾸어서 사용한다. 이러한 문자형태의 주소를 호스트 이름 또는 DNS 주소라 하며 사용자는 웹 브라우저에서 DNS 주소를 사용하면, DNS 서버가 DNS 주소를 숫자형태의 IP 주소로 바꾸어 접속하고자 하는 컴퓨터에 연결시켜 준다.

인터넷에 연결되어 있는 모든 컴퓨터는 도메인 네임 서버(Domain Name Server)라는 시스템에 접속할 수 있어야만 한다. 일반적으로 도메인 네임 서버는 유닉스 시스템으로 여기에는 호스트 이름과 IP 주소 사이의 변환을 담당하는 특별한 DNS 소프트웨어가 실행되고 있다. 대부분의 도메인 네임 서버는 자신의 로컬 네트워크에 있는 호스트의 주소만을 알고 있으며 추가적으로 다른 사이트에 있는 몇 개 정도의 도메인 네임 서버의 주소만을 알고 있을 뿐이다. 클라이언트가 로컬 도메인 밖에 있는 시스템의 주소를 물어오면 우선 로컬 도메인 네임 서버는 해당 시스템이 속해 있는 도메인 네임 서버에 정보를 요청한 후 그 결과를 다시 클라이언트에 보내준다.

어떤 시스템은 여러 개의 호스트 이름을 가지는 경우도 있다. 반면에, 하나의 호스트 이름에 여러 개의 IP 주소가 할당되기도 한다. 이런 경우 이 호스트에 대한 각각의 요청에 대해 어떤 시스템을 선택할 것인가는 DNS 서버의 책임이다. 이런 경우는 방문자의 수가 아주 많은 웹사이트에서 부하를 여러 시스템으로 분산하기 위해서 자주 사용된다.

1.2 포트

IP 주소는 네트워크에 연결된 각각의 컴퓨터를 구분하기 위하여 하나의 컴퓨터에 할당된 고유 번호이다. 그러나 하나의 컴퓨터에는 인터넷을 사용하는 여러 개의 프로그램(프로세스)이 동시에 실행될 수 있다. 예를 들면, 내 컴퓨터에서 웹 브라우저, FTP 및 인터넷 게임 프로그램을 동시에 실행시키고 웹 브라우저에서 웹 서버에 문서를 요청했다고 가정하자.

웹 문서 요청을 받은 웹 서버는 웹 문서를 내 컴퓨터에 전송하고 전송된 웹 문서는 IP 주소에 의하여 네트워크를 통하여 내 컴퓨터에 도착한다. 이렇게 내 컴퓨터에 도착한 웹 문서는 실행중인 웹 브라우저에 전달되어야 한다. 하지만, 현재 실행중인 프로그램이 웹 브라우저뿐만 아니라 FTP 및 게임 프로그램이 있다. 따라서 목적하는 웹 브라우저에 데이터(웹 문서)를 전송하기 위해서는 현재 실행중인 각각의 프로그램을 구분할 수 있어야 한다.

포트번호는 하나의 컴퓨터에서 동시에 실행중인 프로그램들을 구분하기 위하여 사용한다. 즉, 실행중인 각각의 프로그램은 자신만의 고유한 포트번호를 할당받는다. 따라서 상대방 컴퓨터가 전송한 데이터는 먼저 IP 주소에 의하여 내 컴퓨터에 도착하고 프로그램에 할당된 포트번호에 의하여 최종적으로 보내고자 하는 프로그램에 전송이 되는 것이다.

포트번호는 16 비트로 구성된 정수 값을 사용한다. 결과적으로 IP 주소가 210.119.132.1인 컴퓨터에 3개의 통신 프로그램이 동작할 때, 각각의 프로그램에 81, 82 및 83 포트 번호가 할당된 경우는 각 프로그램의 주소는 210.119.132.1:81, 210.119.132.1:82 및 210.119.132.1:83 가 된다. 즉, IP 주소가 아파트의 동 번호쯤 되면, 포트 번호는 그 동의 각 호실을 뜻한다고 생각하면 된다.

포트 번호를 사용할 때 특별한 제한은 없지만, 1 ~ 1023 번까지는 시스템이 사용하는 영역이기 때문에 사용하지 않는 것이 좋으며, 그 외 영역인 1025 ~ 65,535 사이의 포트를 사용하는 것이 좋다. 그리고 이미 다른 프로그램에 의해서 사용되고 있는 포트 번호는 사용할 수 없다. 예를 들면, 웹 서버는 80번, telnet 서버의 경우는 23번을 쓰고 있는데 자신이 그 포트 번호를 사용하고자 한다면 예외가 발생하게 된다.

1.3 java.net 패키지

java.net 패키지는 네트워크 프로그램을 작성하는데 필요한 클래스를 지원한다. 자바는 운영체제 및 플랫폼에 독립적인 언어이며 java.net 패키지에서 제공하는 클래스들도 플랫폼에 독립적인 통신 기능을 제공하고 있다. 그림 5.1은 java.net 패키지의 클래스 및 구조를 보여준다.

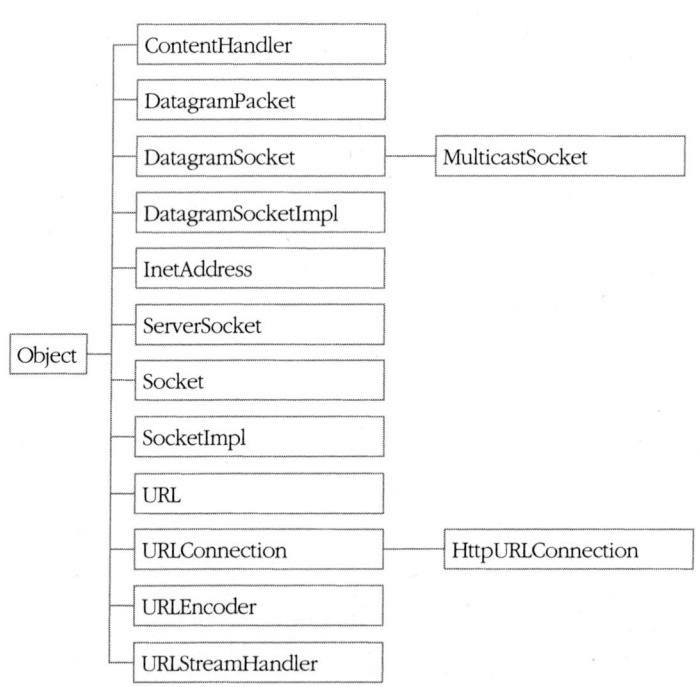

[그림 5.1] java.net 패키지의 클래스

2. InetAddress 클래스

InetAddress 클래스는 인터넷에 연결된 컴퓨터(호스트)의 이름(DNS 주소) 및 IP 주소를 나타내기 위하여 사용하는 클래스이다. 이 클래스를 사용하면 현재 개발된 애플리케이션을 16바이트 주소를 사용하는 IPv6 용으로 이식하는 경우에도 투명성을 유지할 수 있다.

2.1 주요한 필드

인터넷에 연결된 각 컴퓨터(호스트)는 고유한 호스트 이름 및 IP 주소를 가지고 있다. 예를 들면, 수원과학대학의 웹 서버의 호스트 이름은 www.ssc.ac.kr이고 IP 주소는 xxxx.xxx.xx.xx이다. InetAddress 클래스는 각 호스트의 이름 및 IP 주소를 처리하는 기능을 제공하기 때문에 클래스는 아래와 같이 호스트 이름 및 IP 주소를 저장할 필드를 가진다.

    protected String hostName;
호스트의 이름(예를 들면, "www.ssc.ac.kr")을 저장한다.

    protected int address;
호스트의 IP 주소를 저장하는 4바이트 정수 필드이다. 예를 들면, 72.16.1.7과 같은 IP 주소는 4바이트 정수 값을 가지는 address 필드에 아래와 같이 72, 16, 1 및 7은 각각 첫 번째, 두 번째, 세 번째 및 네 번째 바이트에 차례로 저장된다.
01001000000100000000000100000111 // 각 바이트 숫자가 8비트로 변환됨

결과적으로 InetAddress 객체를 생성하는 것은 지정한 호스트의 이름 및 IP 주소를 찾아서 hostName 및 address 필드에 저장하는 것을 의미한다.

2.2 InetAddress 객체 만들기

InetAddress 클래스는 생성자 메소드가 없고 아래와 같이 3개의 정적 메소드를 이용해서 InetAddress 객체를 생성한다.

```
public static InetAddress InetAddress.getByName(String hostName)
    throws UnknownHostException
```

인수로 지정한 호스트 이름에 해당하는 InetAddress 객체를 반환한다. InetAddress 객체는

문자열 "호스트주소/IP주소"의 형태를 가진다.

> public static InetAddress[] InetAddress.getAllByName(String hostName)
>   throws UnknownHostException

인수로 지정한 호스트 이름에 해당하는 모든 InetAddress 배열 객체를 반환한다.

> public static InetAddress InetAddress.getLocalHost()
>   throws UnknownHostException

현재 프로그램이 실행되고 있는 로컬 컴퓨터의 InetAddress 객체를 반환한다.

위의 3개의 메소드는 InetAddress 객체를 생성하기 위하여 인수로 주어진 호스트 이름에 해당하는 IP 주소를 구하기 위하여 로컬 DNS 서버에 접속을 할 것이다. 아래는 각각의 메소드에 대한 자세한 설명 및 예제를 보여준다.

1) public static InetAddress InetAddress.getByName(String hostName)
   throws UnknownHostException

이 정적 메소드는 인수로 지정한 특정 호스트에 대한 InetAddress 객체를 반환한다. 즉, 이 메소드는 DNS 서버에 접속해서 지정된 호스트에 대한 호스트 이름 및 IP 주소를 구하여 각각의 값을 앞에서 설명한 2개의 필드 값에 저장하고 "호스트 이름/IP 주소"의 형식으로 객체를 반환한다. 예를 들면, 호스트 이름이 www.ssc.ac.kr인 호스트 컴퓨터의 InetAddress 객체는 아래와 같이 생성한다.

> InetAddress address = InetAddress.getByName("www.ssc.ac.kr");

위의 수행문은 DNS 서버에서 "www.ssc.ac.kr" 호스트 주소에 해당하는 IP 주소 ("210.119.132.11")를 구해서 hostName 필드에 "www.ssc.ac.kr"를 저장하고, address 필드에 IP 주소를 구성하는 4개의 양의 정수 값을 차례로 저장하고 InetAddress 객체 "www.ssc.ac.kr/210.119.132.11"를 반환한다. 만약 호스트를 찾을 수 없으면 getByName() 메소드는 UnknownHostException 예외를 발생한다.

예제 5.1은 명령어 라인에서 입력한 호스트 이름에 대한 InetAddress 객체가 가리키는 호스트 이름 및 IP 주소를 출력하는 클래스이다.

[예제 5.1] **GetIPAddress.java**

```java
import java.net.*;
public class GetIPAddress
{
    public static void main(String args[]){
        if(args.length != 1){
            System.out.println("호스트 이름을 입력하세요!");
            return;
        }
        try{
            InetAddress address = InetAddress.getByName(args[0]);
            System.out.println(address);
        }catch(UnknownHostException e){
            System.out.println("지정된 호스트를 찾을 수 없습니다.");
        }
    }
}
```

◁◈ 예제 5.1 설명

> 명령어 라인에서 [java GetIPAddress www.ssc.ac.kr]을 입력하면 try문의 첫 번째 수행문은 DNS 서버에 접속해서 address InetAddress 객체를 생성하고 아래와 같이 객체의 내용을 화면에 출력한다.
>
> www.ssc.ac.kr/210.119.132.11

2) public static InetAddress[] InetAddress.getAllByName(String hostName) throws UnknownHostException

네트워크 사용량이 많은 웹 사이트의 경우는 하나의 호스트 이름에 대하여 여러 개의 IP 주소를 등록함으로서(실제 컴퓨터도 여러 개임) 처리 부담을 분산시키고 있다. 이 정적 메소드는 인수로 지정한 호스트에 해당하는 모든 IP 주소와 각각의 InetAddress 객체를 생성하고 배열로 반환한다.

예제 5.2는 하나의 호스트 이름이 여러 개의 IP 주소를 가지는 호스트의 InetAddress 객체를 생성하는 클래스이다.

[예제 5.2] **GetManyIPAddress.java**

```java
import java.io.*;
import java.net.*;
public class GetManyIPAddress
{
    public static void main(String args[]){
        if(args.length != 1){
            System.out.println("호스트 이름을 입력하세요!");
            return;
        }
        try{
            InetAddress[] addresses = InetAddress.getAllByName(args[0]);
            for(int i=0; i<addresses.length; i++)
                System.out.println(addresses[i]);
        }catch(UnknownHostException e){
            System.out.println("지정된 호스트를 찾을 수 없습니다.");
        }
    }
}
```

◆ 예제 5.2 설명

try문의 첫 번째 수행문은 인수로 주어진 호스트 이름과 매칭되는 모든 IP 주소에 해당하는 InetAddress 객체들을 생성하여 배열에 저장하고 for 문은 InetAddress 객체를 하나씩 읽어서 화면에 출력한다. 예를 들면, [java GetManyIPAddress www.naver.com]을 입력하면 실행 결과는 아래와 같다.

www.naver.com/220.95.233.171
www.naver.com/202.131.30.12

3) public static InetAddress InetAddress.getLocalHost()
   throws UnknownHostException

이 정적 메소드는 로컬 컴퓨터(프로그램이 실행되는 호스트)에 대한 InetAddress 객체를 반환한다. 방화벽으로 가려진 상황 등의 몇 가지 경우에 있어서 이 주소는 단순히 루프백(loopback) 주소인 127.0.0.1이다. 예제 5.3은 현재 프로그램이 실행되는 로컬 호스트의 IP 주소를 출력하는 클래스이다.

[예제 5.3] **GetLocalAddress.java**

```java
import java.io.*;
import java.net.*;
public class GetLocalAddress
{
    public static void main(String args[]){
        try{
            InetAddress address = InetAddress.getLocalHost();
            System.out.println(address);
        }catch(UnknownHostException e){
            System.out.println("지정된 로컬 호스트를 찾을 수 없습니다.");
        }
    }
}
```

예제 5.3 설명

try문의 첫 번째 수행문은 예제 5.3이 실행중인 로컬 호스트의 InetAddress 객체를 반환한다. 따라서 클래스는 사용 중인 컴퓨터의 호스트 이름 및 IP 주소를 출력하며 저자의 컴퓨터에서 실행한 결과는 아래와 같다.

ahn999/172.16.6.46

2.3 필드 값 구하기

생성된 InetAddress 객체의 호스트 주소는 hostName 문자열 필드에, IP 주소는 address 정수 필드에 저장된다. InetAddress 클래스는 위의 2개의 필드의 값을 읽기 위한 메소드를 아래와 같이 지원한다.

public String getHostName()

InetAddress 객체가 가리키는(hostName에 저장된 문자열) 호스트 이름을 반환한다. 만일 호스트의 이름이 미리 설정되지 않은 상태일 수도 있는데, 이때는 IP 주소를 사용하여 DNS를 통해 호스트 이름을 찾는다. 이것도 실패하면 IP 주소가 그대로 문자열 형태로 반환된다.

public String getHostAddress()

InetAddress 객체가 가리키는 IP 주소를 문자열로 반환한다. 예를 들면, address InetAddress

객체가 www.ssc.ac.kr/210.119.132.11을 가리킬 때, address.getHostAddress(); 수행문은 문자열 "210.119.132.11"를 반환한다.

예제 5.4는 앞에서 배운 메소드를 이용하여 키보드로부터 입력한 호스트의 이름 및 IP 주소, 로컬 호스트의 이름 및 IP 주소를 화면에 출력하는 클래스이다.

[예제 5.4] **GetNameAddress.java**

```java
import java.io.*;
import java.net.*;
public class GetNameAddress
{
    public static void main(String args[]){
        String hostname;
        BufferedReader br;
        br = new BufferedReader(new InputStreamReader(System.in));
        System.out.println("호스트 이름 또는 IP 주소를 입력하세요.");
        try{
            if((hostname = br.readLine()) != null){ // 키보드로부터 입력함
                InetAddress addr = InetAddress.getByName(hostname);
                System.out.println("호스트 이름은 "+addr.getHostName());
                System.out.println("IP 주소는 "+addr.getHostAddress());
            }
            InetAddress laddr = InetAddress.getLocalHost();
            System.out.println("로컬 호스트 이름은 "+laddr.getHostName());
            System.out.println("로컬 IP 주소는 "+laddr.getHostAddress());
        }catch(UnknownHostException e){
            System.out.println(e);
        }catch(IOException e){
            System.out.println(e);
        }
    }
}
```

> **예제 5.4 설명**
>
> 키보드로부터 호스트의 이름을 입력받아 해당하는 호스트의 이름 및 IP 주소와 로컬 호스트의 이름 및 IP 주소를 화면에 출력한다. 프로그램을 실행하고 키보드로부터 호스트 이름으로 [www.ssc.ac.kr]를 입력하면 아래와 같은 내용을 화면에 출력한다.
>
> 호스트 이름 또는 IP 주소를 입력하세요.
> www.ssc.ac.kr
> 호스트 이름은 www.ssc.ac.kr
> IP 주소는 210.119.132.11
> 로컬 호스트 이름은 ahn999
> 로컬 IP 주소는 172.16.6.46

   public byte[] getAddress()

InetAddres 객체가 가리키는 IP 주소를 바이트 배열로 반환한다. 예를 들면, InetAddress 객체가 가리키는 IP 주소가 172.16.6.46이라면 172는 첫 번째 바이트 배열에, 16은 두 번째 바이트 배열에, 6은 세 번째 바이트 배열에 그리고 46은 네 번째 바이트 배열에 저장되며 저장된 바이트 값은 양의 정수이다.

그러나 저장된 값을 읽을 때는 반환되는 바이트 값은 부호가 있는 정수 값이 된다. 즉, 128(MSB가 1) 이상의 값은 음수가 되므로 이러한 값은 양의 정수 값으로 변환해 주어야 한다. 자바는 양의 정수를 나타내는 자료형이 없으므로 아래와 같이 음수의 바이트 값을 int 자료형으로 변환하여 양수로 만든다(int형은 4바이트이므로 바이트 값을 변환시키면 상위 3바이트는 항상 0의 값을 가짐).

```
int unsigned = signed < 0 ? signed+256 : signed;
```

signed 바이트 값이 음수(MSB가 1)라면 256을 더하여 원래 반환하려는 양의 정수 값으로 변환시킨다. 예를 들면, 255는 반환되면 -1의 바이트 값을 가진다. 이 값에 256을 더하면 원래의 값인 255로 변환된다. 예제 5.5는 getAddress() 메소드를 이용하여 로컬 호스트의 IP 주소를 구하는 클래스이다.

[예제 5.5] **GetLocalIPAddress.java**

```
import java.io.*;
import java.net.*;
public class GetLocalIPAddress
```

```
{
    public static void main(String args[]){
        try{
            InetAddress local = InetAddress.getLocalHost();
            byte[] address = local.getAddress(); // IP주소가 바이트 배열 저장됨
            System.out.print("사용 중인 호스트의 IP 주소는 ");
            for(int i=0; i<address.length; i++){
                int unsigned = address[i]<0 ? address[i]+256 : address[i];
                System.out.print(unsigned+".");
            }
            System.out.println();
        }catch(UnknownHostException e){
            System.out.println("로컬 호스트의 IP 주소를 알 수 없습니다.");
        }
    }
}
```

예제 5.5 설명

로컬 호스트의 IP 주소를 address 바이트 배열에 저장하고 그 값을 다시 읽어서 IP 주소의 형태(xxx.xxx.xxx.xxx)로 화면에 출력한다. 따라서 저자가 사용하는 시스템에서 실행한 클래스의 실행 결과는 아래와 같다.

사용 중인 호스트의 IP 주소는 172.16.6.46

InetAddress 클래스는 아래와 같이 Object 클래스에서 정의한 3개의 객체 메소드를 재 정의하여 사용한다.

public boolean equals(Object obj)

호출한 InetAddress 객체의 IP 주소와 인수로 주어진 InetAddress 객체의 IP 주소를 비교해서 같으면 true, 다르면 false를 반환한다. 호스트 이름은 비교하지 않는다.

public int hashCode()

InetAddress 객체가 해시 테이블의 키로 사용될 경우에 필요한 정수 값(IP 주소에 해당하는 32비트 정수)을 반환한다.

public String toString()

호출한 InetAddress 객체가 가리키는 문자열을 [호스트 이름/IP 주소]의 형태로 출력한다.

예제 5.6은 지금까지 배운 다양한 메소드를 이용한 클래스이다.

[예제 5.6] **InetExample.java**

```java
import java.io.*;
import java.net.*;
public class InetExample
{
    public static void main(String args[]){
        String hostname;
        BufferedReader br;
        printLocalAddress(); // 로컬 호스트의 이름 및 IP 주소 출력
        br = new BufferedReader(new InputStreamReader(System.in));
        try{
            do{
                System.out.println("호스트 이름 및 IP 주소를 입력하세요.");
                if((hostname = br.readLine())!= null)
                    printRemoteAddress(hostname); // 원격 호스트의 주소 출력
            }while(hostname != null);
            System.out.println("프로그램을 종료합니다.");
        }catch(IOException ex){
            System.out.println("입력 에러!");
        }
    }
    static void printLocalAddress(){
        try{
            InetAddress myself = InetAddress.getLocalHost();
            System.out.println("로컬 호스트 이름 : "+myself.getHostName());
            System.out.println("로컬 IP 주소 : "+myself.getHostAddress());
            System.out.println("로컬 호스트 class : "+ipClass(myself.getAddress()));
            System.out.println("로컬 호스트 InetAddress : "+myself.toString());
        }catch(UnknownHostException ex){
            System.out.println(ex);
```

```java
        }
    }
    static void printRemoteAddress (String hostname){
        try{
            System.out.println("호스트를 찾고 있습니다. " + hostname +"....");
            InetAddress machine = InetAddress.getByName(hostname);
            System.out.println("원격 호스트 이름 : "+machine.getHostName());
            System.out.println("원격 호스트 IP : "+machine.getHostAddress());
            System.out.println("원격 호스트 class : "+ipClass(machine.getAddress()));
            System.out.println("원격 호스트 InetAddress : "+machine.toString());
        }catch(UnknownHostException ex){
            System.out.println(ex);
        }
    }
    static char ipClass(byte[] ip){
        int highByte = 0xff & ip[0];
        return(highByte<128) ? 'A' : (highByte<192) ? 'B' : (highByte<224) ? 'C' : (highByte<240) ? 'D' : 'E';
    }
}
```

예제 5.6 설명

ip 바이트 배열은 4개의 IP 정수 값이 저장(IP 주소의 첫 번째 바이트 값이 ip[0]에 저장됨)된다. ipClass() 메소드의 첫 번째 수행문은 바이트 데이터를 4바이트 정수 값으로 변환(앞의 3바이트가 모두 0이므로 바이트 음수 값도 크기에 해당하는 양의 정수로 변환됨)하고 다음 수행문에서 정수 값을 조사하여 IP 주소가 클래스 A인지, B인지, C인지, D인지, E인지를 반환한다.

클래스를 실행시키면 아래의 첫 4줄과 같이 로컬 호스트의 정보를 출력하고 원격 호스트의 이름을 입력하면(예제는 www.ssc.ac.kr) 그에 대한 정보를 출력한다. 그리고 다른 호스트를 입력하면 똑같은 일을 수행하고 CTRL-Z 및 엔터키를 입력하면 클래스가 종료된다.

로컬 호스트 이름 : ahn999
로컬 IP 주소 : 172.16.6.46
로컬 호스트 class : B
로컬 호스트 InetAddress : ahn999/172.16.6.46
호스트 이름 및 IP 주소를 입력하세요.

```
www.ssc.ac.kr
호스트를 찾고 있습니다. www.ssc.ac.kr....
원격 호스트 이름 : www.ssc.ac.kr
원격 호스트 IP : 210.119.132.11
원격 호스트 class : C
원격 호스트 InetAddress : www.ssc.ac.kr/210.119.132.11
호스트 이름 및 IP 주소를 입력하세요
·Z
프로그램을 종료합니다
```

예제 5.7은 사용자가 텍스트 컴포넌트에 입력한 호스트 주소에 관한 정보를 얻는 클래스이다. 윈도우에서 구현된 것을 제외하고는 앞의 예제들과 기능이 유사하다.

[예제 5.7] **GetHostInfor.java**

```java
import java.awt.*;
import java.awt.event.*;
import java.net.*;
import java.applet.*;
public class GetHostInfor extends Frame implements ActionListener
{
    TextField hostname; // 호스트 이름을 입력받는 필드
    Button getinfor; // 입력된 호스트에 관한 IP 정보를 읽는 버튼
    TextArea display; // 구해진 IP에 관한 정보를 출력하는 필드
    public static void main(String args[]) {
        GetHostInfor host = new GetHostInfor("InetAddress 클래스");
        host.setVisible(true);
    }
    public GetHostInfor(String str){
        super(str);
        addWindowListener(new WinListener());
        setLayout(new BorderLayout());
        Panel inputpanel = new Panel(); // 첫 번째 패널
        inputpanel.setLayout(new BorderLayout());
        inputpanel.add("North", new Label("호스트 이름:"));
        hostname = new TextField("", 30);
```

```java
        getinfor = new Button("호스트 정보 얻기");
        inputpanel.add("Center", hostname);
        inputpanel.add("South", getinfor);
        getinfor.addActionListener(this); // 이벤트 등록
        add("North", inputpanel); // 패널을 프레임에 부착
        Panel outputpanel = new Panel(); // 두 번째 패널
        outputpanel.setLayout(new BorderLayout());
        display = new TextArea("", 24, 40);
        display.setEditable(false);
        outputpanel.add("North", new Label("인터넷 주소"));
        outputpanel.add("Center", display);
        add("Center", outputpanel);
        setSize(270, 200);
    }
    public void actionPerformed(ActionEvent e ) {
        String name = hostname.getText(); // 입력된 호스트 이름을 구한다.
        try{
            InetAddress inet = InetAddress.getByName(name); // InetAddress 객체생성
            String ip = inet.getHostName()+"\n"; // 호스트의 이름을 구한다.
            display.append(ip);
            ip = inet.getHostAddress()+"\n"; // 호스트의 IP 주소를 구한다.
            display.append(ip);
        }catch(UnknownHostException ue){
            String ip = name+": 해당 호스트가 없습니다.\n";
            display.append(ip);
        }
    }
}
class WinListener extends WindowAdapter
{
    public void windowClosing(WindowEvent we){
        System.exit(0);
    }
}
}
```

◆ 예제 5.7 설명

아래 그림과 같이 텍스트 필드에 호스트 주소 korea.edu을 입력하고 "호스트 정보 얻기" 버튼을 클릭하면 actionPerformed() 메소드에 의하여 입력된 호스트 컴퓨터의 이름 및 IP 주소를 텍스트 에리어에 출력한다.

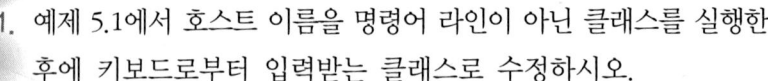

1. 예제 5.1에서 호스트 이름을 명령어 라인이 아닌 클래스를 실행한 후에 키보드로부터 입력받는 클래스로 수정하시오.

2. 예제 5.1에서 명령어 라인에서 호스트 이름 대신 IP 주소를 입력하였을 때 클래스의 실행 결과를 확인하시오.

CHAPTER 6

URL 클래스를 이용하여 데이터 읽기

6.1 URL이란?
6.2 URL 클래스

URL 클래스를 이용하여 데이터 읽기

URL(Uniform Resource Locator)은 웹 브라우저의 주소창에 입력하는 프로토콜, 웹서버 주소 및 웹 문서 등으로 구성된 문자열을 의미한다. URL 클래스는 URL이 지정한 웹 문서를 읽어오는 메소드 등을 포함하며 본 장에서는 URL 클래스를 이용하여 데이터를 읽어오는 방법을 살펴본다.

1. URL이란?

URL(Uniform Resource Locator)은 WWW(World Wide Web) 상에서 리소스를 가리키는 표준방식이 되었으며 URL은 아래와 같이 통신 프로토콜, 호스트 이름, 포트 번호, 경로 및 파일이름, 그리고 질의 문자열 및 문서의 섹션으로 구성된다.

```
http://yhahn@www.ssc.ac.kr:80/search/lookup.cgi?name=sun+java
protocol  userInfo    host    port      path            query
                   authority                    file

http://yhahn@www.ssc.ac.kr:80/index.html#contents
protocol  userInfo  host    port   path      ref
                 authority                file
```

[그림 6.1] URL의 구성

그림 6.1에서 첫 번째는 파일 필드에 질의 문자열을 포함하는 URL이고 두 번째는 파일 필드에 문서에서 파일 위치를 포함하는 URL 표기형식이다. 2개의 URL에서 프로토콜 및 호스트 이름은 반드시 지정해야 하고 나머지는 선택항목으로 지정해도 되고 지정하지 않아도 된다.

userinfo는 사용자 이름 및 패스워드 정보를 가리키는 항목으로 호스트 이름 앞에 위치한다. 2개의 항목은 @문자를 사용하여 구분한다. 호스트 이름 및 포트 번호는 접속하고자 하는 호스트의 이름(DNS 이름) 및 포트 번호를 나타낸다. path는 경로 및 파일 이름으로 구성되며 query는 질의어를 나타내는 항목이고 반드시 ? 문자로 시작해야 한다.

두 번째 표기형식은 질의어 대신 # 문자로 시작해서 파일에서 참조 위치를 나타내는 것을 제외하고 첫 번째 내용과 같다. 물론 질의어 및 파일에서 참조 위치를 하나의 URL에 모두 지정할 수 있다. 결과적으로 URL은 아래와 같이 HTTP, FTP 및 TELNET 등에서 사용하는 주소의 형태를 의미한다.

```
http://www.microsoft.com              ; HTTP 프로토콜을 사용하는 URL
file:///c:\ayh\document\suwon.html    ; file URL를 나타낸다.
http://www.corevalley.com:80/doc.html ; 80번 포트를 사용하는 URL
ftp://ftp.suwon-sc.ac.kr/pub/         ; ftp 프로토콜을 사용하는 URL
mailto://yhahn@mail.suwon-sc.ac.kr    ; 메일 URL
telnet://home.hitel.net               ; 텔넷 URL
```

2. URL 클래스

URL 클래스는 URL 객체를 생성하고 URL이 지정하는 파일을 다운로드할 수 있는 기능을 제공한다. URL 클래스를 이용하여 생성된 URL 객체는 프로토콜, 서버 주소 및 파일이름 등을 포함하는 문자열을 가리킨다. 예를 들면 "http://www.microsoft.com\index.html" 및 "ftp://ftp.suwon-sc.ac.kr/pub/"은 URL 클래스로부터 생성된 URL 객체이다.

2.1 주요한 필드

URL 클래스는 URL 객체를 생성하고 프로토콜, 호스트 이름 및 파일 이름 등을 저장하는 필드를 아래와 같이 포함한다.

```
protected String protocol;   // URL 객체의 프로토콜을 저장한다.
protected String host;       // URL 객체의 호스트 이름을 저장한다.
protected int    port;       // URL 객체의 포트 번호를 저장한다.
```

```
protected String file;     // URL 객체의 파일 이름을 저장한다.
protected String ref;      // URL 객체의 참조 번호를 저장한다.
```

이러한 필드들은 java.net 패키지의 클래스들만이 접근할 수 있다. 따라서 java.net 패키지에 포함되어 있지 않은 클래스들은 URL 클래스에서 지원하는 getProtocol() 및 getHost()등과 같은 메소드를 이용해서 해당하는 필드의 값을 읽어야 한다.

2.2 URL 객체 만들기

URL 클래스는 아래와 같이 4개의 생성자 메소드를 이용해서 URL 객체를 생성한다. 생성된 URL 객체는 "http://www.microsoft.com\index.html"와 같이 웹 브라우저의 주소창에서 입력하는 문자열을 가리킨다.

```
public URL(String url) throws MalformedURLException
public URL(String protocol, String host, String file)
    throws MalformedURLException
public URL(String protocol, String host, int port, String file)
    throws MalformedURLException
public URL(URL u, String s) throws MalformedURLException
```

4개의 생성자 메소드는 URL 정보가 잘못된 경우는 MalformedURLException 예외를 발생하며 각각의 생성자 메소드의 기능은 아래와 같다.

1) public URL(String url) throws MalformedURLException

인수로 주어지는 프로토콜, 호스트 이름 및 파일 등으로 이루어진 URL 문자열에 해당하는 URL 객체를 생성한다. 인수로 주어진 URL이 문법적으로 유효하지 않으면 MalformedURLException이 발생한다. 그러나 URL이 문법적으로 유효할지라도 JVM이 지원하지 않는 프로토콜을 사용하면 MalformedURLException을 발생한다. 생성자 메소드는 주어진 문자열의 호스트 부분을 해석하지 않기 때문에 UnknownHostException 예외를 발생하지 않는다. 예제 6.1은 3개의 URL 객체를 생성하고 생성된 객체를 화면에 출력하는 클래스이다.

[예제 6.1] **URLConstructor1.java**

```java
import java.io.*;
import java.net.*;
public class URLConstructor1
{
    public static void main(String args[]){
        URL webURL, ftpURL, ldapURL;
        try{
            webURL = new URL("http://www.ssc.ac.kr/index.html");
            System.out.println(webURL);
            ftpURL = new URL("ftp://www.ssc.ac.kr/public/");
            System.out.println(ftpURL);
            ldapURL = new URL("ldap://www.ssc.ac.kr/"); // 예외를 발생시킨다.
            System.out.println(ldapURL);
        }catch(MalformedURLException e){
            System.out.println("지정된 URL를 찾을 수 없습니다.");
        }
    }
}
```

예제 6.1 설명

아래의 결과와 같이 생성된 URL 객체는 인수로 주어진 문자열을 가리키는 것을 알 수 있다. 그러나 ldap는 JVM이 지원하지 않는 프로토콜이므로 MalformedURLException 예외를 발생시킨다.

http://www.ssc.ac.kr/index.html
ftp://www.ssc.ac.kr/public/
지정된 URL를 찾을 수 없습니다.

2) public URL(String protocol, String host, String file)
   throws MalformedURLException

이 생성자 메소드는 프로토콜, 호스트 이름, 경로 및 파일 이름을 별도로 인수로 받아 URL 객체를 생성한다. 포트번호는 자동적으로 -1이 할당되고 슬래쉬(/)로 시작해야 하고 필요하면 파일 내 참조위치 및 질의어가 사용될 수 있다. 예제 6.2는 예제 6.1에서 인수로 주어진 URL를 프로토콜, 호스트 이름 및 파일로 나누어서 URL 객체를 생성하는 클래스이다.

[예제 6.2] **URLConstructor2.java**

```java
import java.io.*;
import java.net.*;
public class URLConstructor2
{
    public static void main(String args[]){
        URL webURL, ftpURL, ldapURL;
        try{
            webURL = new URL("http", "www.ssc.ac.kr", "/index.html");
            System.out.println(webURL);
            ftpURL = new URL("ftp", "www.ssc.ac.kr", "/public");
            System.out.println(ftpURL);
            ldapURL = new URL("ldap", "www.ssc.ac.kr", "/");
            System.out.println(ldapURL);
        }catch(MalformedURLException e){
            System.out.println("지정된 URL를 찾을 수 없습니다.");
        }
    }
}
```

▶ 예제 6.2 설명

인수로 별도로 프로토콜, 호스트 이름 및 파일 이름을 전달하여 URL 객체를 생성하는 것을 제외하고 실행결과는 예제 6.1과 같다.

3) public URL(String protocol, String host, int port, String file)
   throws MalformedURLException

이 생성자 메소드는 특정한 포트 번호를 지정할 수 있다. 예를 들면, 포트번호 80 및 21을 명시적으로 지정하는 webURL 및 ftpURL 객체의 생성은 아래와 같다.

```java
    .....
    try{
        URL webURL = new URL("http", "www.ssc.ac.kr", 80, "/index.html#intro");
        URL ftpURL = new URL("ftp", "www.ssc.ac.kr", 21, "/public");
    }catch(MalformedURLException e){
        System.err.println(e);
```

```
    }
    ‥‥‥
```

4) public URL(URL u, String s) throws MalformedURLException

이 생성자는 첫 번째 인수로 주어진 URL 객체 u가 제공하는 경로 및 파일 이름을 두 번째 인수로 주어진 문자열 s(경로 및 파일 이름)로 대체된 URL 객체를 생성한다. 따라서 이 생성자 메소드는 같은 폴더에 저장되어 있는 여러 파일들을 처리하는 경우에 유용하게 사용될 수 있다. 즉, 첫 번째 파일에 대한 URL를 생성한 후, 다른 파일들에 대한 URL를 생성하기 위해서는 파일들의 이름만 바꾸어 가면서 생성자 메소드를 실행하면 된다.

[예제 6.3] **URLConstructor3.ava**

```java
import java.io.*;
import java.net.*;
public class URLConstructor3
{
    public static void main(String args[]){
        URL u1, u2;
        try{
            u1 = new URL("http://www.ssc.ac.kr/index.html");
            u2 = new URL(u1, "haksa.html");
            System.out.println("u1 객체의 URL은 "+u1);
            System.out.println("u2 객체의 URL은 "+u2);
        }catch(MalformedURLException e){
            System.err.println(e);
        }
    }
}
```

◆➡ 예제 6.3 설명

먼저 URL 객체 u1을 생성하고 네 번째 생성자 메소드를 이용해서 파일 이름만을 바꾼 URL 객체 u2를 생성한다. 아래는 클래스의 실행 결과를 보여준다.

u1 객체의 URL은 http://www.ssc.ac.kr/index.html
u2 객체의 URL은 http://www.ssc.ac.kr/haksa.html

예제 6.4는 리스트에서 보여준 프로토콜 중에서 호스트가 사용하는 운영체제와 JVM의 버전에 따라 지원하는 프로토콜 및 지원하지 않은 프로토콜을 보여준다.

[예제 6.4]   **ProtocolTester.ava**

```java
import java.io.*;
import java.net.*;
public class ProtocolTester
{
    public static void main(String args[]){
        String host = "www.ssc.ac.kr";
        String file = "/root/";
        String[] protocols = {"http", "https", "ftp", "mailto", "telnet", "file", "ldap", "gopher", "jdbc", "rmi", "jndi", "jar", "doc", "netdoc", "nfs", "verbatim", "finger", "daytime", "systemresource"};
        for(int i=0; i<protocols.length; i++){
            try{
                URL u = new URL(protocols[i], host, file);
                System.out.println(host+"는 "+protocols[i]+" 프로토콜를 지원한다.");
            }catch(MalformedURLException e){
                System.out.println(host+"는 "+protocols[i]+" 프로토콜를 지원하지 않는다.");
            }
        }
    }
}
```

예제 6.4 설명

www.ssc.ac.kr 호스트 컴퓨터가 protocols 배열에 저장된 19개의 프로토콜들의 각각에 대하여 아래와 같이 지원여부를 화면에 출력한다. 각각의 프로토콜을 사용해서 URL 객체를 생성할 때 MalformedURLException 예외가 발생하면 호스트는 해당 프로토콜을 지원하지 않는다.

www.ssc.ac.kr는 http 프로토콜를 지원한다.
www.ssc.ac.kr는 https 프로토콜를 지원한다.
www.ssc.ac.kr는 ftp 프로토콜를 지원한다.
www.ssc.ac.kr는 mailto 프로토콜를 지원한다.
www.ssc.ac.kr는 telnet 프로토콜를 지원하지 않는다.

> www.ssc.ac.kr는 file 프로토콜를 지원한다.
> www.ssc.ac.kr는 ldap 프로토콜를 지원하지 않는다.
> www.ssc.ac.kr는 gopher 프로토콜를 지원한다.
> www.ssc.ac.kr는 jdbc 프로토콜를 지원하지 않는다.
> www.ssc.ac.kr는 rmi 프로토콜를 지원하지 않는다.
> www.ssc.ac.kr는 jndi 프로토콜를 지원하지 않는다.
> www.ssc.ac.kr는 jar 프로토콜를 지원한다.
> www.ssc.ac.kr는 doc 프로토콜를 지원한다.
> www.ssc.ac.kr는 netdoc 프로토콜를 지원한다.
> www.ssc.ac.kr는 nfs 프로토콜를 지원하지 않는다.
> www.ssc.ac.kr는 verbatim 프로토콜를 지원한다.
> www.ssc.ac.kr는 finger 프로토콜를 지원하지 않는다.
> www.ssc.ac.kr는 daytime 프로토콜를 지원하지 않는다.
> www.ssc.ac.kr는 systemresource 프로토콜를 지원한다.

2.3 필드 값 구하기

URL 객체를 생성할 때 프로토콜, 호스트 이름 및 파일 이름 등은 URL 클래스의 protocol, host 및 file 등과 같은 해당하는 필드에 저장된다(6.2.1 참조). URL 클래스의 필드 값들은 접근 한정자가 private이므로 아래의 메소드들에 의하여 읽혀진다.

public String getProtocol()

URL의 protocol 필드의 값을 문자열로 반환한다. 예를 들면, "http", "ftp" 및 "file"등과 같은 문자열들이다.

public String getHost()

URL의 host 필드의 값을 문자열(예를 들면, "www.ssc.ac.kr", "www.naver.com" 등)로 반환한다.

public int getPort()

URL의 port 필드의 값(호스트가 사용하는 포트 번호)을 정수로 반환한다.

pulic String getFile()

URL의 file 필드의 값(경로 및 파일이름)을 문자열로 반환한다. 따라서 호스트 주소 이후의 첫 번째 슬래쉬(/)부터 파일 내 참조위치(섹션)의 시작을 알리는 파운드 기호(#)까지의 모든 문자열을 반환한다. 만일 URL이 경로 및 파일 이름을 포함하지 않으면 문자열 "\"를 반환한다. URL에서 경로와 파일 이름은 구분하지 않는다.

    public String getRef()

URL의 ref 필드의 값(파일 내 참조 위치로 #이후의 문자열)을 문자열로 반환한다. 만약 URL이 파일 내 참조 위치 부분을 갖고 있지 않으면 null을 반환한다.

```
public String getPath()
public String getQuery()
public String getUserInfo()
public String getAuthority()
```

위의 4개의 메소드들은 java 1.3에서 지원하며 각각은 그림 1.1에서 보여주는 path, query, userinfo 및 authority 필드의 값을 읽는 메소드들이다.

[예제 6.5] **GetURLFields.java**

```java
import java.io.*;
import java.net.*;
public class GetURLFields
{
    public static void main(String args[]){
        for(int i=0; i<args.length; i++){
            try{
                URL u = new URL(args[i]);
                System.out.println("u의 URL은 "+u);
                System.out.println("u의 프로토콜은 "+u.getProtocol());
                System.out.println("u의 호스트는 "+u.getHost());
                System.out.println("u의 포트번호는 "+u.getPort());
                System.out.println("u의 파일이름은 "+u.getFile());
                System.out.println("u의 파일 내 참조위치는 "+u.getRef());
            }catch(MalformedURLException e){
                System.err.println(args[i]+"는 URL 형식이 아닙니다.");
            }
        }
    }
}
```

> **예제 6.5 설명**
>
> 명령어 인수로 주어진 모든 URL 문자열에 대하여 u URL 객체를 생성하고 u가 가리키는 프로토콜, 호스트, 포트번호, 파일이름 및 파일 내 참조위치를 화면에 출력한다. 예를 들면, 명령어 인수로 "http://www.ssc.ac.kr:80/index.html"를 입력하면 실행 결과는 아래와 같다.
>
> u의 URL은 http://www.ssc.ac.kr:80/index.html
> u의 프로토콜은 http
> u의 호스트는 www.ssc.ac.kr
> u의 포트번호는 80
> u의 파일이름은 /index.html
> u의 파일 내 참조위치는 null

2.4 URL로부터 데이터 읽어오기

URL 객체는 데이터를 송수신하는 프로토콜 및 특정한 호스트의 파일을 가리킨다. 따라서 URL이 지정한 호스트와 연결된 컴퓨터가 URL 객체가 가리키는 파일을 지정한 프로토콜을 사용해서 읽을 수 있다면 간단한 파일 읽기 기능을 구현할 수 있다. URL 클래스는 URL이 가리키는 파일의 내용을 읽는 메소드들을 아래와 같이 제공한다.

1) public final InputStream openStream() throws IOException

이 메소드는 URL이 가리키고 있는 원격 호스트에 연결하고 연결된 호스트로부터 URL이 지정한 파일의 내용을 읽을 수 있는 InputStream 객체를 반환한다. 즉, 메소드가 반환하는 InputStream 객체는 로컬 컴퓨터와 URL이 지정하는 원격 호스트의 파일과 연결된 바이트 스트림 객체이다. 따라서 반환된 바이트 스트림 객체를 이용해서 읽으면 자동으로 원격 호스트의 파일의 내용이 읽혀진다.

InputStream 객체를 통하여 읽은 데이터는 URL이 가리키고 있는 파일의 원시 내용이다. 즉, URL이 텍스트 파일을 가리키고 있다면 스트림은 ASCII 데이터를 반환하고 HTML 파일이라면 원시 HTML를 반환하고 이미지 파일이라면 2진수의 이미지 데이터를 반환한다. 따라서 응용 프로그램이 읽은 데이터를 올바르게 해석할 수 있어야 한다. 반환되는 데이터에는 HTML의 헤더나, 프로토콜과 관련된 정보는 들어있지 않다. 즉, 읽혀진 데이터는 파일의 내용만을 포함한다.

URL 클래스의 openStream() 메소드를 사용하여 URL이 가리키는 파일의 내용을 읽는 과정은 아래와 같다.

① 읽고자 하는 파일 이름을 포함한 원격 호스트의 URL 객체를 생성한다.

> [예] URL u = new URL("http://chosun.com/index.html");

② openStream() 메소드를 이용하여 URL이 지정하는 호스트 컴퓨터와 연결하고 파일의 내용을 읽기 위한 InputStream 객체를 생성한다. 생성된 InputStream 객체는 URL이 지정하는 호스트의 파일과 연결된 입력 스트림이므로 read() 메소드를 사용하여 파일의 내용을 읽으면 된다.

> [예] InputStream is = u.openStream(); // u와 연결시키는 is 스트림 객체 생성

③ ②에서 생성된 InputStream 객체를 이용하여 원하는 필터 또는 버퍼 입력 스트림을 생성하고 원격 호스트로부터 URL이 가리키는 파일의 원시 데이터를 읽는다.

> [예] InputStreamReader isr = new InputStreamReader(is);
> BufferedReader br = new BufferedReader(isr);
> String data = br.readLine();

예제 6.6은 명령어 라인에서 입력한 URL이 가리키는 파일의 내용을 한 줄씩 읽어서 화면에 출력하는 클래스이다.

[예제 6.6] **ReadSourceFile.java**

```java
import java.io.*;
import java.net.*;
public class ReadSourceFile
{
    public static void main(String args[]){
        String line;
        URL u;
        if(args.length>0){
            try{
                u = new URL(args[0]); // args[0]은 URL이며 객체를 생성함
                try{
                    InputStream is = u.openStream(); // 입력 스트림 객체 생성
                    Reader isr = new InputStreamReader(is);
                    BufferedReader br = new BufferedReader(isr);
```

```
                while((line=br.readLine()) != null){  // URL의 파일을 한 줄씩 읽는다.
                    System.out.println(line);
                }
            }catch(Exception e){
                System.out.println(e);
            }
        }catch(MalformedURLException e){
            System.err.println(args[0]+"는 URL 형식이 아닙니다.");
        }
    }
}
```

> **예제 6.6 설명**
>
> args[0]은 명령어 라인에서 입력한 URL이다. 사용자가 입력한 URL에 대하여 객체를 생성하고 openStream() 메소드를 사용하여 is 바이트 입력 스트림 객체를 생성한다. 파일의 내용을 한 줄씩 읽어야 효율적이므로 최종적으로 BufferedReader 객체를 생성하고 readLine() 메소드를 이용한다.
> 예를 들면, 명령어 라인에서 "http://www.chosun.com" URL를 입력하면 클래스는 조선일보의 웹 문서인 index.html 파일을 읽어서 화면에 출력한다.

2) public URLConnection openConnection() throws IOException

이 메소드는 URLConnection 객체를 반환한다. URLConnection 클래스는 네트워크 자원에 대한 연결을 나타내며 이 클래스는 원격 호스트가 전송하는 모든 데이터에 대하여 접근할 수 있도록 해준다. 즉, 원시 형태의 문서 자체뿐만 아니라, 사용 중인 프로토콜이 요구하는 헤더도 볼 수 있다. 결과적으로 원시 HTML 파일뿐만 아니라 HTTP 헤더의 내용도 함께 읽기 위해서는 URL 객체를 통하여 이 메소드를 실행시켜 URLConnection 객체를 생성하고 이 객체를 이용하면 된다. 또한 URLConnection 객체를 사용하면 데이터를 읽을 수 있을 뿐만 아니라 원격 호스트에 데이터를 전송할 수도 있다. URLConnection 클래스에 대한 자세한 내용은 12장에서 살펴본다.

3) public final Object getContent()
    throws IOException, UnknownServiceException

이 메소드는 URL이 가리키는 파일의 내용을 읽은 후, 특정한 객체의 형태로 반환한다. 예를 들면, URL이 가리키는 데이터가 ASCII 또는 HTML와 같은 텍스트 파일이라면 이 메소드는 InputStream 객체를 반환하고, GIF나 JPEG와 같은 이미지 파일이라면 java.awt.Image 객체를 반환한다. 따라서 getContent() 메소드를 사용하여 URL이 지정하는 파일의 내용을 읽는 경우는 반환된 객체의 유형에 따라 읽어야 하며 반환되는 객체는 instanceof 연산자 등을 사용하여 식별할 수 있다. 만일 반환되는 객체가 InputStream이라면, InputStream 클래스에서 지원하는 read() 메소드 등을 사용하여 파일의 내용을 읽을 수 있다.

getContent() 메소드는 원격 호스트로부터 수신한 MIME 헤더 속의 content-type을 읽어서 데이터 타입에 해당하는 객체를 반환한다. 만약, 서버가 MIME 헤더를 사용하지 않거나, 낯선 content-type을 보내면 getContent()는 UnknownServiceException을 발생시킨다. 또한 원격 호스트로부터 객체를 가져올 수 없으면 IOException이 발생한다. 예제 6.7은 getContent() 메소드를 사용하여 URL이 지정하는 텍스트 파일을 읽어오는 클래스이다. 읽는 파일이 텍스트 파일이므로 getContent() 메소드는 InputStream 객체를 반환한다.

[예제 6.7] **GetObject.java**

```
import java.io.*;
import java.net.*;
import java.awt.Image;
public class GetObject
{
    public static void main(String args[]){
        URL u;
        String line, urlstring;
        BufferedReader br, reader;
        br = new BufferedReader(new InputStreamReader(System.in));
        System.out.println("URL을 입력하십시오!");
        try{
            urlstring = br.readLine(); // URL을 입력받는다.
            u = new URL(urlstring); // u URL 객체를 생성한다.
            Object o = u.getContent(); // URL이 지정하는 파일을 객체로 읽는다.
            if(o instanceof InputStream){
```

```
            InputStream is = (InputStream) o; // InputStream 객체로 변환한다.
            reader = new BufferedReader(new InputStreamReader(is));
            while((line=reader.readLine()) != null){ // 텍스트 파일을 읽는다.
                System.out.println(line);
            }
        }else if(o instanceof Image){
            // 이미지 파일을 읽는다.
        }
        else{
            // 오디오 및 기타 파일을 읽는다.
        }
        System.out.println("반환된 객체는 "+o.getClass().getName());
    }catch(MalformedURLException e){
        System.err.println(args[0]+"는 URL 형식이 아닙니다.");
    }catch(IOException e){
        System.out.println(e);
    }
  }
}
```

예제 6.7 설명

키보드로부터 URL를 입력받아 객체를 생성하고 getContent() 메소드를 사용하여 u 객체가 가리키는 파일을 읽어서 Object 객체 o로 반환한다. if-else 문은 instanceof 연산자를 사용하여 반환된 객체가 InputStream 객체(텍스트 파일)인지, Image 객체(이미지 파일)인지, 또는 기타 객체인지를 검사한다. 입력한 URL이 가리키는 파일이 HTML 파일이라면, if 문의 조건식은 진실이다. 따라서 o 객체를 InputStream 객체로 변환하고 텍스트 파일의 내용을 한 줄씩 읽어서 화면에 출력한다.

클래스를 실행시키고 키보드로부터 http://www.ssc.ac.kr를 입력하면 해당 서버의 index.html 파일의 내용을 화면에 출력하고 마지막 출력문에 의하여 클래스 이름을 아래와 같이 출력한다.

......
index.html 파일의 내용을 출력
......
반환된 객체는 sun.net.www.protocol.http.HttpURLConnection$HttpInputStream

2.5 기타 메소드

URL 클래스는 추가적으로 아래와 같은 메소드를 지원한다.

    public boolean sameFile(URL other)

호출한 URL 객체와 인수로 주어진 URL 객체가 가리키는 파일이 같은지를 조사한다. 만약 같다면 true를 반환하고, 다르면 false를 반환한다. 그러나 이 메소드는 비교하는 2개의 파일 이름이 같을지라도 URL를 구성하는 필드(호스트, 포트번호)들이 다르면 다른 파일로 간주하여 false를 반환한다. 그러나 파일 내 참조위치는 비교하지 않는다. 즉, 비교하는 2개의 URL의 파일 내 참조 위치를 제외한 모든 필드의 값들이 같다면, 이 메소드는 true를 반환한다.

    public String toString()

호출한 URL 객체를 [프로토콜://호스트이름:포트번호/파일이름#파일내 참조위치]와 같은 URL의 형태로 출력한다. 물론 URL 객체만 표현해도 같은 기능을 수행한다.

    public boolean equals(Object o)

호출한 URL 객체와 인자로 주어진 URL 객체의 파일 내 참조위치를 포함한 모든 필드값을 비교한다. 결과가 같으면 true, 다르면 false를 반환한다.

    public int hashCode()

URL 객체가 해시 테이블의 키로 사용될 경우에 필요한 정수 값을 반환한다. 이 메소드는 java.util.Hashtable의 여러 메소드들에 의하여 호출되며 사용자가 이 메소드를 호출하는 경우는 거의 없다.

예제 6.8은 사용자가 텍스트 필드에 입력한 URL이 지정하는 파일의 내용을 읽어서 텍스트 에리어 필드에 출력하는 클래스이다.

[예제 6.8] **ReadServerFile.java**

```
import java.awt.*;
import java.awt.event.*;
import java.net.*;
import java.io.*;
public class ReadServerFile extends Frame implements ActionListener
{
```

```java
    private TextField enter;
    private TextArea contents;
    public ReadServerFile(){
        super("호스트 파일 읽기");
        setLayout( new BorderLayout() );
        enter = new TextField( "URL를 입력하세요!" );
        enter.addActionListener( this );
        add( enter, BorderLayout.NORTH );
        contents=new TextArea("", 0, 0, TextArea.SCROLLBARS_VERTICAL_ONLY);
        add( contents, BorderLayout.CENTER );
        addWindowListener(new WinListener());
        setSize(350, 150);
        setVisible(true);
    }
    public void actionPerformed( ActionEvent e ) {
        URL url;
        InputStream is;
        BufferedReader input;
        String line;
        StringBuffer buffer = new StringBuffer();
        String location = e.getActionCommand(); // 텍스트 필드에 입력된 URL를 구함
        try {
            url = new URL( location );
            is = url.openStream(); // location(호스트)과 연결시키는 InputStream 객체생성
            input = new BufferedReader(new InputStreamReader(is));
            contents.setText( "파일을 읽는 중입니다...." );
            while ( ( line = input.readLine() ) != null ) // 파일(웹페이지)을 읽는다.
                buffer.append( line ).append( '\n' );
            contents.setText( buffer.toString() ); // 읽은 파일을 텍스트 에리어에 출력
            input.close();
        }catch(MalformedURLException mal) {
            contents.setText("URL 형식이 잘못되었습니다.");
        }catch ( IOException io ) {
            contents.setText( io.toString() );
```

```
        }catch ( Exception ex ) {
            contents.setText( "호스트 컴퓨터의 파일만을 열 수 있습니다." );
        }
    }
    public static void main(String args[]){
        ReadServerFile read = new ReadServerFile();
    }
    class WinListener extends WindowAdapter
    {
        public void windowClosing(WindowEvent we){
            System.exit(0);
        }
    }
}
```

예제 6.8 설명

텍스트 필드에 원격 호스트의 URL 및 Enter 키를 입력하면 actionPerformed() 메소드에서 URL이 지정하는 원격 호스트의 파일을 읽어 텍스트 에리어에 출력한다. 예를 들면, 아래 그림과 같이 텍스트 필드에 [http://www.chosun.com] 및 Enter 키를 입력하면 조선일보의 index.html 파일을 읽어서 텍스트 에리어에 출력한다.

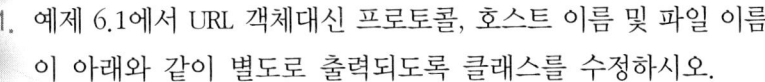

1. 예제 6.1에서 URL 객체대신 프로토콜, 호스트 이름 및 파일 이름이 아래와 같이 별도로 출력되도록 클래스를 수정하시오.

   프로토콜은 http
   호스트 이름은 www.ssc.ac.kr
   파일 이름은 index.html

2. 예제 6.3에서 "haksa.html" 및 "infor.html" 파일 이름을 문자열 객체에 저장하고 각각 u2 및 u3 URL 객체로 생성시킨 후에 아래와 같이 화면에 출력하는 클래스로 수정하시오.

   u1 객체의 URL은 http://www.ssc.ac.kr/index.html
   u2 객체의 URL은 http://www.ssc.ac.kr/haksa.html
   u3 객체의 URL은 http://www.ssc.ac.kr/infor.html

3. 예제 6.5에서 URL를 키보드로부터 읽는 클래스로 수정하시오.

4. 예제 6.7에서 이미지 및 동영상 파일도 읽을 수 있도록 클래스를 수정하시오. 바이트 데이터는 BufferedInputStream 클래스를 이용해서 읽는 것이 좋다.

TCP/IP 서버 소켓

7.1 소켓과 서버 소켓
7.2 ServerSocket 클래스

TCP/IP 서버 소켓

TCP/IP는 클라이언트/서버의 구조로 동작을 한다. 클라이언트/서버 구조에서 서버는 늘 실행되어 클라이언트의 접속 요청을 기다리고 클라이언트가 접속 요구를 하면 클라이언트와 접속하고 통신을 해야 한다. ServerSocket 클래스는 위에서 설명한 서버의 기능을 수행하며 본 장에서는 서버의 기능을 공부하고 다음 장에서 클라이언트의 기능을 배운다.

1. 소켓과 서버 소켓

소켓은 서버와 클라이언트가 데이터를 송수신하는 컴퓨터의 입출구이다. 클라이언트/서버 구조는 하나의 서버에 여러 대의 클라이언트가 접속되어 통신을 한다. 때문에 클라이언트는 서버와 통신하는 소켓이 하나만 있으면 되지만, 서버는 접속된 각각의 클라이언트와 연결하는 별도의 소켓이 필요하다. 즉, 서버는 연결된 클라이언트 수만큼 소켓이 있어야 하며 그림 7.1에서 보는 것처럼 서버의 각각의 소켓은 별도의 클라이언트 소켓과 연결되어 있다. 결과적으로 클라이언트와 서버는 데이터를 송수신하기 위하여 서로를 연결하는 각각의 소켓을 만들어야 한다.

소켓은 각각의 클라이언트와 서버가 데이터를 주고받는 송수신 입구라고 보면 된다. 하지만, 서버 측에서 각각의 클라이언트와 연결되는 소켓을 만들기 위해서는 서버 소켓을 먼저 이해해야한다. 클라이언트/서버 구조에서 클라이언트와 서버간의 접속과정은 아래와 같다.

1) 클라이언트는 서버에 접속요청을 한다. 따라서 서버는 클라이언트로부터 접속요청을 받는 입구가 있어야 한다. 서버가 클라이언트로부터 접속 요청을 받는 입구를 서버 소켓이라 한다. 즉, 서버와 통신을 하려는 모든 클라이언트는 서버의 서버 소켓에 접속요청을 해야 한다.

2) 서버는 서버 소켓에 접속 요청을 한 클라이언트와의 연결에 문제가 없다면 클라이언트에 접속 승인을 한다.
3) 서버는 접속 승인을 하고 해당하는 클라이언트하고만 통신을 하는 입구인 서버 측의 소켓을 만든다. 이로서 서버와 해당 클라이언트와 연결되는 소켓 대 소켓의 연결이 되고 이를 통해서 서버와 해당 클라이언트는 데이터를 주고받는다.
4) 두 번째 클라이언트가 서버의 서버 소켓에 접속요청을 하면 1)~3) 과정을 통해서 두 번째 클라이언트와 연결된 서버 측의 소켓을 생성한다. 그림 7.1은 두 개의 클라이언트의 소켓과 서버 측의 소켓이 1:1로 연결된 소켓 대 소켓의 연결을 보여준다.

기본적으로 서버 소켓의 임무는 한 기관의 대표 전화와 같다. 교환이 대표전화(서버 소켓)로 걸려오는 전화를 받아 상대방의 전화(클라이언트 소켓)를 원하는 전화(서버 측의 소켓)와 연결시키면, 2사람이 각자의 전화(소켓)로 통화하는 것이다. 따라서 하나의 서버 소켓은 여러 개의 클라이언트로부터 접속요청을 받아 각각의 클라이언트와 통신할 별도의 서버 측 소켓을 만든다. 그림 7.1은 클라이언트와 서버 측의 소켓 생성과정을 보여준다.

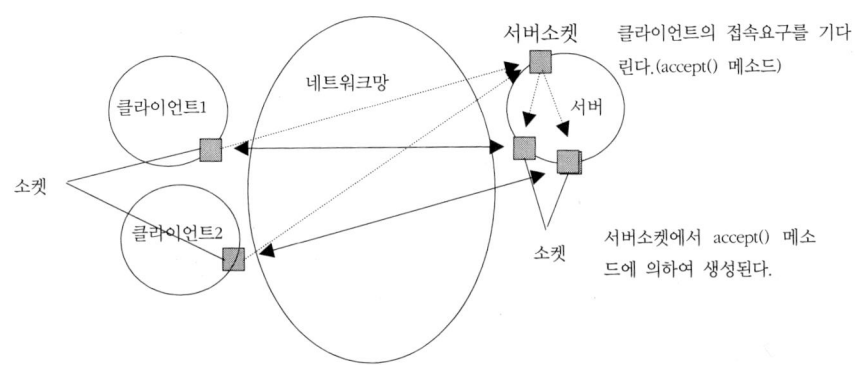

[그림 7.1] 서버와 클라이언트의 소켓 연결

2. ServerSocket 클래스

ServerSocket 클래스는 **서버 소켓을 생성하고 클라이언트로부터 접속 요청을 기다리고 연결에 문제가 없다면 접속 요청을 한 클라이언트와 데이터를 주고받을 서버 측의 소켓을 생성하는 기능**을 수행한다. 즉, ServerSocket 클래스는 자바로 서버를 작성하는데 필요한 모든 것을 포함하고 있다.

2.1 ServerSocket 객체 생성하기

ServerSocket 클래스를 이용해서 서버의 기능을 구현하려면 먼저 객체를 생성하고 accept() 메소드를 사용해서 클라이언트의 접속 요청을 기다리고 서버 측의 소켓을 생성해야 한다. ServerSocket 객체를 생성하는 생성자 메소드는 아래와 같이 2개가 있다.

1) public ServerSocket(int port) throws IOException, BindException

이 생성자 메소드는 인수로 주어진 포트에서 클라이언트의 접속을 기다리는 ServerSocket(서버 소켓) 객체를 생성한다. 따라서 접속을 요구하는 클라이언트에서 Socket (소켓) 객체를 생성할 때, Socket 클래스의 생성자 메소드에서 지정하는 포트 번호는 접속하고자 하는 서버의 ServerSocket 클래스에서 지정하는 포트번호와 일치해야 한다. 포트번호가 0이라면, 시스템은 사용 가능한 포트 중에서 하나를 임의로 선정한다.

지정한 포트가 이미 사용중이거나, 유닉스에서 루트 권한을 갖고 있지 않으면서 1번부터 1023번 사이에 있는 포트를 사용하면 IOException을 발생시킨다. 예제 7.1은 명령어 라인에서 입력한 포트 번호에 바인드된 ServerSocket 객체를 생성하고 지정한 포트가 다른 응용 프로그램에 의하여 사용중이면 예외를 발생시키는 클래스이다.

[예제 7.1] **CreateServerSocket.java**

```java
import java.io.*;
import java.net.*;
public class CreateServerSocket
{
    public static void main(String args[]){
        ServerSocket theServer = null;
        int port;
        if(args.length == 1){
            port = Integer.parseInt(args[0]); // 숫자문자를 정수로 변환한다.
        }else{
            System.out.println("명령어 라인에서 서버의 포트번호를 입력하세요!");
            return;
        }
        try{
            theServer = new ServerSocket(port); // 서버 소켓 객체를 생성한다.
            System.out.println(port+"에 바인드된 서버 소켓 객체를 생성하였습니다.");
```

```
            // 이 부분에서 클라이언트의 접속을 기다리고 통신을 수행한다.

            theServer.close();
        }catch(IOException e){
            System.out.println(e);
        }
    }
}
```

> **예제 7.1 설명**
>
> 사용자가 명령어 라인에서 [java CreateServerSocket 277]를 입력하면 포트 번호가 277에 바인드된 서버 소켓을 생성한다. 이때 다른 응용 프로그램이 이미 사용 중인 포트 번호를 지정하면 예외가 발생한다.

2) public ServerSocket(int port, int queuelength)
   throws IOException, BindException

이 생성자 메소드는 인수로 주어진 포트에서 클라이언트의 접속을 기다리고 두 번째 인수로 주어진 클라이언트의 수만큼 연결을 허용하는 ServerSocket(서버 소켓) 객체를 생성한다. 즉, 동시에 queuelength 숫자 만큼의 클라이언트와 연결이 가능하고 그 이상은 접속이 허용되지 않는다.

지정한 포트가 이미 사용중이거나, 유닉스에서 루트 권한을 갖고 있지 않으면서 1번부터 1023번 사이에 있는 포트를 사용하면 IOException 예외를 발생시킨다. 예제 7.2는 서버에 의하여 1024 번호부터 사용되는 포트를 조사하는 클래스이다.

[예제 7.2] **LookForServerPorts.java**

```
import java.io.*;
import java.net.*;
public class LookForServerPorts
{
    public static void main(String args[]){
        ServerSocket theServer = null;
        for(int i=1024; i<65535; i++){
```

```
            try{
                theServer  = new ServerSocket(i); // 서버 소켓 객체를 생성한다.
                theServer.close();
            }catch(IOException e){
                System.out.println(i+" 번째 포트는 특정서버가 사용합니다.");
            }
        }
    }
}
```

◀▣ 예제 7.2 설명

1024 포트 번호부터 65535 번호까지 서버 소켓 객체를 생성한다. 만일 특정 번호의 포트번호를 다른 응용 프로그램이 사용한다면 IOException 예외가 발생되므로 [xxx 번째 포트는 특정서버가 사용합니다.] 메시지를 출력한다. 그리고 어떤 프로그램도 지정한 포트 번호를 사용하지 않으면 theServer 서버 소켓 객체는 성공적으로 생성된다.

2.2 접속요청 받기 및 서버의 소켓 생성

서버 소켓 객체를 생성했으면 클라이언트는 서버 소켓에 접속요청을 한다. 그러면 서버는 접속 요청을 하는 클라이언트와 연결에 문제가 없다면 서버 측의 소켓을 생성하여 접속 요청을 한 클라이언트와 소켓 대 소켓(1:1 통신)의 연결을 시켜야 한다.

ServerSocket 클래스의 accept() 메소드는 클라이언트의 접속 요청을 기다리고 서버 측의 소켓을 생성하는 메소드이다.

```
public Socket accept() throws IOException
```

이 메소드는 서버 소켓에서 클라이언트의 접속 요청을 기다리다 클라이언트로부터 접속 요청이 오면 클라이언트의 소켓과 연결되는 서버 측의 소켓(이렇게 되면 서버와 클라이언트는 소켓과 소켓으로 연결됨)을 생성하는 기능을 수행한다. 예를 들면, 80번 포트에서 클라이언트의 접속 요청을 기다리고 서버 측의 소켓 객체를 반환하는 서버 프로그램은 아래와 같다.

```
ServerSocket theServer = new ServerSocket(80);
Socket theSocket = theServer.accept();
```

첫 번째 수행문은 80번 포트를 사용하는 theServer 서버 소켓 객체를 생성한다. 두 번째 수행문에서 =연산자의 오른쪽 수행문인 accept() 메소드는 서버 소켓에서 클라이언트의 접속 요청을 기다린다. 클라이언트가 접속 요청을 하고 연결에 문제가 없다면 =연산자의 왼쪽과 같이 클라이언트와 연결하는 서버 측의 소켓 객체를 반환한다. 만일 클라이언트가 접속을 요청하지 않으면 서버는 무한 루프를 실행하면서 접속 요청을 기다린다.

2.3 서버 프로그램의 작성

앞 절에서 배운 것처럼 ServerSocket 클래스는 자바로 서버를 작성하는 데 필요한 모든 기능을 가진다. 이 클래스를 사용한 서버 프로그램의 기본적인 라이프 사이클은 아래와 같다.

1) 특정한 포트를 지정하여 서버 소켓 객체를 생성한다.
2) 서버 소켓과 accept() 메소드를 사용하여 클라이언트의 접속요청 신호에 귀를 기울인다. accept() 메소드는 클라이언트로부터 접속요청이 있을 때까지 무한 루프를 실행하다가, 접속 요청을 받으면 클라이언트의 소켓과 연결하는 서버 측의 소켓을 생성하여 서버와 클라이언트를 소켓을 통하여 1:1로 연결시킨다.
3) 서버와 클라이언트를 연결하는 각각의 소켓을 만들었으면, 소켓 객체와 getInputStream() 및 getOutputStream() 메소드를 이용해서 서로 데이터를 주고받을 InputStream 및 OutputStream 객체를 생성한다.
4) 생성된 InputStream 객체와 OutputStream 객체를 이용해서 필터 스트림 객체(예를 들면, BufferedReader 및 BufferedWriter 객체)를 생성해서 서로 간에 데이터를 송수신한다.
5) 2)번 항목으로 돌아가 다른 클라이언트의 접속 요청을 기다리고 3) 및 4) 번을 실행한다. 이와 같이 2)~4)번이 무한히 반복되어 접속을 요청하는 모든 클라이언트와 통신을 한다. 물론, 연결이 끊어지면 해당하는 클라이언트와의 자원을 닫아야 한다.

예제 7.3은 접속을 요청한 클라이언트에 현재 날짜를 전송하는 간단한 daytime 서버를 구현한 클래스이다. 예제 7.3을 먼저 실행시키고 예제 8.3(DayTimeClient.java)을 실행하면 현재의 날짜를 전송 받을 수 있다. 프로그램 소스에서 클라이언트와 접속하는 과정을 설명한 주석문을 참조하면 이해하는데 도움이 될 것이다.

[예제 7.3] **DayTimeServer.java**

```java
import java.io.*;
import java.net.*;
```

```java
import java.util.Date;
public class DayTimeServer
{
    public final static int daytimeport=13;
    public static void main(String args[]){
        ServerSocket theServer;
        Socket theSocket = null;
        BufferedWriter writer;
        try{
            theServer = new ServerSocket(daytimeport);
// 13번 포트에서 클라이언트의 접속 요청을 기다리는 서버소켓 객체를 생성한다.
            while(true){
                try{
                    theSocket = theServer.accept();   // 클라이언트의 접속요청을
// 기다리고 클라이언트의 소켓과 연결된 서버 측의 소켓(theSocket)을 생성한다.
                    OutputStream os = theSocket.getOutputStream();
// 클라이언트에 데이터를 전송할 OutputStream 객체를 생성한다.
                    writer = new BufferedWriter(new OutputStreamWriter(os));
// 클라이언트에 데이터를 전송하는 BufferedWriter 객체를 생성한다.
                    Date now = new Date();  // 날짜를 구한다.
                    writer.write(now.toString()+"\r\n");  // 날짜를 전송한다.
                    writer.flush();
                    theSocket.close();
                }catch(IOException e){
                    System.out.println(e);
                }finally{
                    try{
                        if(theSocket != null) theSocket.close();
                    }catch(IOException e){
                        System.out.println(e);
                    }
                }
            }
        }catch(IOException e){
```

```
            System.out.println(e);
        }
    }
}
```

▶ 예제 7.3 설명

> 서버는 하나의 클라이언트로가 접속 요청을 하면 연결하고 클라이언트에 날짜를 전송한다. while 문의 조건식이 항상 true이므로 하나의 클라이언트의 접속이 종료되면 다음 클라이언트의 접속 요청을 받고 날짜를 전송하고 무한히 클라이언트의 접속 요청을 기다린다. 따라서 예제 7.3을 먼저 실행시키고 클라이언트 프로그램인 예제 8.3을 실행시키면 서버가 보낸 날짜가 화면에 출력됨을 확인 할 수 있다. 결과적으로 예제는 접속을 요청한 클라이언트에 현재의 날짜만을 전송하는 서버 프로그램이다.

예제 7.4는 예제 8.4(EchoClient.java)와 통신하는 echo 서버 프로그램이다. 예제 7.4는 클라이언트(예제 8.4)에서 전송한 데이터를 수신하고 수신된 데이터를 다시 클라이언트에 재전송하므로 에코 서버라 불린다.

[예제 7.4] **EchoServer.java**

```java
import java.io.*;
import java.net.*;
public class EchoServer
{
    public static void main(String args[]){
        ServerSocket theServer;
        Socket theSocket = null;
        InputStream is;
        BufferedReader reader;
        OutputStream os;
        BufferedWriter writer;
        String theLine;
        try{
            theServer = new ServerSocket(7);
// 7번 포트에서 클라이언트의 접속 요청을 기다리는 서버소켓 객체를 생성한다.
            theSocket = theServer.accept(); // 클라이언트의 접속요청을
// 기다리고 클라이언트의 소켓과 연결된 서버 측의 소켓(theSocket)을 생성한다.
```

```
            is = theSocket.getInputStream();
// 클라이언트가 전송한 데이터를 읽을 InputStream 객체를 생성한다.
            reader = new BufferedReader(new InputStreamReader(is));
// 클라이언트에 전송한 데이터를 읽을 BufferedReader 객체를 생성한다.
            os = theSocket.getOutputStream();
// 클라이언트에 데이터를 전송할 OutputStream 객체를 생성한다.
            writer = new BufferedWriter(new OutputStreamWriter(os));
// 클라이언트에 데이터를 전송하는 BufferedWriter 객체를 생성한다.
            while((theLine = reader.readLine()) != null ){ // 클라이언트의 데이터를 수신
                System.out.println(theLine); // 받은 데이터를 화면에 출력한다.
                writer.write(theLine+'\r'+'\n');   // 클라이언트에 데이터를 재전송
                writer.flush(); // 클라이언트에 데이터를 재전송
            }
        }catch(UnknownHostException e){
            System.err.println(e);
        }catch(IOException e){
            System.err.println(e);
        }finally{
            if(theSocket != null){
                try{
                    theSocket.close();
                }catch(IOException e){
                    System.out.println(e);
                }
            }
        }
    }
}
```

예제 7.4 설명

하나의 클라이언트와 접속하고 서버 프로그램인 예제 7.4는 클라이언트가 전송한 데이터를 수신(while 문의 reader.readLine() 수행문)하고 곧바로 수신한 데이터를 클라이언트에 전송하는 에코 서버의 기능을 수행한다. 서버인 예제 7.4를 먼저 실행하고 클라이언트인 예제 8.4를 실행해야 한다.

2.4 서버 소켓에 대한 정보 알아내기

ServerSocket 클래스는 생성된 서버 소켓의 포트 번호 및 서버의 주소를 저장하는 필드를 가지며 사용자는 아래의 메소드를 사용해서 값을 구할 수 있다.

public InetAddress getInetAddress()

서버로 사용되는 호스트의 InetAddress 객체를 반환한다. 만약, 호스트가 여러 개의 IP 주소를 사용한다면 반환되는 주소는 사용되는 IP 주소 중에 하나이다.

public int getLocalPort()

ServerSocket 클래스로부터 생성된 서버 소켓 객체의 포트 번호를 반환한다. 서버 소켓을 생성할 때, 인수로 포트 번호의 값을 0으로 할당하는 것은 시스템이 임의로 포트 번호를 선정하여 사용할 수 있도록 한다. 이때 이 메소드를 사용하면 서버 소켓이 사용하는 포트 번호를 알 수 있다.

예제 7.5는 ServerSocket 클래스의 메소드를 사용하여 서버 호스트의 이름 및 포트 번호 그리고 접속을 요청한 클라이언트의 이름 및 포트 번호를 출력하는 클래스이다.

[예제 7.5] **GetServerSocketFields.java**

```java
import java.io.*;
import java.net.*;
public class GetServerSocketFields
{
    public static void main(String args[]){
        ServerSocket theServer = null;
        Socket theSocket = null;
        int port = 4000;
        try{
            System.out.println(port+" 포트에 바인드된 서버 소켓을 생성하는 중입니다.");
            theServer = new ServerSocket(port);
            System.out.println(theServer.getInetAddress().getHostName()+" 호스트 및 "+theServer.getLocalPort()+" 포트에 바인드된 서버 소켓을 생성하였습니다.");
        }catch(IOException e){
            System.out.println(e);
            System.exit(1);
```

```
            }
        while(true){
            System.out.println("클라이언트의 접속 요청을 기다립니다.");
            try{
                theSocket = theServer.accept();
// 클라이언트가 접속요청을 할 때까지 무한히 기다린다.
                System.out.println(theSocket.getInetAddress().getHostName()+" 이름 및 "+theSocket.getPort()+" 포트의 클라이언트로부터 접속 요청을 받았습니다.");

                // 이 부분에서 접속된 클라이언트와 통신을 구현한다.
                theSocket.close();
            }catch(IOException e){
                System.err.println(e);
            }
        }
    }
}
```

◁☞ 예제 7.5 설명

> try 문의 앞부분은 서버의 이름 및 서버 소켓이 사용하는 포트 번호를 출력한다. while 문은 클라이언트로부터 접속 요청을 기다리고 연결이 되면 클라이언트 호스트의 이름 및 포트 번호를 읽어서 화면에 출력한다.
> 아직은 서버에 접속을 요청하는 클라이언트의 프로그램을 배우지 않았으므로 예제는 클라이언트의 접속을 무한히 기다린다(예제 8.1을 클라이언트로 사용함). 따라서 프로그램을 종료하기 위해서는 ctrl-c를 입력해야 한다.

2.5 서버 소켓 닫기 및 객체 메소드

public void close() throws IOException

이 메소드는 서버 소켓을 닫는 일을 수행한다. 서버 소켓만을 닫는 것이고 클라이언트와 연결된 서버 측의 소켓을 닫는 것이 아니다. 서버 소켓을 닫는다는 것은 서버 소켓이 사용 중인 호스트의 포트를 다른 프로그램이 사용할 수 있도록 해제해 준다는 것이며 소켓을 닫는다는 것은 로컬 호스트와 원격 호스트의 연결을 끊는다는 것을 의미한다.

서버 소켓은 프로그램이 끝나면 자동으로 닫힌다. 따라서 서버 소켓이 더 이상 필요하지 않은 시점으로부터 얼마 되지 않아 프로그램도 종료될 것이라면 반드시 서버 소켓을 닫아야 하는 것은 아니다. 하지만 서버 소켓을 닫는다고 해서 문제가 될 것은 없다.

    public String toString()

이 메소드는 아래와 같은 형태로 서버 소켓의 문자열을 반환한다.

```
ServerSocket[addr=0.0.0.0/0.0.0.0,port=0,localport=xxxxx]
```

    public void setSoTimeout(int timeout) throws SocketException
    public int getSoTimeout() throws SocketException

서버 소켓의 호출에 의하여 실행되는 accept() 메소드는 클라이언트로부터 접속 요청을 받거나, 예외가 발생하거나, 또는 서버 소켓이 닫혀 질 때까지 블록킹(무한히 실행)된다. setSoTimeout() 메소드는 인수로 주어진 정수 값(밀리초)에 의하여 블록킹 시간을 제한시킬 수 있다. 이 메소드의 디폴트 값은 0(접속 요청을 무한히 기다린다)이며 설정된 정수 값의 시간이 지나도록 데이터가 수신되지 않으면 InterruptedIOException 예외가 발생한다. 반대로, getSoTimeout() 메소드는 설정된 블록킹 시간을 구하는데 사용한다.

HTTP 프로토콜(HTTP 1.0이상)을 사용하는 웹브라우저는 아래와 같은 형태의 요청 메시지를 첫 번째 라인에 포함시켜, HTTP 서버가 해당 기능을 수행하도록 요청한다.

```
GET /document.html HTTP/1.0[CRLF]
[LF]
```

첫 번째 요소는 "메소드(method)"라 불리고 해당 리소스에 대해 서버가 수행해야 하는 동작을 의미하며, GET 및 POST 방식이 있다. 두 번째 요소는 클라이언트가 원하는 리소스를 나타내는 URL이다. 세 번째 요소는 HTTP 1.0과 1.1 요청에서 볼 수 있는 것으로 클라이언트에 의하여 파악된 HTTP의 버전 번호이다. 그리고 반드시 형식에서 보는 것처럼 문의 끝은 [CRLF]로 끝나고 다음 줄에 공백 라인을 포함해야 한다. 또한, 두 줄 사이에 헤더를 추가하여 요청을 할 수 있는 완전 형태의 GET 요청 방식이 있다.

HTTP 서버는 클라이언트로(웹브라우저)부터 위의 형태의 요청 메시지를 받으면 요청 파일을 클라이언트에 전송하거나, 클라이언트가 전송한 데이터를 서버에 저장(POST 방식)하는 등의 기능을 수행한다. 예제 7.6은 클라이언트로부터 HTTP 요청을 받으면, 특정한 파일만을 클라이언트에 전송하는 HTTP 서버 프로그램이다.

[예제 7.6] **FileDownloadHTTPServer.java**

```java
import java.io.*;
import java.net.*;
import java.util.*;
public class FileDownloadHTTPServer
{
    public static void main(String args[]){
        byte[] content;
        byte[] header;
        int b, port;
        byte[] data;
        String encoding = "ASCII";
        String contenttype = "text/plain";
        try{
            if(args[0].endsWith(".html") || args[0].endsWith(".htm")){
                contenttype = "text/html";
            }
            FileInputStream in = new FileInputStream(args[0]);
            ByteArrayOutputStream out = new ByteArrayOutputStream();
            while((b=in.read()) != -1)
                out.write(b); // 배열 버퍼에 저장한다.
            data = out.toByteArray(); // 바이트 데이터로 변환한다.
            try{
                port = Integer.parseInt(args[1]);
                if (port<1 || port>65535)
                    port = 80;
            }catch(Exception e){
                port = 80;
            }
            if(args.length >2)
                encoding = args[2];

            ServerSocket server = new ServerSocket(port);
            while(true){
                Socket connection = null;
```

```java
                    FileDownload client = null;
                    try{
                        connection = server.accept(); // 클라이언트의 접속을 기다린다.
                        client = new FileDownload(connection, data, encoding, contenttype, port);
                        client.start();
                    }catch(IOException e){
                        System.out.println(e);
                    }
                }
            }catch(ArrayIndexOutOfBoundsException e){
                System.out.println(e);
            }catch(Exception e){
                System.out.println(e);
            }
        }
}

class FileDownload extends Thread
{
    private byte[] content;
    private byte[] header;
    private int port;
    Socket connection;
    BufferedOutputStream out;
    BufferedInputStream in;
    public FileDownload(Socket connection, String data, String encoding, String MIMEType, int port) throws UnsupportedEncodingException{
        this(connection, data.getBytes(encoding), encoding, MIMEType, port);
    }
    public FileDownload(Socket connection, byte[] data, String encoding, String MIMEType, int port) throws UnsupportedEncodingException{
        this.connection = connection;
        this.content = data;
        this.port = port;
        String header = "HTTP 1.0 200 OK\r\n"+"Server: OneFile 1.0\r\n"+"Content-length:
```

```java
"+this.content.length+"\r\n"+"Content-type: "+MIMEType+"\r\n\r\n";
        this.header = header.getBytes("ASCII");
    }
    public void run(){
        try{
            out = new BufferedOutputStream(connection.getOutputStream());
            in = new BufferedInputStream(connection.getInputStream());

            // 클라이언트에서 보낸 메시지 중에서 첫 번째 줄을 읽는다.
            StringBuffer request = new StringBuffer(80);
            while(true){
                int c = in.read();
                if(c=='\r' || c=='\n' || c==-1)
                    break;
                request.append((char)c);
            }
            // 클라이언트의 요청 메시지로서 [GET / HTTP/1.1]을 출력한다.
            System.out.println(request.toString());
            if(request.toString().indexOf("HTTP/") != -1){
                out.write(this.header); // HTTP 1.0 또는 그 이상이라면 헤더를 전송한다.
            }
            out.write(this.content); // 데이터를 전송한다.
            out.flush();
        }catch(IOException e){
            System.out.println(e);
        }finally{
            try{
                if(connection != null)
                    connection.close();
            }catch(IOException e){
                System.out.println(e);
            }
        }
    }
}
```

예제 7.6 설명

예제 7.6은 실행할 때 명령어 라인에서 입력한 파일을 클라이언트(웹브라우저)에 전송하는 서버 프로그램이다. 즉, [java FileDownloadHTTPServer GetServerSocketFields.java]를 입력하여 서버인 예제 7.6을 실행시키고 클라이언트 프로그램인 웹 브라우저를 실행시킨 후에 아래의 그림과 같이 웹브라우저의 주소 창에 http://localhost를 입력하면 서버인 예제 7.6은 웹브라우저에 GetServerSocketFields.java 파일을 전송한다. 따라서 아래의 그림과 같이 웹브라우저는 서버로부터 수신한 파일의 내용을 보여준다.

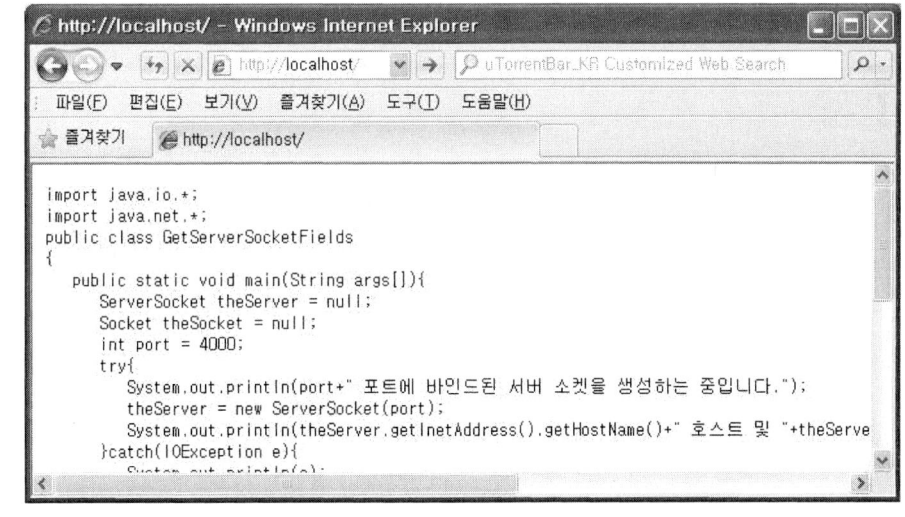

연 습 문 제

1. 예제 7.1에서 서버의 포트번호를 키보드로부터 입력받는 클래스로 수정하시오.

2. 예제 7.3을 BufferedOutputStream 클래스를 이용해서 클라이언트에 날짜 정보를 전송하도록 수정하시오.

3. 예제 7.4를 DataInputStrteam 클래스 및 DataOutputStream 클래스를 이용해서 클라이언트로부터 데이터를 받고 클라이언트에 전송하도록 수정하시오.

CHAPTER 8

TCP/IP 클라이언트 소켓

8.1 TCP/IP 프로토콜
8.2 소켓과 포트란 무엇인가?
8.3 Socket 클래스

TCP/IP 클라이언트 소켓

Socket 클래스는 TCP/IP 프로토콜을 사용하여 서버에 접속 요청을 하고 클라이언트의 소켓을 생성하는 기능을 수행한다. 본 장에서는 네트워크 프로그램을 작성하기 위한 기본 개념과 Socket 클래스를 이용해서 클라이언트 프로그램을 작성하는 방법을 공부한다.

1. TCP/IP 프로토콜

인터넷이나 네트워크를 통하여 연결된 호스트(컴퓨터)들은 사전에 정의한 규약에 따라 서로 데이터를 주고받는다. 이와 같이 상호간에 정의한 통신 규약을 프로토콜이라 한다. 예를 들면, 웹 브라우저(클라이언트 컴퓨터)에서 특정 서버에 저장되어 있는 웹 문서를 수신하기 위해서는 브라우저의 주소창에 서버이름 및 웹 문서(www.ssc.ac.kr/index.html)를 지정하면 서버는 요청한 웹 문서를 웹 브라우저에 전송한다.

이와 같이 웹 브라우저와 웹 서버는 웹 문서를 요청하고 응답하는 간단한 방식으로 서로 데이터를 주고받는다. 이러한 통신 규약을 HTTP 프로토콜이라 불리며 이와 같이 응용 프로그램 간에 데이터를 주고받는 규약을 정의한 프로토콜을 응용 계층의 프로토콜이라 한다. 응용 프로토콜은 그림 8.1에서 보는 것처럼 FTP, TELNET 등이 있다.

이러한 응용 프로토콜에서 송수신 되는 순수 데이터(예를 들면, HTTP 프로토콜에서 웹 문서 자체 데이터)들은 실제로 인터넷 망에서 라우터를 경유해서 목적지 컴퓨터에 전송된다. 따라서 라우터가 수신하는 데이터에는 목적지 컴퓨터의 주소가 포함되어야 한다. 그러므로 응용 프로토콜에서 사용하는 순수 데이터만이 망에 전송되는 것이 아니라 순수 데이터에 주소 및 에러 체크 코드 등을 추가해서 망에 전송을 해야 한다.

이와 같이 응용 프로토콜에서 사용하는 순수 데이터에 필요한 데이터를 추가해서 목적지 컴퓨터에 데이터를 전송을 해 주는 프로토콜을 전달 계층이라 한다. 그림 8.1에서 보는 것처럼 각각의 계층 프로토콜은 하나의 프로그램에서 수행되면서 프로그램 작성의 편의, 확장성 등을 고려해서 전송 기능을 분리해 놓은 것으로 생각하면 된다.

응용계층 (HTTP, FTP, TELNET등)
전달계층 (TCP, UDP등)
인터넷계층 (IP등)
네트워크 인터페이스 계층 (디바이스 드라이버등)
물리계층(하드웨어)

[그림 8.1] TCP/IP 구조 계층

그림 8.1에서 보는 것처럼 TCP/IP 프로토콜은 인터넷의 서버/클라이언트 환경에서 웹 서버와 웹 브라우저 사이에 데이터를 전송하는 전달 계층을 의미하며 자바에서 지원하는 Socket 클래스 등은 TCP/IP 프로토콜을 지원한다. 따라서 자바로 TCP/IP 프로토콜을 지원하는 클래스를 사용해서 응용 프로그램을 작성하는 사용자는 전달 계층인 TCP/IP는 신경 쓰지 않고 응용 프로토콜만 만들면 하위 계층인 전달계층에서 TCP/IP 프로토콜을 사용하여 데이터를 상대방 컴퓨터에 전송한다.

TCP 프로토콜은 접속지향(Connection-Oriented) 프로토콜이라 하고 UDP는 비 접속 (Connectionless) 프로토콜이라고 한다. 즉, TCP는 전화와 같이 통신을 원하는 상호 컴퓨터 간에 접속을 설정한 후에 통신을 수행하나, UDP 프로토콜은 메일 시스템과 같이 상호 통신 주체 간에 접속과정 없이 데이터를 전송하는 것을 의미한다.

2. 소켓과 포트란 무엇인가?

소켓은 네트워크에서 통신하는 호스트들이 데이터를 주고받는 출입구라 생각하면 된다. 따라서 **서로 통신하는 호스트들은 소켓과 소켓으로 서로 연결되어 소켓을 통하여 데이터를 주고받는다.** 서버는 ServerSocket 클래스를 이용해서 서버 측의 소켓을 만들고 클라이언트는 Socket 클래스를 이용해서 소켓을 만든다. 그리고 그림 8.2에서 보는 것처럼 소켓과 관련하여 빠뜨릴 수 없는 요소가 있는데, 그것은 바로 포트(port)이다.

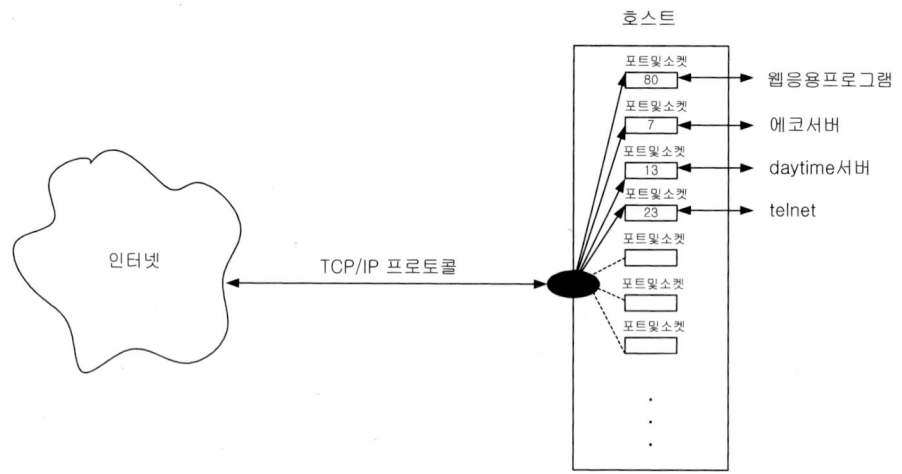

[그림 8.2] 응용프로그램과 포트와의 관계

 사용자들은 컴퓨터를 사용할 때 여러 개의 통신 프로그램을 동시에 실행시킨다. 예를 들면, 웹 브라우저, 메신저 및 인터넷 게임 프로그램이 동시에 실행되는 컴퓨터에서 상대 메신저가 나에게 전송하는 메시지를 내 컴퓨터의 메신저 프로그램에서 수신하는 과정을 살펴보자.

 먼저 상대 컴퓨터의 메신저 프로그램이 전송한 메시지는 내 컴퓨터의 IP 주소에 의하여 내 컴퓨터에 전송된다. 그림 8.2에서 검은색의 타원형이 컴퓨터의 IP 주소에 해당한다고 보면 된다. 이렇게 IP 주소에 의하여 도착한 메시지는 현재 실행되는 응용 프로그램들 중에서 메신저에 전송이 되어야 한다. 그런데 실행되는 응용 프로그램이 여러 개가 있으므로 이들을 구분하는 무엇인가가 있어야 하며 각각의 응용 프로그램을 구분하는 것이 포트 번호이다. 즉, 실행되는 각각의 응용 프로그램은 서로 다른 포트번호를 사용하므로 IP 주소에 의하여 컴퓨터에 전송된 메시지는 포트 번호에 의하여 최종적으로 메신저에 전송된다.

 포트 번호는 부호 없는 16비트 정수로 구성되어 있어서, 1부터 65,535사이의 값을 가질 수 있다. 이 중 1부터 1023까지는 예약된 포트 번호로서 잘 알려진 서비스나 애플리케이션에 의하여 사용되는 포트 번호이다. 그리고 1024부터 49,151까지는 등록된 번호로서 많이 알려진 애플리케이션 프로토콜에 의하여 사용되는 영역을 나타낸다. 나머지 포트 번호는 개인 영역 또는 동적인 영역으로서 아직 다른 애플리케이션 프로토콜에 의하여 설정되지 않은 영역으로, 일반 개인이 사용할 수 있는 번호이다. 표 8.1은 주요한 프로토콜이 사용하는 포트번호를 보여준다.

[표 8.1] 예약된 포트번호

프로토콜	포트	코드화 기법	목적
echo	7	tcp/udp	하나의 호스트는 다른 호스트의 입력을 그대로 되돌려준다.
daytime	13	tcp/udp	서버에서 현재 시간을 아스키로 나타낸다.
ftp	21	tcp	"put" 또는 "get"과 같은 FTP 명령을 전송하기 위하여 사용한다.
telnet	23	tcp	원격 명령어 입력 라인 세션을 통해 대화를 하기 위한 프로토콜
smtp	25	tcp	2개의 호스트간에 전자메일을 전송하기 위하여 사용된다.
time	37	tcp/udp	time 서버는 1900년 1월 1일 0시를 기준으로 경과된 초를 반환한다. 이 값은 부호있는 4바이트 정수이다.
whois	43	tcp	인터넷 네트워크 관리자를 위한 간단한 디렉토리 서비스이다.
finger	79	tcp	사용자 또는 사용자들에 대한 정보를 제공한다.
http	80	tcp	월드 와이드 웹(World Wide Web)의 근간이 되는 프로토콜이다.
pop3	110	tcp	호스트에서 주기적으로 연결되는 클라이언트에게로 누적된 전자메일을 전송하는 프로토콜이다.
nntp	119	tcp	뉴스 넷 뉴스를 전송하기 위한 프로토콜이다.

표 8.1에서 보여주는 포트 번호는 서버 측에서 예약하여 사용하는 서비스를 의미한다. 예를 들면, PC에서 여러 개의 텔넷 프로그램을 띄워서 사용할 수 있는데, 그것은 서버의 포트는 23으로 일정하더라도 PC의 텔넷 프로그램이 사용하는 로컬 포트 번호가 모두 다르기 때문이다.

3. Socket 클래스

소켓은 응용 프로그램들이 서로 데이터를 송수신하기 위한 출입구라 생각하면 된다. 따라서 응용 프로그램들이 서로 데이터를 송수신하기 위해서는 그림 8.3과 같이 소켓과 소켓으로 서로 연결되어야 한다.

Socket 클래스는 **클라이언트 프로그램에서 사용되며 서버에 접속을 요청하고 서버가 접속 요청을 승인하면 서버 측의 소켓과 연결하는 클라이언트의 소켓을 생성하는 기능**을 수행한다. 따라서 자바에서 소켓을 이용하면 마치 파일 시스템이나 다른 입출력 장치처럼 사용이 가능하기 때문에 네트워크와 관련된 복잡한 기능들에 대해서 신경 쓸 필요가 없다.

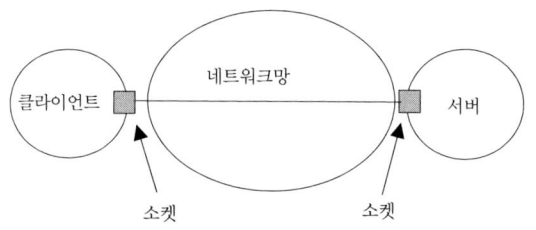

[그림 8.3] 소켓의 구조

Socket 클래스를 이용해서 서버와 통신을 하는 클라이언트 프로그램의 작성과정은 아래와 같다.

```
Socket cs = new Socket("www.ssc.ac.kr", 5000);
```

/* 첫 번째 인수로 주어진 서버 컴퓨터에서 두 번째 인수로 주어진 포트 번호를 사용하는 응용 프로그램에 접속을 요청하고 연결이 승인되면 서버 측의 소켓과 연결된 cs 소켓 객체를 만든다. */

```
InputStream is = cs.getInputStream();
OutputStream os = cs.getOutputStream();
```

/* cs 소켓 객체 및 getXx() 메소드를 이용해서 응용 프로그램에서 데이터를 송수신하는 InputStream 및 OutputStream 객체를 생성한다. */

```
InputStreamReader isr = new InputStreamReader(os);
BufferedReader br = new BufferedReader(isr);
OutputStreamWriter osw = new OutputStreamWriter(os);
BufferedWriter bw = new BufferedWriter(osw);
```

/* 문자열 단위로 데이터를 송수신하기 위한 필터 스트림(에를 들면, BufferedReader 및 BufferedWriter 객체)를 생성한다. */

위의 내용은 아래의 절에서 차례대로 상세하게 설명한다.

3.1 소켓 객체 생성하기

Socket 클래스는 아래와 같이 2개의 생성자 메소드를 가진다.

1) public Socket(String host, int port)
   throws UnknownHostException, IOException

이 생성자 메소드는 첫 번째 인수로 주어진 서버 컴퓨터에서 두 번째 인수로 주어진 포트 번호를 사용하는 응용 프로그램에 접속을 요청하고 연결이 승인되면 서버 측의 소켓과 연결된 소켓 객체를 생성한다. 예를 들면, 호스트 주소가 "www.ssc.ac.kr"이고 80번 포트를 사용하는 서버 프로그램의 소켓과 연결되는 클라이언트 소켓 객체의 생성은 아래와 같다.

```
try{
    Socket soc = new Socket("www.ssc.ac.kr", 80);
}catch(UnknownHostException e){
    System.our.println(e);
}catch(IOException e){
    System.out.println(e);
}
```

catch 문은 주어진 호스트 이름이 알려져 있지 않거나, 서버가 작동하지 않고 있지 않은 경우는 UnknownHostException 예외를, 소켓이 열리지 않으면 IOException 예외를 처리한다. 예제 8.1은 host 및 port로 지정된 서버의 포트 번호에 접속하는 소켓을 생성하는 클래스이다.

[예제 8.1] **MakeSocket.java**

```java
import java.io.*;
import java.net.*;
public class MakeSocket
{
    public static void main(String args[]){
        Socket theSocket;
        String host = "www.ssc.ac.kr";
        int port = 7;
        try{
```

```
            System.out.println(host+" 호스트의 포트번호 "+port+"와 접속하고 있습니다.");
            theSocket = new Socket(host, port);
            System.out.println("접속이 완료되었습니다.");

            // 이 부분에서 서버와 통신을 수행할 수 있다.

            theSocket.close(); // 소켓을 닫는다.
        }catch(UnknownHostException e){
            System.err.println("지정된 호스트가 없습니다.");
        }catch(IOException e){
            System.err.println("소켓이 열리지 않는다.");
        }
    }
}
```

▶ 예제 8.1 설명

> Socket 객체를 생성하는 수행문이 서버로부터 접속이 승인되면 theSocket Socket 객체를 생성하고 "접속이 완료되었습니다."를 화면에 출력하고 접속에 문제가 발생하면 catch 문이 실행된다. 연습문제 1번을 참고해서 서버를 예제 7.5로 실행시키고 예제 8.1을 실행해야 한다.

2) public Socket(InetAddress address, int port) throws, IOException

InetAddress 객체를 사용하여 서버 호스트를 지정하는 것이 다를 뿐, 나머지는 첫 번째 생성자 메소드와 같다. 그러나 서버와 연결에 실패하면 IOException 예외를 발생시키지만 UnknownException 예외를 발생시키지는 않는다. 만약 호스트가 열려져 있지 않다면, InetAddress 객체 생성시 이 사실을 알게 될 것이기 때문이다.

예제 8.2는 Socket 객체를 생성하는 과정에서 서버의 특정 포트가 다른 응용 프로그램에 의하여 사용되고 있는지 아닌지를 확인하는 클래스이다.

[예제 8.2] **LookForPorts.java**

```
import java.io.*;
import java.net.*;
public class LookForPorts
{
```

```java
public static void main(String args[]){
    Socket theSocket;
    String host="localhost"; // 호스트를 지정하지 않으면 사용
    if(args.length == 1){
        host=args[0]; // 명령어 라인에서 입력된 원격 호스트
    }
    for(int i=1; i<1024; i++){
        try{
            theSocket = new Socket(InetAddress.getByName(host), i);
            System.out.println(host+"의 "+i+"번 포트는 특정한 서버가 사용합니다.");
        }catch(UnknownHostException e){
            System.err.println(e);
            break;
        }catch(IOException e){
        }
    }
}
```

예제 8.2 설명

클래스를 실행시킬 때 명령어 라인에서 호스트를 지정하지 않으면 "localhost"를 서버로 사용한다. for 문에서 theSocket 소켓 객체를 서버의 포트 번호 1부터 1024까지 생성할 때, 해당 포트를 특정한 응용 프로그램이 사용하면 예외가 발생하고 어떤 응용 프로그램도 사용하지 않으면 정상적으로 소켓 객체가 생성된다. 예를 들면, 아래의 결과에서 80번 포트는 웹 서버가 사용하기 때문에 예외가 발생되는 것을 볼 수 있다.

www.ssc.ac.kr의 21번 포트는 특정한 서버가 사용합니다.
www.ssc.ac.kr의 25번 포트는 특정한 서버가 사용합니다.
www.ssc.ac.kr의 80번 포트는 특정한 서버가 사용합니다.
www.ssc.ac.kr의 119번 포트는 특정한 서버가 사용합니다.
www.ssc.ac.kr의 135번 포트는 특정한 서버가 사용합니다.
www.ssc.ac.kr의 139번 포트는 특정한 서버가 사용합니다.
www.ssc.ac.kr의 443번 포트는 특정한 서버가 사용합니다.
www.ssc.ac.kr의 445번 포트는 특정한 서버가 사용합니다.
www.ssc.ac.kr의 554번 포트는 특정한 서버가 사용합니다.
www.ssc.ac.kr의 563번 포트는 특정한 서버가 사용합니다.

3.2 소켓으로부터 스트림 객체 얻기

소켓(Socket) 객체가 생성되었다는 것은 원격 호스트와 데이터를 주고받을 클라이언트의 소켓(데이터 출입구)이 만들어진 것을 의미한다. 그러나 소켓 객체를 만드는 것만으로는 원격 호스트와 데이터를 주고받을 수가 없다.

응용 프로그램이 생성된 소켓을 통하여 상대방 컴퓨터에 전송하기 위해서는 소켓과 연결된 입출력 스트림(InputStream 및 OutputStream 객체)을 생성해야 한다. 그리고 입출력 스트림의 read() 및 write() 메소드를 사용하여 상대방 컴퓨터(소켓과 소켓으로 연결됨)와 데이터를 송수신 할 수 있다.

Socket 클래스는 아래와 같이 InputStream 및 OutputStream 객체를 생성하는 메소드가 있다.

1) public InputStream getInputStream() throws IOException

이 메소드는 소켓과 연결된 원격 호스트로부터 데이터를 수신할 수 있는 InputStream 객체를 반환한다. 따라서 readLine() 메소드를 이용해서 문자열을 수신하기 위해서는 아래와 같이 최종적으로 BufferedReader 객체를 생성하면 된다.

```java
Socket cs = new Socket("www.ssc.ac.kr", 80); // 앞 절에서 설명함
InputStream is = cs.getInputStream(); // InputStream 객체 생성
InputStreamReader isr = new InputStreamReader(is);
BufferedReader br = new BufferedReader(isr);
// BufferedReader 객체는 readLine() 메소드를 실행해서 문자열을 수신함
// 물론 try ~ catch 문을 사용해야 한다.
```

2) public OutputStream getOutputStream() throws IOException

이 메소드는 소켓과 연결된 원격 호스트에 데이터를 전송할 수 있는 OutputStream 객체를 반환한다. 따라서 write() 메소드를 이용해서 문자열을 전송하기 위해서는 아래와 같이 최종적으로 BufferedWriter 객체를 생성하면 된다.

```java
Socket cs = new Socket("www.ssc.ac.kr", 80); // 앞 절에서 설명함
OutputStream os = cs.getOutputStream(); // OutputStream 객체 생성
OutputStreamWriter osw = new OutputStreamWriter(os);
BufferedWriter bw = new BufferedWriter(osw);
// BufferedWriter 객체는 write() 메소드를 실행해서 문자열을 전송함
// 물론 try ~ catch 문을 사용해야 한다.
```

예제 8.3은 daytime 서버(예제 7.3)에 연결하여 날짜 정보를 구하여 화면에 출력하는 클라이언트 프로그램이다.

[예제 8.3] **DayTimeClient.java**

```java
import java.io.*;
import java.net.*;
public class DayTimeClient
{
    public static void main(String args[]){
        Socket theSocket;
        String host;
        InputStream is;
        BufferedReader reader;
        if(args.length>0){
            host=args[0]; // 원격 호스트를 입력받음
        }else{
            host="localhost"; // 로컬 호스트를 원격 호스트로 사용
        }
        try{
            theSocket = new Socket(host, 13); // daytime 서버에 접속한다.
            is = theSocket.getInputStream();
            reader = new BufferedReader(new InputStreamReader(is));
            String theTime = reader.readLine(); // 날짜를 읽는다
            System.out.println("호스트의 시간은 "+theTime+"이다");
        }catch(UnknownHostException e){
            System.err.println(args[0]+" 호스트를 찾을 수 없습니다.");
        }catch(IOException e){
            System.err.println(e);
        }
    }
}
```

▶ 예제 8.3 설명

서버 프로그램인 예제 7.3을 특정한 서버나 로컬 호스트에 먼저 실행시키고 클라이언트 프로그램인 예제 8.3을 실행시켜야 한다. 예제 8.3을 실행시키면, 서버인 예제 7.3에 접속하고 서버가 보내는 날짜를 아래와 같이 화면에 출력한다.

> java DayTimeClient www.ssc.ac.kr
> 호스트의 시간은 오후 4:13:49 2013-03-21이다

예제 8.4는 Echo 서버인 예제 7.4와 데이터를 주고받는 클라이언트 프로그램이다. Echo 서버는 클라이언트가 전송한 데이터를 재전송하는 기능을 수행한다.

[예제 8.4] **EchoClient.java**

```java
import java.io.*;
import java.net.*;
public class EchoClient
{
    public static void main(String args[]){
        Socket theSocket = null;
        String host;
        InputStream is;
        BufferedReader reader, userInput;
        OutputStream os;
        BufferedWriter writer;
        String theLine;
        if(args.length>0){
            host=args[0]; // 원격 호스트를 입력받음
        }else{
            host="localhost"; // 로컬 호스트를 원격 호스트로 사용
        }
        try{
            theSocket = new Socket(host, 7); // echo 서버에 접속한다.
            is = theSocket.getInputStream();
            reader = new BufferedReader(new InputStreamReader(is));
            userInput = new BufferedReader(new InputStreamReader(System.in));
            os = theSocket.getOutputStream();
            writer = new BufferedWriter(new OutputStreamWriter(os));
            System.out.println("전송할 문장을 입력하십시오.");
            while(true){
                theLine = userInput.readLine(); // 데이터를 입력한다.
                if(theLine.equals("quit")) break; // 프로그램 종료
```

```
                writer.write(theLine+'\r'+'\n');
                writer.flush();  // 서버에 데이터 전송
                System.out.println(reader.readLine()); //다시 수신해서 화면에 출력한다.
            }
        }catch(UnknownHostException e){
            System.err.println(args[0]+" 호스트를 찾을 수 없습니다.");
        }catch(IOException e){
            System.err.println(e);
        }finally{
            try{
                theSocket.close();  // 소켓을 닫는다.
            }catch(IOException e){
                System.out.println(e);
            }
        }
    }
}
```

▶ 예제 8.4 설명

서버 프로그램인 예제 7.4을 먼저 실행시키고 클라이언트 프로그램인 예제 8.4를 실행시켜야 한다. 예제 8.4를 실행시키고 서버에 전송할 데이터를 키보드로부터 입력하면 서버에 전송이 된다. 서버는 수신한 데이터를 다시 클라이언트에 전송하므로 클라이언트는 다시 데이터를 수신해서 화면에 출력한다. 프로그램은 키보드로부터 "quit"를 입력할 때까지 이러한 과정을 되풀이한다.

reader는 서버로부터 데이터를 수신하고 userInput은 키보드로부터 데이터를 수신하는 BufferedReader 객체이고 writer는 서버에 데이터를 송신하는 BufferedWriter 객체이다. 아래는 프로그램의 실행결과를 보여준다.

java EchoClient
전송할 문장을 입력하십시오.
My name is Ahn young-hwa.
My name is Ahn young-hwa.
How are you?
How are you?
Bye!
Bye!
quit

3.3 소켓에 대한 정보 알아내기

Socket 클래스는 연결된 원격 호스트의 이름, InetAddress 객체, 그리고 포트 번호 등을 구할 수 있는 아래의 메소드들을 제공한다.

public InetAddress getInetAddress()

클라이언트의 소켓과 연결된 원격 호스트의 InetAddress 객체(호스트 이름 및 IP 주소)를 반환한다.

public int getPort()

원격 호스트의 포트 번호를 반환한다.

public int getLocalPort()

자신(로컬 컴퓨터)의 포트 번호를 반환한다.

서버로 사용되는 원격 호스트의 포트 번호(특정한 서비스는 표 8.1과 같이 할당됨)와는 달리, 로컬 호스트의 포트는 프로그램이 실행할 때 사용 가능한 여러 포트 중에서 시스템에 의하여 선택된다. 바로 이 때문에 하나의 로컬 시스템에서 여러 개의 통신 프로그램이 동시에 같은 서비스를 제공받을 수 있다. 즉, 같은 로컬 시스템에서 다수의 텔넷 프로그램이 서로 다른 포트 번호를 사용하여 실행된다. 로컬 포트 번호는 로컬 IP 주소와 함께 패킷에 포함되고 이들은 서버로 전달된 후, 데이터를 돌려받을 때 필요한 정보로 사용된다.

예제 8.5는 명령어 라인에서 입력한 원격 호스트와 연결된 소켓을 생성하고 Socket 클래스의 메소드를 이용해서 필드의 값을 읽는 클래스이다.

[예제 8.5] **GetSocketFields.java**

```java
import java.io.*;
import java.net.*;
public class GetSocketFields
{
    public static void main(String args[]){
        Socket theSocket;
        for(int i=0; i<args.length; i++){
            try{
                theSocket = new Socket(args[i], 80);
```

```
            System.out.println("로컬 호스트의 "+theSocket.getLocalPort()+" 포트로부터
"+theSocket.getInetAddress()+" 호스트의 "+theSocket.getPort()+"포트에 연결");
        }catch(UnknownHostException e){
            System.err.println(args[i]+" 호스트를 찾을 수 없습니다.");
        }catch(SocketException e){
            System.err.println(args[i]+" 호스트에 연결할 수 없습니다.");
        }catch(IOException e){
            System.err.println(e);
        }
    }
  }
}
```

예제 8.5 설명

명령어 라인에서 입력한 호스트들과 연결된 소켓 객체를 생성하고 Socket 클래스의 메소드를 이용해서 로컬 호스트의 포트번호, 원격 호스트의 InetAddress 객체 및 포트 번호를 출력한다. 아래는 명령어 라인에서 2개의 서버를 입력하여 실행한 결과를 보여준다.

java GetSocketFields www.ssc.ac.kr www.chosun.com
로컬 호스트의 2447 포트로부터 www.ssc.ac.kr/210.119.132.11 호스트의 80포트에 연결
로컬 호스트의 2448 포트로부터 www.chosun.com/218.145.28.100 호스트의 80포트에 연결

3.4 소켓 닫기 및 객체 메소드

public synchronized void close() throws IOException

이 메소드는 소켓을 닫아주는 기능을 수행한다. 본 장의 예제는 소켓을 생성하고 닫지를 않았다. 프로그램이 종료하거나 프로그램의 쓰레기 수거(garbage collection)가 시작되면 소켓은 자동적으로 닫히는 것은 사실이다. 그러나 이처럼 시스템이 알아서 소켓을 닫아 줄 것이라고 생각하고 코드를 작성하는 것은 올바르지 못하다.

public String toString()
이 메소드는 아래와 같은 형태로 소켓의 문자열을 반환한다.

Socket[addr=www.ssc.ac.kr/xxx.xxx.xxx.xx,port=80,localport=xxxxx]

예를 들면, 예제 8.5에서 theSocket 객체를 생성한 후에 System.out.println("소켓의 정보는"+theSocket); 문장을 추가하면 소켓과 연결된 원격 호스트의 InetAddress, 포트 번호 및 로컬 호스트의 포트 번호로 구성된 아래와 같은 메시지를 출력한다.

> 소켓의 정보는 Socket[addr=www.ssc.ac.kr/210.119.132.11,port=80,localport=2924
> 소켓의 정보는 Socket[addr=www.chosun.com/218.145.28.110,port=80,localport=2925

　　public void shutdownInput() throws IOException
　　public void shutdownOutput() throws IOException

이 메소드들은 쌍방향(서버와 클라이언트)으로 데이터의 전송을 지원하는 스트림에서 한쪽 방향의 연결을 닫는 기능을 수행한다. shutdownInput() 메소드는 입력 측의 연결을 닫고, 반대로 shutdownOutput() 메소드는 출력 측의 연결을 닫는다.

　　public void setSoTimeout(int timeout) throws SocketException

read() 메소드는 상대방 호스트로부터 스트림을 통하여 데이터가 수신될 때까지 무한히 기다린다. 이 메소드는 read() 메소드가 기다리는 시간을 정해놓고 그 기간 동안 데이터가 수신되지 않으면 예외를 발생시킨다. 인수 값이 0이라면 데이터를 무한히 기다린다. 인수로 지정한 시간(밀리초 값)이 지나도록 데이터가 수신되지 않으면 InterruptedIOException 예외가 발생한다.

　　public int getSoTimeout() throws SocketException

이 메소드는 setSoTimeout() 메소드에 의하여 설정된 블록킹 시간을 반환한다.

　　public void setSendBufferSize(int size) throws SocketException
　　public int getSendBufferSize() throws SocketException
　　public void setReceiveBufferSize(int size) throws SocketException
　　public int getReceiveBufferSize() throws SocketException

위의 메소드들은 프로그래머가 운영체제에 의하여 사용되는 입출력 스트림 버퍼의 크기를 설정하고 구하는데 사용된다. 입력 버퍼는 응용 프로그램의 메모리 내용을 네트워크 전송을 위한 커널 메모리에 복사하고, 출력 버퍼는 반대이다. 따라서 응용 프로그램이 가장 효과적으로 데이터를 전송하거나 수신하기 위해서는 설정된 입출력 버퍼의 크기를 알아야 한다. 예를 들면, getSendBufferSize() 메소드에서 얻은 크기만큼의 데이터를 한 번에 전송하는 것이 효과적이고, 반대로 getReceiveBufferSize() 메소드에서 얻은 크기만큼의 데이터를 수신하는 것이 성능을 향상시킬 수 있다. 이들 메소드는 버퍼의 크기가 읽혀지지 않거나,

또는 수정되지 않으면 SocketException 예외를 발생시킨다.

  public void setKeepAlive(boolean on) throws SocketException
  public boolean getKeepAlive() throws SocketException

 TCP 프로토콜은 일단 클라이언트와 서버가 접속되어 연결이 되면, 양측 중에 하나가 단절을 요구하지 않는 한 연결은 계속 유지된다. 그러나 이러한 경우는 서버가 다운된 경우에도 계속 연결이 되어 있으므로 클라이언트의 자원이 쓸모없이 사용된다. setKeepAlive() 메소드는 클라이언트가 주기적으로 서버에 TCP 제어 메시지를 전송하여 서버의 상태를 체크하는 기능을 제공한다. 이 메소드의 인수의 값을 true로 설정하면, 클라이언트는 주기적으로 제어 메시지를 서버에 전송하고 응답을 받는다. 그리고 일정기간동안 서버로부터 응답 메시지가 없으면 자동으로 클라이언트는 소켓을 닫는다. getKeepAlive()는 현재 설정된 상태를 구하는데 사용하는 메소드이다.

  public void setSoLinger(boolean on, int linger) throws SocketException
  public int getSoLinger() throws SocketException

 스트림에 전송하고자 하는 데이터가 남아있는 경우에 close() 메소드를 호출하면, close() 메소드는 즉시 반환되고 스트림에 남아있는 데이터는 비동기적으로 계속 전송이 된다. 그러나 setSoLinger() 메소드의 인수 on을 true로 설정하고 linger(단위는 초이고 최대 값은 65,535임)값을 설정하면, close() 메소드는 설정된 linger 시간동안 블록킹된다. 따라서 close() 메소드는 linger 시간동안 반환되지 않고, 이 시간동안 남아있는 데이터가 전송된다. 그러나 linger 시간이 지나도록 전송되지 못한 데이터는 버려진다. 만일, linger가 0으로 설정되고 close() 메소드를 실행하면, 남아있는 데이터는 즉시 버려진다. getSoLinger()는 설정된 값을 구하는데 사용하는 메소드이다.

  public void setTcpNoDelay(boolean on) throws SocketException
  public boolean getTcpNoDelay() throws SocketException

 일반적으로 TCP 프로토콜은 스트림에 보내진 데이터를 즉시 전송하지 않고 짧은 시간동안 또 다른 데이터를 기다린다. 이유는 가능한 하나의 패킷에 많은 데이터를 포함시켜 전송의 효율을 높이기 위해서이다. 그러나 온라인 게임 프로그램에서 사용자가 입력하는 명령 등은 즉시 서버로 전송되어 응답을 받아야 한다. 이와 같이 데이터가 스트림에 도착하자마자 버퍼링 없이 상대 호스트에 전송하는 기능은 setTcpNoDelay() 메소드의 인수를 true로 설정하면 된다. getTcpNoDelay() 메소드는 버퍼링의 상태를 반환한다.

연습문제

1. 예제 7.5를 서버로 동작시키고 예제 8.1을 클라이언트로 실행(서버는 "localhost"로 설정함)시키고, 예제 7.5의 실행결과에서 클라이언트의 호스트 이름 및 포트번호가 출력되도록 예제 7.5을 수정하시오.

2. 예제 8.3을 BufferedIntputStream 클래스를 이용해서 서버가 보낸 날짜 정보를 수신하도록 수정하시오.

3. 예제 8.4를 DataOutputStream 클래스 및 DataInputStrteam 클래스를 이용해서 서버에 데이터를 전송하고 서버가 보낸 데이터를 수신하도록 클래스를 수정하시오.

4. 예제 8.5에서 호스트 이름과 IP 주소가 별도로 출력되도록 클래스를 수정하시오.

서버와 클라이언트 통신 프로그램

9.1 서버와 클라이언트 1:1 통신 프로그램
9.2 다수의 클라이언트들 간의 통신 프로그램
9.3 메시지를 이용한 통신 프로그램
9.4 귓속말 전송 프로그램

서버와 클라이언트 통신 프로그램

7장 및 8장에서 클라이언트와 서버가 TCP/IP 프로토콜을 사용하여 데이터를 송수신하기 위한 클라이언트의 Socket 클래스 및 서버의 ServerSocket 클래스를 배웠다. 본 장에서는 서버와 클라이언트의 일대일 통신 및 서버/클라이언트 환경에서 2대 이상의 클라이언트들이 서로 통신하는 프로그램을 단계별로 작성한다.

1. 서버와 클라이언트 1:1 통신 프로그램

서버/클라이언트 구조 환경에서 서버 프로그램은 모든 클라이언트 프로그램보다 먼저 실행시켜 데몬(daemon) 형태로 수행되어야 한다. 항상 실행되고 있는 서버는 클라이언트의 접속 요청을 기다리고 연결에 문제가 없다면 클라이언트와 데이터를 주고받는 서버 측의 소켓을 생성한다. 그리고 생성된 소켓을 통하여 입출력 스트림 객체를 생성하여 클라이언트와 데이터를 주고받는다.

예제 9.1은 하나의 클라이언트(예제 9.2)와 연결하여 서로 대화말을 주고받는 서버 프로그램을 보여준다.

[예제 9.1] **OneToOneS.java**

```
// Step 1
// 서버/클라이언트 구조에서 서버와 클라이언트가 1:1로 대화하는 프로그램
import java.io.*;
import java.net.*;
import java.awt.*;
import java.awt.event.*;
public class OneToOneS extends Frame implements ActionListener {
```

```java
TextArea display;
TextField text;
Label lword;
Socket connection;
BufferedWriter output;
BufferedReader input;
String clientdata = "";
String serverdata = "";

public OneToOneS() {
    super("서버");
    display = new TextArea("", 0, 0, TextArea.SCROLLBARS_VERTICAL_ONLY);
    display.setEditable(false);
    add(display, BorderLayout.CENTER);

    Panel pword = new Panel(new BorderLayout());
    lword = new Label("대화말");
    text = new TextField(30); //전송할 데이터를 입력하는 필드
    text.addActionListener(this); //입력된 데이터를 송신하기 위한 이벤트 연결
    pword.add(lword, BorderLayout.WEST);
    pword.add(text, BorderLayout.EAST);
    add(pword, BorderLayout.SOUTH);

    addWindowListener(new WinListener());
    setSize(300,200);
    setVisible(true);
}

public void runServer() {
    ServerSocket server;
    try {
        server = new ServerSocket(5000, 100);
        connection = server.accept();
        InputStream is = connection.getInputStream();
```

```java
            InputStreamReader isr = new InputStreamReader(is);
            input = new BufferedReader(isr); // 서버가 전송한 대화말을 수신
            OutputStream os = connection.getOutputStream();
            OutputStreamWriter osw = new OutputStreamWriter(os);
            output = new BufferedWriter(osw); // 클라이언트에 대화말을 전송
            while(true) {
                String clientdata = input.readLine();
                if(clientdata.equals("quit")) {
                    display.append("\n클라이언트와의 접속이 중단되었습니다");
                    output.flush();
                    break;
                } else {
                    display.append("\n클라이언트 메시지 : " + clientdata);
                    output.flush();
                }
            }
            connection.close();
        } catch(IOException e) {
            e.printStackTrace();
        }
    }

    public void actionPerformed(ActionEvent ae){
        serverdata = text.getText();
        try{
            display.append("\n서버 : " + serverdata);
            output.write(serverdata+"\r\n");
            output.flush();
            text.setText("");
            if(serverdata.equals("quit")){
                connection.close();
            }
        } catch(IOException e){
            e.printStackTrace();
```

```
        }
    }

    public static void main(String args[]) {
        OneToOneS s = new OneToOneS();
        s.runServer();
    }

    class WinListener extends WindowAdapter {
        public void windowClosing(WindowEvent e) {
            System.exit(0);
        }
    }
}
```

예제 9.1 설명

서버는 클라이언트로부터 접속요청을 받으면 클라이언트와 연결하는 문자 스트림 객체인 Reader/Writer 객체를 생성한다. 그리고 클라이언트로부터 데이터를 수신하여 display 객체에 대화말을 출력하는 일을 반복하면서 사용자가 텍스트 필드에 클라이언트에 전송할 대화말과 엔터키를 입력하면 이벤트가 발생하여 텍스트 필드의 내용을 클라이언트에 전송한다. 서버 또는 클라이언트가 "quit"를 전송하거나 프레임의 x 버튼을 클릭하면 서버와 클라이언트의 연결은 끊어진다. 프로그램은 서버 프로그램인 예제 9.1을 먼저 실행시키고 클라이언트인 예제 9.2을 실행시켜야 한다. 아래는 클라이언트와 주고받은 대화말을 보여준다.

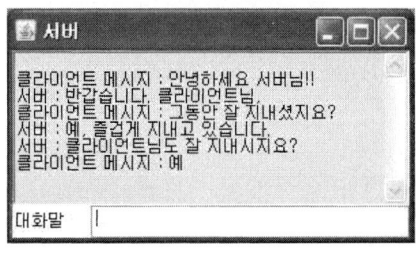

예제 9.2는 서버 프로그램인 예제 9.1과 대화말을 주고받는 클라이언트 프로그램을 보여준다.

[예제 9.2] **OneToOneC.java**

```java
// Step 1
// 서버-클라이언트 구조에서 서버와 클라이언트가 1:1로 대화하는 프로그램
import java.io.*;
import java.net.*;
import java.awt.*;
import java.awt.event.*;

public class OneToOneC extends Frame implements ActionListener {

    TextArea display;
    TextField text;
    Label lword;
    BufferedWriter output;
    BufferedReader input;
    Socket client;
    String clientdata = "";
    String serverdata = "";
    public OneToOneC() {
        super("클라이언트");
        display=new TextArea("", 0, 0, TextArea.SCROLLBARS_VERTICAL_ONLY);
        display.setEditable(false);
        add(display, BorderLayout.CENTER);

        Panel pword = new Panel(new BorderLayout());
        lword = new Label("대화말");
        text = new TextField(30); //전송할 데이터를 입력하는 필드
        text.addActionListener(this); //입력된 데이터를 송신하기 위한 이벤트 연결
        pword.add(lword, BorderLayout.WEST);
        pword.add(text, BorderLayout.EAST);
        add(pword, BorderLayout.SOUTH);
```

```java
        addWindowListener(new WinListener());
        setSize(300, 200);
        setVisible(true);
    }

    public void runClient() {
        try {
            client = new Socket(InetAddress.getLocalHost(), 5000);
            input = new BufferedReader(new InputStreamReader(client.getInputStream()));
            output = new BufferedWriter(new OutputStreamWriter(client.getOutputStream()));
            while(true) {
                String serverdata = input.readLine();
                if(serverdata.equals("quit")) {
                    display.append("\n서버와의 접속이 중단되었습니다.");
                    output.flush();
                    break;
                } else {
                    display.append("\n서버 메시지 : " + serverdata);
                    output.flush();
                }
            }
            client.close();
        } catch(IOException e ) {
            e.printStackTrace();
        }
    }

    public void actionPerformed(ActionEvent ae){
        clientdata = text.getText();
        try{
            display.append("\n클라이언트 : "+clientdata);
            output.write(clientdata+"\r\n");
            output.flush();
```

```
                text.setText("");
                if(clientdata.equals("quit")){
                    client.close();
                }
            } catch(IOException e){
                e.printStackTrace();
            }
        }
    }

    public static void main(String args[]) {
        OneToOneC c = new OneToOneC();
        c.runClient();
    }
}

class WinListener extends WindowAdapter {
    public void windowClosing(WindowEvent e){
        System.exit(0);
    }
}
```

예제 9.2 설명

클라이언트 프로그램은 실행되면 서버에 접속을 요청하고 서버 측의 소켓과 연결된 client 소켓 객체를 생성한다. 그리고 client 소켓 객체를 이용해서 서버와 연결하는 문자 스트림 객체인 Reader/Writer 객체를 생성한다. 그리고 서버로부터 데이터를 수신하여 display 객체에 대화말을 출력하는 일을 반복하면서 사용자가 텍스트 필드에 서버에 전송할 대화말과 엔터키를 입력하면 이벤트가 발생하여 텍스트 필드의 내용을 서버에 전송한다.

서버 또는 클라이언트가 "quit"를 전송하거나 프레임의 x 버튼을 클릭하면 서버와 클라이언트의 연결은 끊어진다. 아래는 서버와 주고받은 대화말을 보여준다.

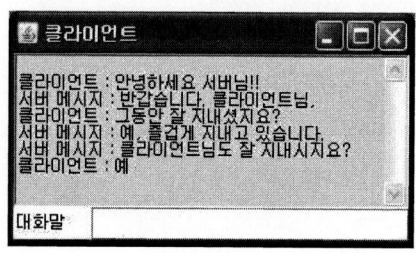

2 다수의 클라이언트들 간의 통신 프로그램

예제 9.1과 예제 9.2는 서버와 클라이언트가 1:1로 대화말을 주고받는 프로그램이다. 그러나 서버/클라이언트 환경에서 채팅 프로그램은 2대 이상의 클라이언트들이 서버를 통하여 서로 데이터를 주고받을 수 있어야 한다.

서버/클라이언트 환경에서 모든 클라이언트들은 클라이언트들끼리는 직접적으로 연결이 되어 있지 않고 서버와 연결이 되어 있다. 따라서 연결된 모든 클라이언트들이 서로 데이터를 주고받기 위해서는 각각의 클라이언트는 서버에 데이터를 전송하면, 서버는 수신한 데이터를 연결된 모든 클라이언트에 전송해야 한다. 결과적으로 하나의 클라이언트가 보낸 데이터는 서버를 통하여 연결된 모든 클라이언트에 전송이 되는 것이다.

따라서 서버/클라이언트 환경에서 클라이언트들끼리 데이터를 주고받기 위해서, 서버는 아래의 기능을 수행해야 한다.

1) 채팅을 원하는 여러 개의 클라이언트로부터 접속요청을 받을 수 있어야 한다.
2) 연결된 각각의 클라이언트로부터 데이터를 수신해서 연결된 모든 클라이언트에 데이터를 전송해야 한다. 따라서 이러한 서버 프로그램은 스레드를 이용해야 한다.

예제 9.3은 서버/클라이언트 환경에서 2대 이상의 클라이언트들이 서로 대화말을 주고받을 수 있는 기능을 지원하는 서버 프로그램을 보여준다. 서버 프로그램인 예제 9.3을 먼저 실행시키고 예제 9.4인 클라이언트 프로그램을 2대 이상 실행시켜서 대화말을 주고받을 수 있다.

[예제 9.3] **MultipleChatS.java**

```java
// Step 2
// 메시지를 이용하지 않고 다수의 클라이언트간의 채팅 프로그램
import java.io.*;
import java.net.*;
import java.util.*;
import java.util.List;
import java.awt.*;
import java.awt.event.*;

public class MultipleChatS extends Frame {
    TextArea display;
```

```java
Label info;
String clientdata = "";
String serverdata = "";
List<ServerThread> list;
public ServerThread SThread;

public MultipleChatS() {
    super("서버");
    info = new Label();
    add(info, BorderLayout.CENTER);
    display = new TextArea("", 0, 0, TextArea.SCROLLBARS_VERTICAL_ONLY);
    display.setEditable(false);
    add(display, BorderLayout.SOUTH);
    addWindowListener(new WinListener());
    setSize(300,250);
    setVisible(true);
}

public void runServer() {
    ServerSocket server;
    Socket sock;
    ServerThread SThread;
    try {
        list = new ArrayList<ServerThread>();
        server = new ServerSocket(5000, 100);
        try {
            while(true) {
                sock = server.accept();
                SThread = new ServerThread(this, sock, display, info, serverdata);
                SThread.start();
                info.setText(sock.getInetAddress().getHostName() + " 서버는 클라이언트와 연결됨");
            }
        } catch(IOException ioe) {
```

```java
            server.close();
            ioe.printStackTrace();
        }
    } catch(IOException ioe) {
        ioe.printStackTrace();
    }
}

public static void main(String args[]) {
    MultipleChatS s = new MultipleChatS();
    s.runServer();
}

class WinListener extends WindowAdapter {
    public void windowClosing(WindowEvent e) {
        System.exit(0);
    }
}
}

class ServerThread extends Thread {
    Socket sock;
    InputStream is;
    InputStreamReader isr;
    BufferedReader input;
    OutputStream os;
    OutputStreamWriter osw;
    BufferedWriter output;
    TextArea display;
    Label info;
    TextField text;
    String serverdata = "";
    MultipleChatS cs;
```

```java
public ServerThread(MultipleChatS c, Socket s, TextArea ta, Label l, String data) {
    sock = s;
    display = ta;
    info = l;
    serverdata = data;
    cs = c;
    try {
        is = sock.getInputStream();
        isr = new InputStreamReader(is);
        input = new BufferedReader(isr);
        os = sock.getOutputStream();
        osw = new OutputStreamWriter(os);
        output = new BufferedWriter(osw);
    } catch(IOException ioe) {
        ioe.printStackTrace();
    }
}
public void run() {
    cs.list.add(this);
    String clientdata;
    try {
        while((clientdata = input.readLine()) != null) {
            display.append(clientdata + "\r\n");
            int cnt = cs.list.size();
            for(int i=0; i<cnt; i++) { //모든 클라이언트에 데이터를 전송한다.
                ServerThread SThread = (ServerThread)cs.list.get(i);
                SThread.output.write(clientdata + "\r\n");
                SThread.output.flush();
            }
        }
    } catch(IOException e) {
        e.printStackTrace();
    }
    cs.list.remove(this); //리스트에서 close된 클라이언트를 지운다.
```

```
        try{
            sock.close();      //소켓닫기
        }catch(IOException ea){
            ea.printStackTrace();
        }
    }
}
```

▷ 예제 9.3 설명

서버 프로그램은 새로운 클라이언트로부터 접속요청을 받아 채팅에 참여시키고 연결된 각각의 클라이언트가 서버에 대화말을 전송하면 수신해서 연결되어 있는 모든 클라이언트들에게 대화말을 전송하는 기능을 수행한다.

스레드로 실행되는 run() 메소드는 각각의 클라이언트와 대화말을 주고받는 기능을 독립적으로 수행한다. 즉, 서버에 5개의 클라이언트가 연결되어 있다면 각각의 클라이언트와 대화말을 주고받는 5개의 run() 메소드가 별도로 실행된다.

아래의 그림은 예제 9.3을 실행시킨 결과이다. 서버는 대화말을 전송하지 않으므로 텍스트 필드는 없으며 텍스트 에리어는 클라이언트들과 주고받은 대화말을 출력하는 비주얼 컴포넌트이다.

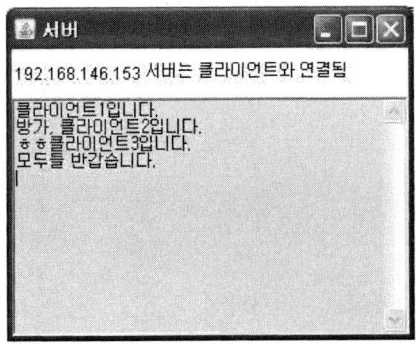

예제 9.4는 예제 9.3 서버에 접속하여 2대 이상의 클라이언트들이 서로 대화말을 주고받을 수 있는 클라이언트 프로그램이다.

[예제 9.4] **MultipleChatC.java**

```
// Step 2
// 서버-클라이언트 구조에서 다수의 클라이언트가 대화하는 프로그램
import java.io.*;
```

```java
import java.net.*;
import java.awt.*;
import java.awt.event.*;

public class MultipleChatC extends Frame implements ActionListener {

    TextArea display;
    TextField text;
    Label lword;
    BufferedWriter output;
    BufferedReader input;
    Socket client;
    String clientdata = "";
    String serverdata = "";
    public MultipleChatC() {
        super("클라이언트");
        display=new TextArea("", 0, 0, TextArea.SCROLLBARS_VERTICAL_ONLY);
        display.setEditable(false);
        add(display, BorderLayout.CENTER);

        Panel pword = new Panel(new BorderLayout());
        lword = new Label("대화말");
        text = new TextField(30); //전송할 데이터를 입력하는 필드
        text.addActionListener(this); //입력된 데이터를 송신하기 위한 이벤트 연결
        pword.add(lword, BorderLayout.WEST);
        pword.add(text, BorderLayout.EAST);
        add(pword, BorderLayout.SOUTH);

        addWindowListener(new WinListener());
        setSize(300, 150);
        setVisible(true);
    }

    public void runClient() {
```

```java
        try {
            client = new Socket(InetAddress.getLocalHost(), 5000);
            input = new BufferedReader(new InputStreamReader(client.getInputStream()));
            output = new BufferedWriter(new OutputStreamWriter(client.getOutputStream()));
            while(true) {
                String serverdata = input.readLine();
                display.append("\r\n" + serverdata);
            }
        } catch(IOException e ) {
            e.printStackTrace();
        }
        try{
            client.close();
        }catch(IOException e){
            e.printStackTrace();
        }
    }

    public void actionPerformed(ActionEvent ae){
        clientdata = text.getText();
        try{
            display.append("\r\n나의 대화말 : "+clientdata);
            output.write(clientdata+"\r\n");
            output.flush();
            text.setText("");
        } catch(IOException e){
            e.printStackTrace();
        }
    }

    public static void main(String args[]) {
        MultipleChatC c = new MultipleChatC();
        c.runClient();
    }
```

```
class WinListener extends WindowAdapter {
    public void windowClosing(WindowEvent e){
        System.exit(0);
    }
}
```

<= 예제 9.4 설명

2대 이상의 클라이언트들이 서로 대화말을 주고받지만, 서버/클라이언트 환경에서 하나의 클라이언트는 서버와 1:1로 대화말을 주고받는다. 따라서 클라이언트 프로그램의 기능은 예제 9.2와 같다. 아래의 그림은 3대의 클라이언트가 서버에 연결되어 데이터를 주고받는 채팅 화면을 보여준다.

본 채팅 프로그램은 클라이언트들 간에 대화말만 전송이 되므로 그림에서 보는 것처럼 누가 대화말을 전송하였는지는 알 수가 없다. 로그온 기능을 포함한 대화말 전송의 기능은 다음 절에서 작성한다.

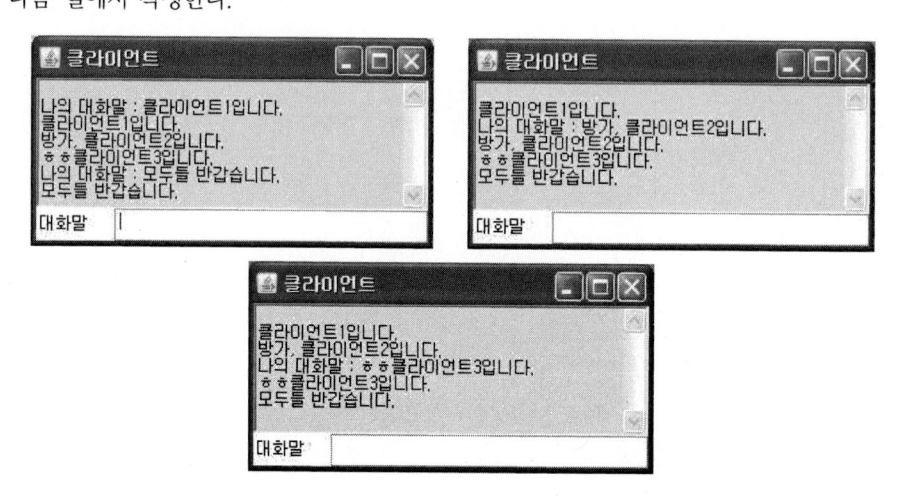

3. 메시지를 이용한 통신 프로그램

예제 9.3과 예제 9.4는 사용자가 텍스트 필드에 입력한 대화말만을 전송하기 때문에 클라이언트들은 수신한 데이터를 누가 전송하였는지를 알 수 없다. 누가 대화말을 전송하였는지를 알기 위해서는 아이디를 전송하는 기능을 추가해야 한다. 즉, 서버와 클라이언트가 주고받는 데이터는 대화말뿐만아니라 아이디도 주고받아야 한다.

이와 같이 주고받는 데이터가 2가지 이상이므로 각각의 데이터를 구분해야 하므로 아이디 및 대화말에 구분자를 포함시켜야 한다. 예를 들면, 아이디("yhahn")를 전송하는 경우와 대화말("안녕하세요")을 전송하는 경우에 아래와 같은 문자열(메시지라 함)을 전송한다.

```
"1001|yhahn"   // 아이디 "yhahn"을 전송하는 메시지
"1021|yhahn|안녕하세요"  // 대화말 "안녕하세요"를 전송하는 메시지
```

대화말을 전송하는 메시지는 위의 메시지에서 보는 것처럼 대화말을 전송하는 컴퓨터의 아이디가 두 번째 데이터로 대화말과 함께 전송된다. 따라서 대화말을 수신한 서버는 대화말 메시지를 전송한 사람의 아이디를 대화말과 함께 모든 클라이언트에 전송함으로서 각각의 클라이언트는 누가 대화말을 전송하였는지를 알 수 있다.

위의 메시지 형식에서 "1001" 및 "1021"은 메시지를 구분하는 메시지 구분자이고 문자열 "|"은 메시지 내의 각각의 데이터를 구분하는 데이터 구분자이다.

예제 9.5와 예제 9.6은 아이디를 전송하는 기능을 포함해서 대화말을 전송한 사람의 아이디를 대화말과 함께 출력하는 채팅 프로그램을 보여준다. **클라이언트 프로그램은 반드시 먼저 아이디를 전송하고 대화말을 전송**해야 한다.

[예제 9.5] **ChatMessageS.java**

```java
// STEP 3
// 로그온 메시지와 대화말 메시지를 전송함
import java.io.*;
import java.net.*;
import java.util.*;
import java.util.List;
import java.awt.*;
import java.awt.event.*;

public class ChatMessageS extends Frame {
    TextArea display;
    Label info;
    List<ServerThread> list;

    public ServerThread SThread;
```

```java
    public ChatMessageS() {
        super("서버");
        info = new Label();
        add(info, BorderLayout.CENTER);
        display = new TextArea("", 0, 0, TextArea.SCROLLBARS_VERTICAL_ONLY);
        display.setEditable(false);
        add(display, BorderLayout.SOUTH);
        addWindowListener(new WinListener());
        setSize(300,250);
        setVisible(true);
    }

    public void runServer() {
        ServerSocket server;
        Socket sock;
        ServerThread SThread;
        try {
            list = new ArrayList<ServerThread>();
            server = new ServerSocket(5000, 100);
            try {
                while(true) {
                    sock = server.accept();
                    SThread = new ServerThread(this, sock, display, info);
                    SThread.start();
                    info.setText(sock.getInetAddress().getHostName() + " 서버는 클라이언트와 연결됨");
                }
            } catch(IOException ioe) {
                server.close();
                ioe.printStackTrace();
            }
        } catch(IOException ioe) {
            ioe.printStackTrace();
```

```java
        }
    }

    public static void main(String args[]) {
        ChatMessageS s = new ChatMessageS();
        s.runServer();
    }

    class WinListener extends WindowAdapter {
        public void windowClosing(WindowEvent e) {
            System.exit(0);
        }
    }
}

class ServerThread extends Thread {
    Socket sock;
    BufferedWriter output;
    BufferedReader input;
    TextArea display;
    Label info;
    TextField text;
    String clientdata;
    String serverdata = "";
    ChatMessageS cs;

    private static final String SEPARATOR = "|";
    private static final int REQ_LOGON = 1001;
    private static final int REQ_SENDWORDS = 1021;

    public ServerThread(ChatMessageS c, Socket s, TextArea ta, Label l) {
        sock = s;
        display = ta;
        info = l;
```

```java
        cs = c;
        try {
            input = new BufferedReader(new InputStreamReader(sock.getInputStream()));
            output = new BufferedWriter(new OutputStreamWriter(sock.getOutputStream()));
        } catch(IOException ioe) {
            ioe.printStackTrace();
        }
    }
    public void run() {
        cs.list.add(this);
        try {
            while((clientdata = input.readLine()) != null) {
                StringTokenizer st = new StringTokenizer(clientdata, SEPARATOR);
                int command = Integer.parseInt(st.nextToken());
                int cnt = cs.list.size();
                switch(command) {
                    case REQ_LOGON : { // "1001|아이디"를 수신한 경우
                        String ID = st.nextToken();
                        display.append("클라이언트가 " + ID + "(으)로 로그인 하였습니다.\r\n");
                        break;
                    }
                    case REQ_SENDWORDS : { // "1021|아이디|대화말"를 수신
                        String ID = st.nextToken();
                        String message = st.nextToken();
                        display.append(ID + " : " + message + "\r\n");
                        for(int i=0; i<cnt; i++) { // 모든 클라이언트에 전송
                            ServerThread SThread = (ServerThread)cs.list.get(i);
                            SThread.output.write(ID + " : " + message + "\r\n");
                            SThread.output.flush();
                        }
                        break;
                    }
                }
```

```
            }
        } catch(IOException e) {
            e.printStackTrace();
        }
        cs.list.remove(this);
        try{
            sock.close();
        }catch(IOException ea){
            ea.printStackTrace();
        }
    }
}
```

> 예제 9.5 설명

서버 프로그램은 클라이언트가 아이디 메시지를 전송하면 아래의 그림과 같이 "클라이언트가 xxx(으)로 로그인 하였습니다."를 출력하고 클라이언트가 대화말 메시지를 전송하면 모든 클라이언트에 "아이디 : 대화말"을 전송한다. 따라서 각각의 클라이언트는 어떤 클라이언트가 대화말을 전송하였는지를 알 수 있다.

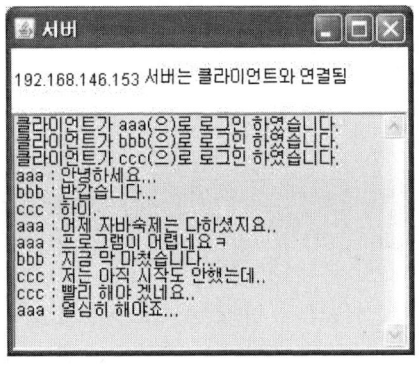

[예제 9.6]   **ChatMessageC.java**

```
// step3
// 아이디와 대화말 메시지를 전송함
import java.io.*;
import java.net.*;
import java.util.StringTokenizer;
```

```java
import java.awt.*;
import java.awt.event.*;

public class ChatMessageC extends Frame implements ActionListener, KeyListener {

    TextArea display;
    TextField wtext, ltext;
    Label mlbl, wlbl, loglbl;
    BufferedWriter output;
    BufferedReader input;
    Socket client;
    StringBuffer clientdata;
    String serverdata;
    String ID;

    private static final String SEPARATOR = "|";
    private static final int REQ_LOGON = 1001;
    private static final int REQ_SENDWORDS = 1021;

    public ChatMessageC() {
        super("클라이언트");

        mlbl = new Label("채팅 상태를 보여줍니다.");
        add(mlbl, BorderLayout.NORTH);

        display = new TextArea("", 0, 0, TextArea.SCROLLBARS_VERTICAL_ONLY);
        display.setEditable(false);
        add(display, BorderLayout.CENTER);

        Panel ptotal = new Panel(new BorderLayout());

        Panel pword = new Panel(new BorderLayout());
        wlbl = new Label("대화말");
        wtext = new TextField(30); //전송할 데이터를 입력하는 필드
```

```java
        wtext.addKeyListener(this); //입력된 데이터를 송신하기 위한 이벤트 연결
        pword.add(wlbl, BorderLayout.WEST);
        pword.add(wtext, BorderLayout.EAST);
        ptotal.add(pword, BorderLayout.CENTER);

        Panel plabel = new Panel(new BorderLayout());
        loglbl = new Label("로그온");
        ltext = new TextField(30); //전송할 데이터를 입력하는 필드
        ltext.addActionListener(this); //입력된 데이터를 송신하기 위한 이벤트 연결
        plabel.add(loglbl, BorderLayout.WEST);
        plabel.add(ltext, BorderLayout.EAST);
        ptotal.add(plabel, BorderLayout.SOUTH);

        add(ptotal, BorderLayout.SOUTH);

        addWindowListener(new WinListener());
        setSize(300,250);
        setVisible(true);
    }

    public void runClient() {
        try {
            client = new Socket(InetAddress.getLocalHost(), 5000);
            mlbl.setText("연결된 서버이름 : " + client.getInetAddress().getHostName());
            input = new BufferedReader(new InputStreamReader(client.getInputStream()));
            output = new BufferedWriter(new OutputStreamWriter(client.getOutputStream()));
            clientdata = new StringBuffer(2048);
            mlbl.setText("접속 완료 사용할 아이디를 입력하세요.");
            while(true) {
                serverdata = input.readLine();
                display.append(serverdata+"\r\n");
            }
        } catch(IOException e) {
            e.printStackTrace();
```

```java
        }
    }

    public void actionPerformed(ActionEvent ae){
        if(ID == null) {
            ID = ltext.getText();
            mlbl.setText(ID + "(으)로 로그인 하였습니다.");
            try {
                clientdata.setLength(0);
                clientdata.append(REQ_LOGON);
                clientdata.append(SEPARATOR);
                clientdata.append(ID);
                output.write(clientdata.toString()+"\r\n");
                output.flush();
                ltext.setVisible(false);
            } catch(Exception e) {
                e.printStackTrace();
            }
        }
    }

    public static void main(String args[]) {
        ChatMessageC c = new ChatMessageC();
        c.runClient();
    }

class WinListener extends WindowAdapter {
    public void windowClosing(WindowEvent e){
        System.exit(0);
    }
}

public void keyPressed(KeyEvent ke) {
    if(ke.getKeyChar() == KeyEvent.VK_ENTER) {
```

```java
            String message = new String();
            message = wtext.getText();
            if (ID == null) {
                mlbl.setText("다시 로그인 하세요!!!");
                wtext.setText("");
            } else {
                try {
                    clientdata.setLength(0);
                    clientdata.append(REQ_SENDWORDS);
                    clientdata.append(SEPARATOR);
                    clientdata.append(ID);
                    clientdata.append(SEPARATOR);
                    clientdata.append(message);
                    output.write(clientdata.toString()+"\r\n");
                    output.flush();
                    wtext.setText("");
                } catch (IOException e) {
                    e.printStackTrace();
                }
            }
        }
    }

    public void keyReleased(KeyEvent ke) {
    }

    public void keyTyped(KeyEvent ke) {
    }
}
```

예제 9.6 설명

클라이언트는 서버에 아이디 메시지 및 대화말 메시지를 서버에 전송한다. 아이디를 입력하는 텍스트 필드(ltext)에 아이디 및 엔터키를 입력하면 actionPerformed() 메소드가 실행되어 "100 | 입력한아이디" 메시지를 서버에 전송한다. 또한 대화말을 입력하는 텍스트 필드(wtext)에 대화말 및 엔터키를 입력하면 keyPressed() 메소드가 실행되어 "102 | 아이디 | 대화

말" 메시지를 서버에 전송한다. 그리고 서버는 대화말 메시지를 받아서 아이디와 함께 연결된 모든 클라이언트에 전송하므로 아래의 그림과 같이 "아이디 : 대화말"의 형태로 출력된다.

4. 귓속말 전송 프로그램

귓속말은 대화방에 참여한 모든 클라이언트 중에 특정한 클라이언트에만 대화말을 전송하는 기능이다. 귓속말 기능을 실현하기 위하여 명령어 및 귓속말 메시지를 추가하였다. 대화말 텍스트 필드에서 귓속말을 전송하기 위해서는 아래와 같은 형태로 입력해야 한다.

/w 상대방아이디 대화말

위의 형식에서 보는 것처럼 /w 다음에 한 칸 뛰어서 전송하고자 하는 상대방의 아이디와 한 칸 뛰어서 대화말을 입력하면 된다. 또한 귓속말 메시지는 아래와 같다.

"1022|전송하는클라이언트의아이디|수신하는클라이언트의아이디|대화말"

클라이언트가 위와 같은 형식으로 전송하면 서버는 귓속말 메시지인 경우는 세 번째 데이터가 지정하는 아이디를 가진 클라이언트에만 대화말을 전송해서 귓속말 기능을 구현한다.

[예제 9.7] **ChatWhisperS.java**

```java
// Step 4
// 클라이언트 간의 채팅에서 특정 클라이언트와의 귓속말 구현
// 다음의 형식으로 귓속말 전송
// /w 상대방아이디 대화말
// package Server;
import java.io.*;
import java.net.*;
import java.util.*;
import java.util.List;
import java.awt.*;
import java.awt.event.*;

public class ChatWhisperS extends Frame {
    TextArea display;
    Label info;
    List<ServerThread> list;
    Hashtable hash;
    public ServerThread SThread;

    public ChatWhisperS() {
        super("서버");
        info = new Label();
        add(info, BorderLayout.CENTER);
        display = new TextArea("", 0, 0, TextArea.SCROLLBARS_VERTICAL_ONLY);
        display.setEditable(false);
        add(display, BorderLayout.SOUTH);
        addWindowListener(new WinListener());
        setSize(300,250);
        setVisible(true);
    }
```

```java
    public void runServer() {
        ServerSocket server;
        Socket sock;
        ServerThread SThread;
        try {
            server = new ServerSocket(5000, 100);
            hash = new Hashtable();
            list = new ArrayList<ServerThread>();
            try {
                while(true) {
                    sock = server.accept();
                    SThread = new ServerThread(this, sock, display, info);
                    SThread.start();
                    info.setText(sock.getInetAddress().getHostName() + " 서버는 클라이언트와 연결됨");
                }
            } catch(IOException ioe) {
                server.close();
                ioe.printStackTrace();
            }
        } catch(IOException ioe) {
            ioe.printStackTrace();
        }
    }

    public static void main(String args[]) {
        ChatWhisperS s = new ChatWhisperS();
        s.runServer();
    }

class WinListener extends WindowAdapter {
    public void windowClosing(WindowEvent e) {
        System.exit(0);
    }
```

```java
        }
}

class ServerThread extends Thread {
    Socket sock;
    BufferedWriter output;
    BufferedReader input;
    TextArea display;
    Label info;
    TextField text;
    String clientdata;
    String serverdata = "";
    ChatWhisperS cs;

    private static final String SEPARATOR = "|";
    private static final int REQ_LOGON = 1001;
    private static final int REQ_SENDWORDS = 1021;
    private static final int REQ_WISPERSEND = 1022;

    public ServerThread(ChatWhisperS c, Socket s, TextArea ta, Label l) {
        sock = s;
        display = ta;
        info = l;
        cs = c;
        try {
            input = new BufferedReader(new InputStreamReader(sock.getInputStream()));
            output = new BufferedWriter(new OutputStreamWriter(sock.getOutputStream()));
        } catch(IOException ioe) {
            ioe.printStackTrace();
        }
    }
    public void run() {
        try {
            cs.list.add(this);
            while((clientdata = input.readLine()) != null) {
```

```java
            StringTokenizer st = new StringTokenizer(clientdata, SEPARATOR);
            int command = Integer.parseInt(st.nextToken());
            int Lcnt = cs.list.size();
            switch(command) {
                case REQ_LOGON : {
                    String ID = st.nextToken();
                    display.append("클라이언트가 " + ID + "(으)로 로그인 하였습니다.\r\n");
                    cs.hash.put(ID, this); // 해쉬 테이블에 아이디와 스레드를 저장한다
                    break;
                }
                case REQ_SENDWORDS : {
                    String ID = st.nextToken();
                    String message = st.nextToken();
                    display.append(ID + " : " + message + "\r\n");
                    for(int i=0; i<Lcnt; i++) {
                        ServerThread SThread = (ServerThread)cs.list.get(i);
                        SThread.output.write(ID + " : " + message + "\r\n");
                        SThread.output.flush();
                    }
                    break;
                }
                case REQ_WISPERSEND : {
                    String ID = st.nextToken();
                    String WID = st.nextToken();
                    String message = st.nextToken();
                    display.append(ID + " -> " + WID + " : " + message + "\r\n");
                    ServerThread SThread = (ServerThread)cs.hash.get(ID);
// 해쉬테이블에서 귓속말 메시지를 전송한 클라이언트의 스레드를 구함
                    SThread.output.write(ID + " -> " + WID + " : " + message + "\r\n");
// 귓속말 메시지를 전송한 클라이언트에 전송함
                    SThread.output.flush();
                    SThread = (ServerThread)cs.hash.get(WID);
// 해쉬테이블에서 귓속말 메시지를 수신할 클라이언트의 스레드를 구함
                    SThread.output.write(ID + " : " + message + "\r\n");
```

```
                // 귓속말 메시지를 수신할 클라이언트에 전송함
                    SThread.output.flush();
                    break;
                }
            }
        }
    } catch(IOException e) {
        e.printStackTrace();
    }
    cs.list.remove(this);
    try{
        sock.close();
    }catch(IOException ea){
        ea.printStackTrace();
    }
  }
}
```

예제 9.7 설명

서버는 클라이언트로부터 아이디 및 대화말 메시지이외에 귓속말 메시지를 수신한다. 귓속말 기능을 구현하기 위하여 name/value 쌍으로 데이터를 저장하는 Hashtable을 사용하고 서버가 아이디 메시지를 수신하면, 아이디를 처리하는 루틴에서 아이디와 해당하는 스레드를 hash Hashtable 저장한다.

그리고 서버가 귓속말 메시지를 수신하면, 귓속말 메시지를 전송한 클라이언트 및 수신할 클라이언트의 아이디를 가지고 hash Hashtable에서 해당하는 스레드를 구하여 귓속말 메시지를 전송한 클라이언트 및 수신할 클라이언트에게만 "아이디 : 대화말"을 전송한다. 아래는 3개의 클라이언트와 아이디, 대화말 및 귓속말 메시지를 주고받는 서버의 실행 내용을 보여준다.

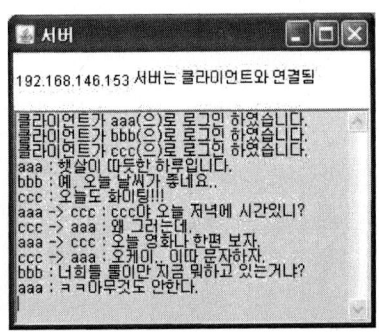

[예제 9.8] **ChatWhisperC.java**

```java
// Step 4
// 클라이언트 간의 채팅에서 특정 클라이언트와의 귓속말 구현
// 다음의 형식으로 귓속말 전송
// /w 상대방아이디 대화말
// package Client;
import java.io.*;
import java.net.*;
import java.util.*;
import java.awt.*;
import java.awt.event.*;

public class ChatWhisperC extends Frame implements ActionListener, KeyListener {

    TextArea display;
    TextField wtext, ltext;
    Label mlbl, wlbl, loglbl;
    BufferedWriter output;
    BufferedReader input;
    Socket client;
    StringBuffer clientdata;
    String serverdata;
    String ID;

    private static final String SEPARATOR = "|";
    private static final int REQ_LOGON = 1001;
    private static final int REQ_SENDWORDS = 1021;
    private static final int REQ_WISPERSEND = 1022;

    public ChatWhisperC() {
        super("클라이언트");

        mlbl = new Label("채팅 상태를 보여줍니다.");
        add(mlbl, BorderLayout.NORTH);
```

```java
        display = new TextArea("", 0, 0, TextArea.SCROLLBARS_VERTICAL_ONLY);
        display.setEditable(false);
        add(display, BorderLayout.CENTER);


        Panel ptotal = new Panel(new BorderLayout());

        Panel pword = new Panel(new BorderLayout());
        wlbl = new Label("대화말");
        wtext = new TextField(30); //전송할 데이터를 입력하는 필드
        wtext.addKeyListener(this); //입력된 데이터를 송신하기 위한 이벤트 연결
        pword.add(wlbl, BorderLayout.WEST);
        pword.add(wtext, BorderLayout.EAST);
        ptotal.add(pword, BorderLayout.CENTER);


        Panel plabel = new Panel(new BorderLayout());
        loglbl = new Label("로그온");
        ltext = new TextField(30); //전송할 데이터를 입력하는 필드
        ltext.addActionListener(this); //입력된 데이터를 송신하기 위한 이벤트 연결
        plabel.add(loglbl, BorderLayout.WEST);
        plabel.add(ltext, BorderLayout.EAST);
        ptotal.add(plabel, BorderLayout.SOUTH);


        add(ptotal, BorderLayout.SOUTH);


        addWindowListener(new WinListener());
        setSize(300,250);
        setVisible(true);
    }

    public void runClient() {
        try {
            client = new Socket(InetAddress.getLocalHost(), 5000);
            mlbl.setText("연결된 서버이름 : " + client.getInetAddress().getHostName());
```

```java
            input = new BufferedReader(new InputStreamReader(client.getInputStream()));
            output = new BufferedWriter(new OutputStreamWriter(client.getOutputStream()));
            clientdata = new StringBuffer(2048);
            mlbl.setText("접속 완료 사용할 아이디를 입력하세요.");
            while(true) {
                serverdata = input.readLine();
                display.append(serverdata+"\r\n");
                output.flush();
            }
        } catch(IOException e) {
            e.printStackTrace();
        }
    }

    public void actionPerformed(ActionEvent ae){
        if(ID == null) {
            ID = ltext.getText();
            mlbl.setText(ID + "(으)로 로그인 하였습니다.");
            try {
                clientdata.setLength(0);
                clientdata.append(REQ_LOGON);
                clientdata.append(SEPARATOR);
                clientdata.append(ID);
                output.write(clientdata.toString()+"\r\n");
                output.flush();
                ltext.setVisible(false);
            } catch(Exception e) {
                e.printStackTrace();
            }
        }
    }

    public static void main(String args[]) {
        ChatWhisperC c = new ChatWhisperC();
```

```java
        c.runClient();
}

class WinListener extends WindowAdapter {
    public void windowClosing(WindowEvent e){
        System.exit(0);
    }
}

public void keyPressed(KeyEvent ke) {
    if(ke.getKeyChar() == KeyEvent.VK_ENTER) {
        String message = wtext.getText();
        StringTokenizer st = new StringTokenizer(message, " ");
        if (ID == null) {
            mlbl.setText("다시 로그인 하세요!!!");
            wtext.setText("");
        } else {
            try {
                if(st.nextToken().equals("/w")) {
                    message = message.substring(3); // "/w"를 삭제한다.
                    String WID = st.nextToken();
                    String Wmessage = st.nextToken();
                    while(st.hasMoreTokens()) { // 공백문자 다음에 오는 대화말추가
                        Wmessage = Wmessage + " " + st.nextToken();
                    }
                    clientdata.setLength(0);
                    clientdata.append(REQ_WISPERSEND);
                    clientdata.append(SEPARATOR);
                    clientdata.append(ID);
                    clientdata.append(SEPARATOR);
                    clientdata.append(WID);
                    clientdata.append(SEPARATOR);
                    clientdata.append(Wmessage);
                    output.write(clientdata.toString()+"\r\n");
```

```java
                    output.flush();
                    wtext.setText("");
                } else {
                    clientdata.setLength(0);
                    clientdata.append(REQ_SENDWORDS);
                    clientdata.append(SEPARATOR);
                    clientdata.append(ID);
                    clientdata.append(SEPARATOR);
                    clientdata.append(message);
                    output.write(clientdata.toString()+"\r\n");
                    output.flush();
                    wtext.setText("");
                }
            } catch (IOException e) {
                e.printStackTrace();
            }
        }
    }

    public void keyReleased(KeyEvent ke) {
    }

    public void keyTyped(KeyEvent ke) {
    }
}
```

예제 9.8 설명

대화말을 입력하는 텍스트 필드는 모든 클라이언트에 전송하는 대화말과 특정한 클라이언트에만 대화말을 전송하는 귓속말(/w 상대방아이디 대화말)을 입력할 수 있다. 따라서 keyPressed() 메소드는 텍스트 필드에 입력된 데이터가 "/w"에 의하여 시작되었는지를 먼저 체크하고 대화말 및 귓속말 메시지를 만들어서 서버에 전송한다.

아래는 예제 9.7 서버와 연결되어 실행되는 3개의 클라이언트의 실행 내용을 보여준다. 내용에서 aaa-〉ccc는 aaa 아이디를 가진 클라이언트가 ccc 아이디를 가진 클라이언트에 귓속말을 전송한다는 것을 의미한다.

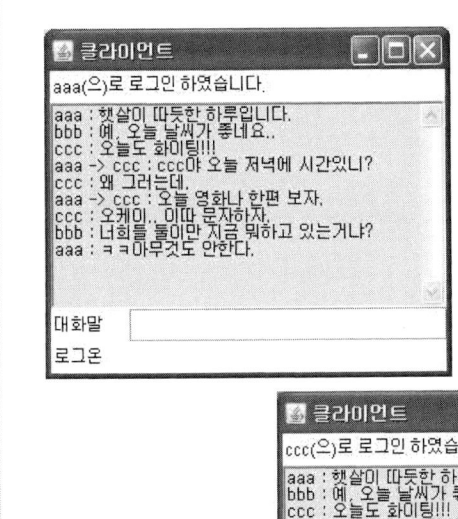
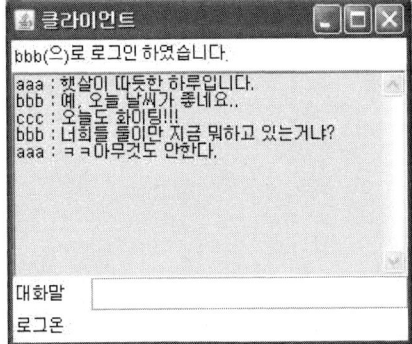
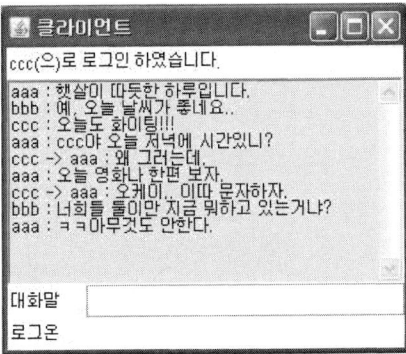

연습문제

1. 예제 7.3은 하나의 클라이언트와 통신을 하는 daytime 서버이다. 예제 7.3을 Concurrent 서버로 수정해서 다수의 클라이언트와 통신을 하는 daytime 서버로 수정하시오.

2. 예제 7.4는 하나의 클라이언트와 통신을 하는 echo 서버이다. 예제 7.4를 Concurrent 서버로 수정해서 다수의 클라이언트와 통신을 하는 echo 서버로 수정하시오.

3. 예제 9.1 및 9.2는 서로 대화말을 주고받다가 클라이언트를 종료시키고 새롭게 클라이언트를 실행시키면 서버와 통신이 되지 않는다. 현재 실행중인 클라이언트를 종료시키고 다른 클라이언트를 실행시켜도 서버와 통신을 할 수 있도록 서버 클래스를 수정하시오.

4. 예제 9.4에 "종료" 버튼을 추가해서 이 버튼을 클릭하면 클라이언트가 종료되도록 클래스를 수정하시오.

5. 예제 9.7 및 예제 9.8에서 귓속말을 보내기 위해서는 "/w 상대방아이디 대화말"을 입력해야 한다. "/w@상대방아이디@대화말"를 입력해야 귓속말이 전송되도록 클래스를 수정하시오.

연습문제

6. 예제 9.8에서 귓속말을 출력할 때 아래와 같이 아이디 옆에 문자열 "(귓속말)"이 출력되도록 클래스를 수정하시오.

   > 아이디가 aaa인 클라이언트가 ccc에 귓속말 "hello"를 전송하였을 때, 현재는 ccc의 출력창에는 [aaa : hello]가 출력되는 것을 [aaa(귓속말) : hello]가 출력되도록 클래스를 수정하시오.

7. 예제 9.7 및 예제 9.8에서 클라이언트들이 주고받은 모든 대화말을 특정한 파일에 저장하는 기능을 추가하시오.

8. 예제 9.7 및 예제 9.8에서 클라이언트에서 보내는 대화말의 크기와 바탕화면의 색깔을 변경할 수 있는 기능을 추가하시오. 글의 크기와 바탕화면의 색깔의 선택은 버튼이나 리스트 박스를 이용할 것.

9. 클라이언트의 대화창에 출력되는 대화말과 함께 대화말을 수신한 시간이 출력되도록 클래스를 수정하시오.

채팅 프로그램 작성

10.1 서버 프로그램
10.2 클라이언트 프로그램

채팅 프로그램 작성

본 장에서는 9장의 채팅 프로그램을 확장하여 로그온 기능, 대화방 개설 및 참여, 대화말 전송, 귓속말 전송, 파일전송 및 로그아웃 기능을 추가한 채팅 프로그램을 작성한다. 채팅 프로그램은 사용자 인터페이스를 업그레이드하기 위하여 swing을 이용하였다.

1. 서버 프로그램

서버 프로그램은 서버/클라이언트 구조에서 로그온 기능, 클라이언트가 요청한 대화방을 개설하고 같은 대화방에 참여한 클라이언트들 간에 대화말, 귓속말 및 파일을 전송하는 기능을 구현한다. 아래는 서버의 기능을 구현하는 클래스들이다.

1) ChatServer.class : 서버 프로그램을 실행시키는 클래스
2) ServerThread.class : 클라이언트와 통신을 담당하는 스레드 클래스
3) ChatRoom.class : 대화방 관리를 지원하는 메소드들을 포함하는 클래스
4) WaitRoom.class : 대화방을 개설하고 참여하는데 필요한 메소드들을 포함하는 클래스

서버는 위의 클래스 파일에서 ChatServer 클래스 파일을 실행하면 된다. 그림 10.1에서 보는 것처럼 서버는 윈도우 창이 아닌 명령어 창에서 클라이언트와 주고받은 모든 데이터를 출력하며 그림의 내용은 아이디가 각각 "yhahn" 및 "okkim"인 클라이언트가 접속을 요청한 내용을 보여준다.

[그림 10.1] 서버의 실행

[예제 10.1] **ChatServer.java**

```java
import java.io.*;
import java.net.*;

public class ChatServer
{
    public static final int cs_port = 2777; // 서버의 포트번호
    public static final int cs_maxclient = 50; // 클라이언트의 최대 가입자수

    public static void main(String args[]){
        try{
            ServerSocket ss_socket = new ServerSocket(cs_port);
            System.out.println("서버소켓 실행 : 클라이언트의 접속을 기다립니다.");
            while(true){
                Socket sock = null;
                ServerThread client = null;
                try{
                    sock = ss_socket.accept(); // 접속요청을 기다린다.
                    client = new ServerThread(sock);
                    client.start(); // 스레드(run() 메소드)를 실행시킨다.
                } catch(IOException e){
                    System.out.println(e);
                    try{
                        if(sock != null) sock.close();
```

```
                }catch(IOException e1){
                    System.out.println(e1);
                }finally{
                    sock = null;
                }
            }
        }
    }catch(IOException e){}
  }
}
```

[예제 10.2] **ServerThread.java**

```java
import java.io.*;
import java.net.*;
import java.util.*;

public class ServerThread extends Thread
{
    private Socket st_sock;
    private DataInputStream st_in;
    private DataOutputStream st_out;
    private StringBuffer st_buffer;
    private WaitRoom st_waitRoom;
    public String st_ID;
    public int st_roomNumber;

    private static final String SEPARATOR = "|";
    private static final String DELIMETER = "''";
    private static final int WAITROOM = 0;

    private static final int REQ_LOGON = 1001;
    private static final int REQ_CREATEROOM = 1011;
    private static final int REQ_ENTERROOM = 1021;
    private static final int REQ_QUITROOM = 1031;
```

```java
private static final int REQ_LOGOUT = 1041;
private static final int REQ_SENDWORD = 1051;
private static final int REQ_SENDWORDTO = 1052;
private static final int REQ_COERCEOUT = 1053;
private static final int REQ_SENDFILE = 1061;

private static final int YES_LOGON = 2001;
private static final int NO_LOGON = 2002;
private static final int YES_CREATEROOM = 2011;
private static final int NO_CREATEROOM = 2012;
private static final int YES_ENTERROOM = 2021;
private static final int NO_ENTERROOM = 2022;
private static final int YES_QUITROOM = 2031;
private static final int YES_LOGOUT = 2041;
private static final int YES_SENDWORD = 2051;
private static final int YES_SENDWORDTO = 2052;
private static final int NO_SENDWORDTO = 2053;
private static final int YES_COERCEOUT = 2054;
private static final int YES_SENDFILE = 2061;
private static final int NO_SENDFILE = 2062;
private static final int MDY_WAITUSER = 2003;
private static final int MDY_WAITINFO = 2013;
private static final int MDY_ROOMUSER = 2023;

private static final int ERR_ALREADYUSER = 3001;
private static final int ERR_SERVERFULL = 3002;
private static final int ERR_ROOMSFULL = 3011;
private static final int ERR_ROOMERFULL = 3021;
private static final int ERR_PASSWORD = 3022;
private static final int ERR_REJECTION = 3031;
private static final int ERR_NOUSER = 3032;

public ServerThread(Socket sock){
    try{
```

```java
        st_sock = sock;
        st_in = new DataInputStream(sock.getInputStream());
        st_out = new DataOutputStream(sock.getOutputStream());
        st_buffer = new StringBuffer(2048);
        st_waitRoom = new WaitRoom();
    }catch(IOException e){
        System.out.println(e);
    }
}

private void sendErrCode(int message, int errCode) throws IOException{
    st_buffer.setLength(0);
    st_buffer.append(message);
    st_buffer.append(SEPARATOR);
    st_buffer.append(errCode);
    send(st_buffer.toString());
}

private void modifyWaitRoom() throws IOException{
    st_buffer.setLength(0);
    st_buffer.append(MDY_WAITINFO);
    st_buffer.append(SEPARATOR);
    st_buffer.append(st_waitRoom.getWaitRoomInfo());
    broadcast(st_buffer.toString(), WAITROOM);
}

private void modifyWaitUser() throws IOException{
    String ids = st_waitRoom.getUsers();
    st_buffer.setLength(0);
    st_buffer.append(MDY_WAITUSER);
    st_buffer.append(SEPARATOR);
    st_buffer.append(ids);
    broadcast(st_buffer.toString(), WAITROOM);
}
```

```java
    private void modifyRoomUser(int roomNumber, String id, int code) throws IOException{
        String ids = st_waitRoom.getRoomInfo(roomNumber);
        st_buffer.setLength(0);
        st_buffer.append(MDY_ROOMUSER);
        st_buffer.append(SEPARATOR);
        st_buffer.append(id);
        st_buffer.append(SEPARATOR);
        st_buffer.append(code);
        st_buffer.append(SEPARATOR);
        st_buffer.append(ids);
        broadcast(st_buffer.toString(), roomNumber);
    }

    private void send(String sendData) throws IOException{
        synchronized(st_out){

            System.out.println(sendData);

            st_out.writeUTF(sendData);
            st_out.flush();
        }
    }

    private synchronized void broadcast(String sendData, int roomNumber) throws IOException{
        ServerThread client;
        Hashtable clients = st_waitRoom.getClients(roomNumber);
        Enumeration enu = clients.keys();
        while(enu.hasMoreElements()){
            client = (ServerThread) clients.get(enu.nextElement());
            client.send(sendData);
        }
    }
```

```java
public void run(){
  try{
    while(true){
      String recvData = st_in.readUTF();

      System.out.println(recvData);

      StringTokenizer st = new StringTokenizer(recvData, SEPARATOR);
      int command = Integer.parseInt(st.nextToken());
      switch(command){
        case REQ_LOGON : {
          st_roomNumber = WAITROOM;
          int result;
          st_ID = st.nextToken();
          result = st_waitRoom.addUser(st_ID, this);
          st_buffer.setLength(0);
          if(result == 0){
            st_buffer.append(YES_LOGON);
            st_buffer.append(SEPARATOR);
            st_buffer.append(st_waitRoom.getRooms());
            send(st_buffer.toString());
            modifyWaitUser();
            System.out.println(st_ID + "의 연결요청 승인");
          } else {
            sendErrCode(NO_LOGON, result);
          }
          break;
        }
        case REQ_CREATEROOM : {
          String id, roomName, password;
          int roomMaxUser, result;
          boolean isRock;
```

```java
                id = st.nextToken();
                String roomInfo = st.nextToken();
                StringTokenizer room = new StringTokenizer(roomInfo, DELIMETER);
                roomName = room.nextToken();
                roomMaxUser = Integer.parseInt(room.nextToken());
                isRock = (Integer.parseInt(room.nextToken()) == 0) ? false : true;
                password = room.nextToken();

                ChatRoom chatRoom = new ChatRoom(roomName, roomMaxUser,
                                              isRock, password, id);
                result = st_waitRoom.addRoom(chatRoom);
                if (result == 0) {
                    st_roomNumber = ChatRoom.getRoomNumber();
                    boolean temp = chatRoom.addUser(st_ID, this);
                    st_waitRoom.delUser(st_ID);

                    st_buffer.setLength(0);
                    st_buffer.append(YES_CREATEROOM);
                    st_buffer.append(SEPARATOR);
                    st_buffer.append(st_roomNumber);
                    send(st_buffer.toString());
                    modifyWaitRoom();
                    modifyRoomUser(st_roomNumber, id, 1);
                } else {
                    sendErrCode(NO_CREATEROOM, result);
                }
                break;
            }
            case REQ_ENTERROOM : {
                String id, password;
                int roomNumber, result;
                id = st.nextToken();
                roomNumber = Integer.parseInt(st.nextToken());
                try{
```

```java
                password = st.nextToken();
            }catch(NoSuchElementException e){
                password = "0";
            }
            result = st_waitRoom.joinRoom(id, this, roomNumber, password);

            if (result == 0){
                st_buffer.setLength(0);
                st_buffer.append(YES_ENTERROOM);
                st_buffer.append(SEPARATOR);
                st_buffer.append(roomNumber);
                st_buffer.append(SEPARATOR);
                st_buffer.append(id);
                st_roomNumber = roomNumber;
                send(st_buffer.toString());
                modifyRoomUser(roomNumber, id, 1);
                modifyWaitRoom();
            } else {
                sendErrCode(NO_ENTERROOM, result);
            }
            break;
        }
        case REQ_QUITROOM : {
            String id;
            int roomNumber;
            boolean updateWaitInfo;
            id = st.nextToken();
            roomNumber = Integer.parseInt(st.nextToken());

            updateWaitInfo = st_waitRoom.quitRoom(id, roomNumber, this);

            st_buffer.setLength(0);
            st_buffer.append(YES_QUITROOM);
            st_buffer.append(SEPARATOR);
```

```java
        st_buffer.append(id);
        send(st_buffer.toString());
        st_roomNumber = WAITROOM;

        if (updateWaitInfo) {
          modifyWaitRoom();
        } else {
          modifyWaitRoom();
          modifyRoomUser(roomNumber, id, 0);
        }
        break;
      }
      case REQ_LOGOUT : {
        String id = st.nextToken();
        st_waitRoom.delUser(id);

        st_buffer.setLength(0);
        st_buffer.append(YES_LOGOUT);
        send(st_buffer.toString());
        modifyWaitUser();
        release();
        break;
      }
      case REQ_SENDWORD : {
        String id = st.nextToken();
        int roomNumber = Integer.parseInt(st.nextToken());

        st_buffer.setLength(0);
        st_buffer.append(YES_SENDWORD);
        st_buffer.append(SEPARATOR);
        st_buffer.append(id);
        st_buffer.append(SEPARATOR);
        st_buffer.append(st_roomNumber);
        st_buffer.append(SEPARATOR);
```

```java
            try{
                String data = st.nextToken();
                st_buffer.append(data);
            }catch(NoSuchElementException e){}

            broadcast(st_buffer.toString(), roomNumber);
            break;
        }
        case REQ_SENDWORDTO : {
            String id = st.nextToken();
            int roomNumber = Integer.parseInt(st.nextToken());
            String idTo = st.nextToken();

            Hashtable room = st_waitRoom.getClients(roomNumber);
            ServerThread client = null;
            if ((client = (ServerThread) room.get(idTo)) != null){
                st_buffer.setLength(0);
                st_buffer.append(YES_SENDWORDTO);
                st_buffer.append(SEPARATOR);
                st_buffer.append(id);
                st_buffer.append(SEPARATOR);
                st_buffer.append(idTo);
                st_buffer.append(SEPARATOR);
                st_buffer.append(st_roomNumber);
                st_buffer.append(SEPARATOR);
                try{
                    String data = st.nextToken();
                    st_buffer.append(data);
                }catch(NoSuchElementException e){}
                client.send(st_buffer.toString());
                send(st_buffer.toString());
                break;
            } else {
                st_buffer.setLength(0);
```

```java
                st_buffer.append(NO_SENDWORDTO);
                st_buffer.append(SEPARATOR);
                st_buffer.append(idTo);
                st_buffer.append(SEPARATOR);
                st_buffer.append(st_roomNumber);
                send(st_buffer.toString());
                break;
            }
        }
        case REQ_SENDFILE : {
            String id = st.nextToken();
            int roomNumber = Integer.parseInt(st.nextToken());
            String idTo = st.nextToken();

            Hashtable room = st_waitRoom.getClients(roomNumber);
            ServerThread client = null;
            if ((client = (ServerThread) room.get(idTo)) != null){
                st_buffer.setLength(0);
                st_buffer.append(REQ_SENDFILE);
                st_buffer.append(SEPARATOR);
                st_buffer.append(id);
                st_buffer.append(SEPARATOR);
                st_buffer.append(st_roomNumber);
                client.send(st_buffer.toString());
                break;
            } else {
                st_buffer.setLength(0);
                st_buffer.append(NO_SENDFILE);
                st_buffer.append(SEPARATOR);
                st_buffer.append(ERR_NOUSER);
                st_buffer.append(SEPARATOR);
                st_buffer.append(idTo);
                send(st_buffer.toString());
                break;
```

```java
      }
    }
    case NO_SENDFILE : {
      String id = st.nextToken();
      int roomNumber = Integer.parseInt(st.nextToken());
      String idTo = st.nextToken();

      Hashtable room = st_waitRoom.getClients(roomNumber);
      ServerThread client = null;
      client = (ServerThread) room.get(idTo);

      st_buffer.setLength(0);
      st_buffer.append(NO_SENDFILE);
      st_buffer.append(SEPARATOR);
      st_buffer.append(ERR_REJECTION);
      st_buffer.append(SEPARATOR);
      st_buffer.append(id);

      client.send(st_buffer.toString());
      break;
    }
    case YES_SENDFILE : {
      String id = st.nextToken();
      int roomNumber = Integer.parseInt(st.nextToken());
      String idTo = st.nextToken();
      String hostaddr = st.nextToken();

      Hashtable room = st_waitRoom.getClients(roomNumber);
      ServerThread client = null;
      client = (ServerThread) room.get(idTo);

      st_buffer.setLength(0);
      st_buffer.append(YES_SENDFILE);
      st_buffer.append(SEPARATOR);
```

```
                st_buffer.append(id);
                st_buffer.append(SEPARATOR);
                st_buffer.append(hostaddr);

                client.send(st_buffer.toString());
                break;
            }
            case REQ_COERCEOUT : {
                int roomNumber = Integer.parseInt(st.nextToken());
                String idTo = st.nextToken();
                boolean updateWaitInfo;
                Hashtable room = st_waitRoom.getClients(roomNumber);
                ServerThread client = null;
                client = (ServerThread) room.get(idTo);
                updateWaitInfo = st_waitRoom.quitRoom(idTo, roomNumber, client);

                st_buffer.setLength(0);
                st_buffer.append(YES_COERCEOUT);
                client.send(st_buffer.toString());
                client.st_roomNumber = 0;

                if (updateWaitInfo) {
                    modifyWaitRoom();
                } else {
                    modifyWaitRoom();
                    modifyRoomUser(roomNumber, idTo, 2);
                }
                break;
            }
        }
        Thread.sleep(100);
    }
}catch(NullPointerException e){
}catch(InterruptedException e){
```

```
            System.out.println(e);

            if(st_roomNumber == 0){
               st_waitRoom.delUser(st_ID);
            } else {
               boolean temp = st_waitRoom.quitRoom(st_ID, st_roomNumber, this);
               st_waitRoom.delUser(st_ID);
            }
            release();
         }catch(IOException e){
            System.out.println(e);

            if(st_roomNumber == 0){
               st_waitRoom.delUser(st_ID);
            } else {
               boolean temp = st_waitRoom.quitRoom(st_ID, st_roomNumber, this);
               st_waitRoom.delUser(st_ID);
            }
            release();
         }
      }

      public void release(){
         try{
            if(st_in != null) st_in.close();
         }catch(IOException e1){
         }finally{
            st_in = null;
         }
         try{
            if(st_out != null) st_out.close();
         }catch(IOException e1){
         }finally{
            st_out = null;
```

```
        }
        try{
            if(st_sock != null) st_sock.close();
        }catch(IOException e1){
        }finally{
            st_sock = null;
        }

        if(st_ID != null){
            System.out.println(st_ID + "와 연결을 종료합니다.");
            st_ID = null;
        }
    }
}
```

[예제 10.3] **ChatRoom.java**

```
import java.util.*;

class ChatRoom
{
    private static final String DELIMETER = "";
    private static final String DELIMETER1 = "=";
    public static int roomNumber = 0;
    private Vector userVector;
    private Hashtable userHash;
    private String roomName;
    private int roomMaxUser;
    private int roomUser;
    private boolean isRock;
    private String password;
    private String admin;

    public ChatRoom(String roomName, int roomMaxUser,
                    boolean isRock, String password, String admin){
```

```java
        roomNumber++;
        this.roomName = roomName;
        this.roomMaxUser = roomMaxUser;
        this.roomUser = 0;
        this.isRock = isRock;
        this.password = password;
        this.admin = admin;
        this.userVector = new Vector(roomMaxUser);
        this.userHash = new Hashtable(roomMaxUser);
    }

    public boolean addUser(String id, ServerThread client){
        if (roomUser == roomMaxUser){
            return false;
        }
        userVector.addElement(id);
        userHash.put(id, client);
        roomUser++;
        return true;
    }

    public boolean checkPassword(String passwd){
        return password.equals(passwd);
    }

    public boolean checkUserIDs(String id){
        Enumeration ids = userVector.elements();
        while(ids.hasMoreElements()){
            String tempId = (String) ids.nextElement();
            if (tempId.equals(id)) return true;
        }
        return false;
    }
```

```java
public boolean isRocked(){
    return isRock;
}

public boolean delUser(String id){
    userVector.removeElement(id);
    userHash.remove(id);
    roomUser--;
    return userVector.isEmpty();
}

public synchronized String getUsers(){
    StringBuffer id = new StringBuffer();
    String ids;
    Enumeration enu = userVector.elements();
    while(enu.hasMoreElements()){
        id.append(enu.nextElement());
        id.append(DELIMETER);
    }
    try{
        ids = new String(id);
        ids = ids.substring(0, ids.length() - 1);
    }catch(StringIndexOutOfBoundsException e){
        return "";
    }
    return ids;
}

/*
public ServerThread getUser(String id){
    ServerThread client = null;
    client = (ServerThread) userHash.get(id);
    return client;
} */
```

```java
    public Hashtable getClients(){
        return userHash;
    }

    public String toString(){
        StringBuffer room = new StringBuffer();
        room.append(roomName);
        room.append(DELIMETER1);
        room.append(String.valueOf(roomUser));
        room.append(DELIMETER1);
        room.append(String.valueOf(roomMaxUser));
        room.append(DELIMETER1);
        if (isRock) {
            room.append("비공개");
        } else {
            room.append("공개");
        }
        room.append(DELIMETER1);
        room.append(admin);
        return room.toString();
    }

    public static synchronized int getRoomNumber(){
        return roomNumber;
    }
}
```

[예제 10.4] **WaitRoom.java**

```java
import java.util.*;

class WaitRoom
{
    private static final int MAX_ROOM = 10;
```

```java
    private static final int MAX_USER = 100;
    private static final String SEPARATOR = "|";
    private static final String DELIMETER = "''";
    private static final String DELIMETER1 = "=";

    private static final int ERR_ALREADYUSER = 3001;
    private static final int ERR_SERVERFULL = 3002;
    private static final int ERR_ROOMSFULL = 3011;
    private static final int ERR_ROOMERFULL = 3021;
    private static final int ERR_PASSWORD = 3022;

    private static Vector userVector, roomVector;
    private static Hashtable userHash, roomHash;

    private static int userCount;
    private static int roomCount;

    static{
        userVector = new Vector(MAX_USER);
        roomVector = new Vector(MAX_ROOM);
        userHash = new Hashtable(MAX_USER);
        roomHash = new Hashtable(MAX_ROOM);
        userCount = 0;
        roomCount = 0;
    }

    public WaitRoom(){}

    public synchronized int addUser(String id, ServerThread client){
        if(userCount == MAX_USER) return ERR_SERVERFULL;

        Enumeration ids = userVector.elements();
        while(ids.hasMoreElements()){
            String tempID = (String) ids.nextElement();
```

```java
            if (tempID.equals(id)) return ERR_ALREADYUSER;
        }
        Enumeration rooms = roomVector.elements();
        while(rooms.hasMoreElements()){
            ChatRoom tempRoom = (ChatRoom) rooms.nextElement();
            if(tempRoom.checkUserIDs(id)) return ERR_ALREADYUSER;
        }

        userVector.addElement(id);
        userHash.put(id, client);
        client.st_ID = id;
        client.st_roomNumber = 0;
        userCount++;

        return 0;
    }

    public synchronized void delUser(String id){
        userVector.removeElement(id);
        userHash.remove(id);
        userCount--;
    }

    public synchronized String getRooms(){
        StringBuffer room = new StringBuffer();
        String rooms;
        Integer roomNum;
        Enumeration enu = roomHash.keys();
        while(enu.hasMoreElements()){
            roomNum = (Integer) enu.nextElement();
            ChatRoom tempRoom = (ChatRoom) roomHash.get(roomNum);
            room.append(String.valueOf(roomNum));
            room.append(DELIMETER1);
            room.append(tempRoom.toString());
```

```java
      room.append(DELIMETER);
   }
   try{
      rooms = new String(room);
      rooms = rooms.substring(0, rooms.length() - 1);
   }catch(StringIndexOutOfBoundsException e){
      return "empty";
   }
   return rooms;
}

public synchronized String getUsers(){
   StringBuffer id = new StringBuffer();
   String ids;
   Enumeration enu = userVector.elements();
   while(enu.hasMoreElements()){
      id.append(enu.nextElement());
      id.append(DELIMETER);
   }
   try{
      ids = new String(id);
      ids = ids.substring(0, ids.length() - 1);
   }catch(StringIndexOutOfBoundsException e){
      return "";
   }
   return ids;
}

public synchronized int addRoom(ChatRoom room){
   if (roomCount == MAX_ROOM) return ERR_ROOMSFULL;

   roomVector.addElement(room);
   roomHash.put(new Integer(ChatRoom.roomNumber), room);
   roomCount++;
```

```java
        return 0;
    }

    public String getWaitRoomInfo(){
        StringBuffer roomInfo = new StringBuffer();
        roomInfo.append(getRooms());
        roomInfo.append(SEPARATOR);
        roomInfo.append(getUsers());
        return roomInfo.toString();
    }

    public synchronized int joinRoom(String id, ServerThread client,
                                          int roomNumber, String password){
        Integer roomNum = new Integer(roomNumber);
        ChatRoom room = (ChatRoom) roomHash.get(roomNum);
        if (room.isRocked()){
            if (room.checkPassword(password)){
                if (!room.addUser(id, client)){
                    return ERR_ROOMERFULL;
                }
            } else {
                return ERR_PASSWORD;
            }
        } else if (!room.addUser(id, client)){
            return ERR_ROOMERFULL;
        }
        userVector.removeElement(id);
        userHash.remove(id);

        return 0;
    }

    public String getRoomInfo(int roomNumber){
        Integer roomNum = new Integer(roomNumber);
```

```java
        ChatRoom room = (ChatRoom) roomHash.get(roomNum);
        return room.getUsers();
    }

    public synchronized boolean quitRoom(String id, int roomNumber,
                        ServerThread client){
        boolean returnValue = false;
        Integer roomNum = new Integer(roomNumber);
        ChatRoom room = (ChatRoom) roomHash.get(roomNum);
        if (room.delUser(id)){
            roomVector.removeElement(room);
            roomHash.remove(roomNum);
            roomCount--;
            returnValue = true;
        }
        userVector.addElement(id);
        userHash.put(id, client);
        return returnValue;
    }

    public synchronized Hashtable getClients(int roomNumber){
        if (roomNumber == 0) return userHash;

        Integer roomNum = new Integer(roomNumber);
        ChatRoom room = (ChatRoom) roomHash.get(roomNum);
        return room.getClients();
    }
}
```

2. 클라이언트 프로그램

　클라이언트 프로그램은 서버/클라이언트 구조에서 서버를 통하여 대화방을 개설하고 다른 클라이언트들과 대화말, 귓속말 및 파일을 주고받는 기능을 수행한다. 아래는 클라이언트의 기능을 수행하는 클래스들이다.

1) ChatClient.class : 클라이언트 프로그램을 실행시키는 클래스
2) ClientThread.class : 서버와 통신을 담당하는 스레드 클래스
3) ChatRoomDisplay.class : 서버와 통신을 하기위한 윈도우 창을 출력하고 대화말을 전송하는 클래스
4) CreateRoomDisplay.class : 클라이언트가 대화방을 개설하는 클래스
5) SendFile.class : 파일을 전송하는 클래스
6) ReceiveFile.class : 파일을 수신하는 클래스
7) FileThread.class : 파일을 수신하는 기능을 수행하는 클래스
8) MessageBox.class : 다이얼로그 박스를 출력하는 클래스
9) MessageBoxLess.class : 다이얼로그 박스를 출력하는 클래스
10) WaitRoomDisplay.class : 대화방 개설 및 참여 기능을 구현하는 클래스
11) WaitListCellRenderer.class : 리스트 셀을 조절하는 클래스

클라이언트는 위의 클래스들 중에서 ChatClient 클래스 파일을 실행시키면 서버에 접속하고 로그온 과정을 거친 후에 대화방을 개설하거나 이미 개설된 대화방에 참여할 수 있다. 그림 10.2는 ChatClient 클래스 파일을 실행시키면 출력되는 로그온 과정을 수행하는 클라이언트 창이다.

[그림 10.2] 초기의 클라이언트 창

예제 10.5는 그림 10.2을 출력하여 클라이언트 프로그램을 실행시키는 클래스이다.

[예제 10.5] **ChatClient.java**

```
import javax.swing.*;

public class ChatClient
{
   public static String getLogonID(){
      String logonID = "";
```

```java
    try{
       while(logonID.equals("")){
          logonID = JOptionPane.showInputDialog("로그온 ID를 입력하세요.");
       }
    }catch(NullPointerException e){
       System.exit(0);
    }
    return logonID;
 }

 public static void main(String args[]){
    String id = getLogonID();
    try{
       if (args.length == 0){
          ClientThread thread = new ClientThread();
          thread.start();
          thread.requestLogon(id);
       } else if (args.length == 1){
          ClientThread thread = new ClientThread(args[0]);
          thread.start();
          thread.requestLogon(id);
       }
    }catch(Exception e){
       System.out.println(e);
    }
 }
}
```

[예제 10.6] **ClientThread.java**

```java
import java.io.*;
import java.net.*;
import java.util.*;
import java.awt.*;
import java.awt.event.*;
```

```java
import javax.swing.*;

public class ClientThread extends Thread
{
    private WaitRoomDisplay ct_waitRoom;
    private ChatRoomDisplay ct_chatRoom;
    private Socket ct_sock;
    private DataInputStream ct_in;
    private DataOutputStream ct_out;
    private StringBuffer ct_buffer;
    private Thread thisThread;
    private String ct_logonID;
    private int ct_roomNumber;
    private static MessageBox msgBox, logonbox, fileTransBox;

    private static final String SEPARATOR = "|";
    private static final String DELIMETER = "''";
    private static final String DELIMETER2 = "=";

    private static final int REQ_LOGON = 1001;
    private static final int REQ_CREATEROOM = 1011;
    private static final int REQ_ENTERROOM = 1021;
    private static final int REQ_QUITROOM = 1031;
    private static final int REQ_LOGOUT = 1041;
    private static final int REQ_SENDWORD = 1051;
    private static final int REQ_SENDWORDTO = 1052;
    private static final int REQ_COERCEOUT = 1053;
    private static final int REQ_SENDFILE = 1061;

    private static final int YES_LOGON = 2001;
    private static final int NO_LOGON = 2002;
    private static final int YES_CREATEROOM = 2011;
    private static final int NO_CREATEROOM = 2012;
    private static final int YES_ENTERROOM = 2021;
```

```java
        private static final int NO_ENTERROOM = 2022;
        private static final int YES_QUITROOM = 2031;
        private static final int YES_LOGOUT = 2041;
        private static final int YES_SENDWORD = 2051;
        private static final int YES_SENDWORDTO = 2052;
        private static final int NO_SENDWORDTO = 2053;
        private static final int YES_COERCEOUT = 2054;
        private static final int YES_SENDFILE = 2061;
        private static final int NO_SENDFILE = 2062;
        private static final int MDY_WAITUSER = 2003;
        private static final int MDY_WAITINFO = 2013;
        private static final int MDY_ROOMUSER = 2023;
        private static final int ERR_ALREADYUSER = 3001;
        private static final int ERR_SERVERFULL = 3002;
        private static final int ERR_ROOMSFULL = 3011;
        private static final int ERR_ROOMERFULL = 3021;
        private static final int ERR_PASSWORD = 3022;
        private static final int ERR_REJECTION = 3031;
        private static final int ERR_NOUSER = 3032;

        public ClientThread(){
            ct_waitRoom = new WaitRoomDisplay(this);
            ct_chatRoom = null;
            try{
                ct_sock = new Socket(InetAddress.getLocalHost(), 2777);
                ct_in = new DataInputStream(ct_sock.getInputStream());
                ct_out = new DataOutputStream(ct_sock.getOutputStream());
                ct_buffer = new StringBuffer(4096);
                thisThread = this;
            }catch(IOException e){
                MessageBoxLess msgout = new MessageBoxLess(ct_waitRoom, "연결에러",
                            "서버에 접속할 수 없습니다.");
                msgout.show();
            }
```

```java
    }

    public ClientThread(String hostaddr){
        ct_waitRoom = new WaitRoomDisplay(this);
        ct_chatRoom = null;
        try{
            ct_sock = new Socket(hostaddr, 2777);
            ct_in = new DataInputStream(ct_sock.getInputStream());
            ct_out = new DataOutputStream(ct_sock.getOutputStream());
            ct_buffer = new StringBuffer(4096);
            thisThread = this;
        }catch(IOException e){
            MessageBoxLess msgout = new MessageBoxLess(ct_waitRoom, "연결에러",
                    "서버에 접속할 수 없습니다.");
            msgout.show();
        }
    }

    public void run(){
        try{
            Thread currThread = Thread.currentThread();
            while(currThread == thisThread){
                String recvData = ct_in.readUTF();
                StringTokenizer st = new StringTokenizer(recvData, SEPARATOR);
                int command = Integer.parseInt(st.nextToken());
                switch(command){
                    case YES_LOGON : {
                        logonbox.dispose();
                        ct_roomNumber = 0;
                        try{
                            StringTokenizer st1 = new StringTokenizer(st.nextToken(), DELIMETER);
                            Vector roomInfo = new Vector();
                            while(st1.hasMoreTokens()){
                                String temp = st1.nextToken();
```

```java
            if (!temp.equals("empty")){
                roomInfo.addElement(temp);
            }
        }
        ct_waitRoom.roomInfo.setListData(roomInfo);
        ct_waitRoom.message.requestFocusInWindow();
    }catch(NoSuchElementException e){
        ct_waitRoom.message.requestFocusInWindow();
    }
    break;
}
case NO_LOGON : {
    String id;
    int errCode = Integer.parseInt(st.nextToken());
    if (errCode == ERR_ALREADYUSER){
        logonbox.dispose();
        JOptionPane.showMessageDialog(ct_waitRoom, "이미 다른 사용자가 있습니다.",
                    "로그온", JOptionPane.ERROR_MESSAGE);
        id = ChatClient.getLogonID();
        requestLogon(id);
    } else if (errCode == ERR_SERVERFULL){
        logonbox.dispose();
        JOptionPane.showMessageDialog(ct_waitRoom, "대화방이 만원입니다.",
                    "로그온", JOptionPane.ERROR_MESSAGE);
        id = ChatClient.getLogonID();
        requestLogon(id);
    }
    break;
}
case MDY_WAITUSER : {
    StringTokenizer st1 = new StringTokenizer(st.nextToken(), DELIMETER);
    Vector user = new Vector();
    while(st1.hasMoreTokens()){
        user.addElement(st1.nextToken());
```

```java
      }
        ct_waitRoom.waiterInfo.setListData(user);
        ct_waitRoom.message.requestFocusInWindow();
        break;
    }
    case YES_CREATEROOM : {
      ct_roomNumber = Integer.parseInt(st.nextToken());
      ct_waitRoom.hide();
      if (ct_chatRoom == null) {
        ct_chatRoom = new ChatRoomDisplay(this);
        ct_chatRoom.isAdmin = true;
      } else {
        ct_chatRoom.show();
        ct_chatRoom.isAdmin = true;
        ct_chatRoom.resetComponents();
      }
      break;
    }
    case NO_CREATEROOM : {
      int errCode = Integer.parseInt(st.nextToken());
      if (errCode == ERR_ROOMSFULL) {
        msgBox = new MessageBox(ct_waitRoom, "대화방개설",
                  "더 이상 대화방을 개설 할 수 없습니다.");
        msgBox.show();
      }
      break;
    }
    case MDY_WAITINFO : {
      StringTokenizer st1 = new StringTokenizer(st.nextToken(), DELIMETER);
      StringTokenizer st2 = new StringTokenizer(st.nextToken(), DELIMETER);

      Vector rooms = new Vector();
      Vector users = new Vector();
      while(st1.hasMoreTokens()){
```

```java
        String temp = st1.nextToken();
        if (!temp.equals("empty")){
           rooms.addElement(temp);
        }
     }
     ct_waitRoom.roomInfo.setListData(rooms);

     while(st2.hasMoreTokens()){
        users.addElement(st2.nextToken());
     }

     ct_waitRoom.waiterInfo.setListData(users);
     ct_waitRoom.message.requestFocusInWindow();

     break;
  }
  case YES_ENTERROOM : {
     ct_roomNumber = Integer.parseInt(st.nextToken());
     String id = st.nextToken();
     ct_waitRoom.hide();
     if (ct_chatRoom == null) {
        ct_chatRoom = new ChatRoomDisplay(this);
     } else {
        ct_chatRoom.show();
        ct_chatRoom.resetComponents();
     }
     break;
  }
  case NO_ENTERROOM : {
     int errCode = Integer.parseInt(st.nextToken());
     if (errCode == ERR_ROOMERFULL) {
        msgBox = new MessageBox(ct_waitRoom, "대화방입장",
                    "대화방이 만원입니다.");
        msgBox.show();
```

```java
            } else if (errCode == ERR_PASSWORD) {
                msgBox = new MessageBox(ct_waitRoom, "대화방입장",
                            "비밀번호가 틀립니다.");
                msgBox.show();
            }
            break;
        }
        case MDY_ROOMUSER : {
            String id = st.nextToken();
            int code = Integer.parseInt(st.nextToken());

            StringTokenizer st1 = new StringTokenizer(st.nextToken(), DELIMETER);
            Vector user = new Vector();
            while(st1.hasMoreTokens()){
                user.addElement(st1.nextToken());
            }
            ct_chatRoom.roomerInfo.setListData(user);
            if (code == 1) {
                ct_chatRoom.messages.append("###"+id+"님이 입장하셨습니다. ###\n");
            } else if (code == 2) {
                ct_chatRoom.messages.append("###"+id+"님이 강제퇴장 되었습니다. ###\n");
            } else {
                ct_chatRoom.messages.append("###"+id+"님이 퇴장하셨습니다. ###\n");
            }
            ct_chatRoom.message.requestFocusInWindow();
            break;
        }
        case YES_QUITROOM : {
            String id = st.nextToken();
            if (ct_chatRoom.isAdmin) ct_chatRoom.isAdmin = false;
            ct_chatRoom.hide();
            ct_waitRoom.show();
            ct_waitRoom.resetComponents();
            ct_roomNumber = 0;
```

```java
            break;
          }
          case YES_LOGOUT : {
            ct_waitRoom.dispose();
            if (ct_chatRoom != null){
              ct_chatRoom.dispose();
            }
            release();
            break;
          }
          case YES_SENDWORD : {
            String id = st.nextToken();
            int roomNumber = Integer.parseInt(st.nextToken());
            try{
              String data = st.nextToken();
              if (roomNumber == 0){
                ct_waitRoom.messages.append(id + " : " + data + "\n");
                if(id.equals(ct_logonID)){
                  ct_waitRoom.message.setText("");
                  ct_waitRoom.message.requestFocusInWindow();
                }
                ct_waitRoom.message.requestFocusInWindow();
              } else {
                ct_chatRoom.messages.append(id + " : " + data + "\n");
                if(id.equals(ct_logonID)){
                  ct_chatRoom.message.setText("");
                }
                ct_chatRoom.message.requestFocusInWindow();
              }

            }catch(NoSuchElementException e){
              if(roomNumber == 0) ct_waitRoom.message.requestFocusInWindow();
              else ct_chatRoom.message.requestFocusInWindow();
            }
```

```java
      break;
   }
   case YES_SENDWORDTO : {
      String id = st.nextToken();
      String idTo = st.nextToken();
      int roomNumber = Integer.parseInt(st.nextToken());
      try{
         String data = st.nextToken();
         if (roomNumber == 0){
            if(id.equals(ct_logonID)){
               ct_waitRoom.message.setText("");
               ct_waitRoom.messages.append("귓속말<to:"+idTo+"> : "+data+"\n");
            } else {
               ct_waitRoom.messages.append("귓속말<from:"+id+"> : "+data+"\n");
            }
            ct_waitRoom.message.requestFocusInWindow();
         } else {

            if(id.equals(ct_logonID)){
               ct_chatRoom.message.setText("");
               ct_chatRoom.messages.append("귓속말<to:"+idTo+"> : "+data+"\n");
            } else {
               ct_chatRoom.messages.append("귓속말<from:"+id+"> : "+data+"\n");
            }
            ct_chatRoom.message.requestFocusInWindow();
         }
      }catch(NoSuchElementException e){
         if(roomNumber == 0) ct_waitRoom.message.requestFocusInWindow();
         else ct_chatRoom.message.requestFocusInWindow();
      }
      break;
   }
   case NO_SENDWORDTO : {
      String id = st.nextToken();
```

```java
            int roomNumber = Integer.parseInt(st.nextToken());
            String message = "";
            if (roomNumber == 0){
                message = "대기실에 " + id + "님이 존재하지 않습니다.";
                JOptionPane.showMessageDialog(ct_waitRoom, message,
                    "귓속말 에러", JOptionPane.ERROR_MESSAGE);
            } else {
                message = "이 대화방에 " + id + "님이 존재하지 않습니다.";
                JOptionPane.showMessageDialog(ct_chatRoom, message,
                    "귓속말 에러", JOptionPane.ERROR_MESSAGE);
            }
            break;
        }
        case REQ_SENDFILE : {
            String id = st.nextToken();
            int roomNumber = Integer.parseInt(st.nextToken());
            String message = id + "로 부터 파일전송을 수락하시겠습니까?";
            int value = JOptionPane.showConfirmDialog(ct_chatRoom, message,
                "파일수신", JOptionPane.YES_NO_OPTION);
            if (value == 1) {
                try{
                    ct_buffer.setLength(0);
                    ct_buffer.append(NO_SENDFILE);
                    ct_buffer.append(SEPARATOR);
                    ct_buffer.append(ct_logonID);
                    ct_buffer.append(SEPARATOR);
                    ct_buffer.append(roomNumber);
                    ct_buffer.append(SEPARATOR);
                    ct_buffer.append(id);
                    send(ct_buffer.toString());
                }catch(IOException e){
                    System.out.println(e);
                }
            } else {
```

```java
            StringTokenizer addr = new StringTokenizer(InetAddress.getLocalHost().toString(), "/");
            String hostname = "";
            String hostaddr = "";

            hostname = addr.nextToken();
            try{
                hostaddr = addr.nextToken();
            }catch(NoSuchElementException err){
                hostaddr = hostname;
            }

            try{
                ct_buffer.setLength(0);
                ct_buffer.append(YES_SENDFILE);
                ct_buffer.append(SEPARATOR);
                ct_buffer.append(ct_logonID);
                ct_buffer.append(SEPARATOR);
                ct_buffer.append(roomNumber);
                ct_buffer.append(SEPARATOR);
                ct_buffer.append(id);
                ct_buffer.append(SEPARATOR);
                ct_buffer.append(hostaddr);
                send(ct_buffer.toString());
            }catch(IOException e){
                System.out.println(e);
            }
            // 파일 수신 서버실행.
            new ReciveFile();
        }
        break;
    }
    case NO_SENDFILE : {
        int code = Integer.parseInt(st.nextToken());
        String id = st.nextToken();
```

```java
            fileTransBox.dispose();

            if (code == ERR_REJECTION) {
                String message = id + "님이 파일수신을 거부하였습니다.";
                JOptionPane.showMessageDialog(ct_chatRoom, message,
                            "파일전송", JOptionPane.ERROR_MESSAGE);
                break;
            } else if (code == ERR_NOUSER) {
                String message = id + "님은 이 방에 존재하지 않습니다.";
                JOptionPane.showMessageDialog(ct_chatRoom, message,
                            "파일전송",  JOptionPane.ERROR_MESSAGE);
                break;
            }
        }
        case YES_SENDFILE : {
            String id = st.nextToken();
            String addr = st.nextToken();

            fileTransBox.dispose();
            // 파일 송신 클라이언트 실행.
            new SendFile(addr);
            break;
        }
        case YES_COERCEOUT : {
            ct_chatRoom.hide();
            ct_waitRoom.show();
            ct_waitRoom.resetComponents();
            ct_roomNumber = 0;
            ct_waitRoom.messages.append("### 방장에 의해 강제퇴장 되었습니다. ###\n");
            break;
        }
    }
    Thread.sleep(200);
}
```

```java
        }catch(InterruptedException e){
            System.out.println(e);
            release();
        }catch(IOException e){
            System.out.println(e);
            release();
        }
    }

    public void requestLogon(String id){
        try{
            logonbox = new MessageBox(ct_waitRoom, "로그온", "서버에 로그온 중입니다.");
            logonbox.show();
            ct_logonID = id;
            ct_buffer.setLength(0);
            ct_buffer.append(REQ_LOGON);
            ct_buffer.append(SEPARATOR);
            ct_buffer.append(id);
            send(ct_buffer.toString());
        }catch(IOException e){
            System.out.println(e);
        }
    }

    public void requestCreateRoom(String roomName, int roomMaxUser,
                                  int isRock, String password){
        try{
            ct_buffer.setLength(0);
            ct_buffer.append(REQ_CREATEROOM);
            ct_buffer.append(SEPARATOR);
            ct_buffer.append(ct_logonID);
            ct_buffer.append(SEPARATOR);
            ct_buffer.append(roomName);
            ct_buffer.append(DELIMETER);
```

```java
        ct_buffer.append(roomMaxUser);
        ct_buffer.append(DELIMETER);
        ct_buffer.append(isRock);
        ct_buffer.append(DELIMETER);
        ct_buffer.append(password);
        send(ct_buffer.toString());
    }catch(IOException e){
        System.out.println(e);
    }
}

public void requestEnterRoom(int roomNumber, String password){
    try{
        ct_buffer.setLength(0);
        ct_buffer.append(REQ_ENTERROOM);
        ct_buffer.append(SEPARATOR);
        ct_buffer.append(ct_logonID);
        ct_buffer.append(SEPARATOR);
        ct_buffer.append(roomNumber);
        ct_buffer.append(SEPARATOR);
        ct_buffer.append(password);
        send(ct_buffer.toString());
    }catch(IOException e){
        System.out.println(e);
    }
}

public void requestQuitRoom(){
    try{
        ct_buffer.setLength(0);
        ct_buffer.append(REQ_QUITROOM);
        ct_buffer.append(SEPARATOR);
        ct_buffer.append(ct_logonID);
        ct_buffer.append(SEPARATOR);
```

```java
      ct_buffer.append(ct_roomNumber);
      send(ct_buffer.toString());
    }catch(IOException e){
      System.out.println(e);
    }
  }

  public void requestLogout(){
    try{
      ct_buffer.setLength(0);
      ct_buffer.append(REQ_LOGOUT);
      ct_buffer.append(SEPARATOR);
      ct_buffer.append(ct_logonID);
      send(ct_buffer.toString());
    }catch(IOException e){
      System.out.println(e);
    }
  }

  public void requestSendWord(String data){
    try{
      ct_buffer.setLength(0);
      ct_buffer.append(REQ_SENDWORD);
      ct_buffer.append(SEPARATOR);
      ct_buffer.append(ct_logonID);
      ct_buffer.append(SEPARATOR);
      ct_buffer.append(ct_roomNumber);
      ct_buffer.append(SEPARATOR);
      ct_buffer.append(data);
      send(ct_buffer.toString());
    }catch(IOException e){
      System.out.println(e);
    }
  }
```

```java
public void requestSendWordTo(String data, String idTo){
    try{
        ct_buffer.setLength(0);
        ct_buffer.append(REQ_SENDWORDTO);
        ct_buffer.append(SEPARATOR);
        ct_buffer.append(ct_logonID);
        ct_buffer.append(SEPARATOR);
        ct_buffer.append(ct_roomNumber);
        ct_buffer.append(SEPARATOR);
        ct_buffer.append(idTo);
        ct_buffer.append(SEPARATOR);
        ct_buffer.append(data);
        send(ct_buffer.toString());
    }catch(IOException e){
        System.out.println(e);
    }
}

public void requestCoerceOut(String idTo){
    try{
        ct_buffer.setLength(0);
        ct_buffer.append(REQ_COERCEOUT);
        ct_buffer.append(SEPARATOR);
        ct_buffer.append(ct_roomNumber);
        ct_buffer.append(SEPARATOR);
        ct_buffer.append(idTo);
        send(ct_buffer.toString());
    }catch(IOException e){
        System.out.println(e);
    }
}

public void requestSendFile(String idTo){
```

```
            fileTransBox = new MessageBox(ct_chatRoom, "파일전송", "상대방의 승인을 기다립니다.");
            fileTransBox.show();
            try{
                ct_buffer.setLength(0);
                ct_buffer.append(REQ_SENDFILE);
                ct_buffer.append(SEPARATOR);
                ct_buffer.append(ct_logonID);
                ct_buffer.append(SEPARATOR);
                ct_buffer.append(ct_roomNumber);
                ct_buffer.append(SEPARATOR);
                ct_buffer.append(idTo);
                send(ct_buffer.toString());
            }catch(IOException e){
                System.out.println(e);
            }
        }

        private void send(String sendData) throws IOException{
            ct_out.writeUTF(sendData);
            ct_out.flush();
        }

        public void release(){
            if(thisThread != null){
                thisThread = null;
            }
            try{
                if(ct_out != null){
                    ct_out.close();
                }
            }catch(IOException e){
            }finally{
                ct_out = null;
            }
```

```
    try{
       if(ct_in != null){
          ct_in.close();
       }
    }catch(IOException e){
    }finally{
       ct_in = null;
    }
    try{
       if(ct_sock != null){
          ct_sock.close();
       }
    }catch(IOException e){
    }finally{
       ct_sock = null;
    }
    System.exit(0);
  }
}
```

그림 10.2에서 사용자가 아이디를 입력하고 "확인" 버튼을 클릭하면 채팅을 위한 대기실 창으로 이동한다. 그림 10.3은 아이디가 "yhahn", "okkim" 및 "heewon"으로 로그온한 후의 대기실 창을 보여준다. 대기자 명단에는 로그온 한 3명의 클라이언트의 아이디가 출력되고

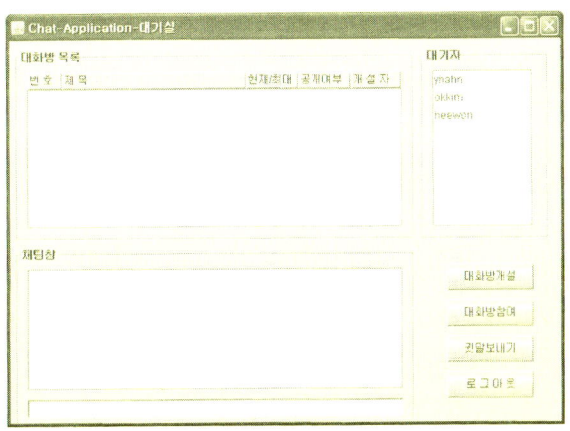

[그림 10.3] 대기실 창

대화방의 목록 및 채팅 내용을 볼 수 있는 왼쪽의 텍스트 에리어 창 및 4개의 명령 버튼을 볼 수 있다. 맨 아래의 텍스트 필드 창은 대화말을 입력하는 필드이며 대기자들(실제적인 대화방에 참여하지 않은 클라이언트들)끼리는 대화말을 입력함으로서 서로 채팅을 할 수 있다.

예제 10.7은 대기실 창을 보여주고 기능을 수행하는 클라이언트이다.

[예제 10.7] **WaitRoomDisplay.java**

```java
import java.util.*;
import java.awt.*;
import java.awt.event.*;

import javax.swing.*;
import javax.swing.event.*;
import javax.swing.border.*;

class WaitRoomDisplay extends JFrame implements ActionListener,KeyListener,
                                                MouseListener, ChangeListener
{
    private ClientThread cc_thread;
    private int roomNumber;
    private String password, select;
    private boolean isRock, isSelected;

    private JLabel rooms, waiter, label;
    public JList roomInfo, waiterInfo;
    private JButton create, join, sendword, logout;
    private Font font;
    private JViewport view;
    private JScrollPane jsp3;
    public JTextArea messages;
    public JTextField message;

    public WaitRoomDisplay(ClientThread thread){
        super("Chat-Application-대기실");
```

```java
cc_thread = thread;
roomNumber = 0;
password = "0";
isRock = false;
isSelected = false;
font = new Font("SanSerif", Font.PLAIN, 12);

Container c = getContentPane();
c.setLayout(null);

rooms = new JLabel("대화방");

JPanel p = new JPanel();
p.setLayout(null);
p.setBounds(5, 10, 460, 215);
p.setFont(font);
p.setBorder(new TitledBorder(
    new EtchedBorder(EtchedBorder.LOWERED), "대화방 목록"));

label = new JLabel("번 호");
label.setBounds(15, 25, 40, 20);
label.setBorder(new SoftBevelBorder(SoftBevelBorder.RAISED));
label.setFont(font);
p.add(label);

label = new JLabel("제 목");
label.setBounds(55, 25, 210, 20);
label.setBorder(new SoftBevelBorder(SoftBevelBorder.RAISED));
label.setFont(font);
p.add(label);

label = new JLabel("현재/최대");
label.setBounds(265, 25, 60, 20);
label.setBorder(new SoftBevelBorder(SoftBevelBorder.RAISED));
```

```
label.setFont(font);
p.add(label);

label = new JLabel("공개여부");
label.setBounds(325, 25, 60, 20);
label.setBorder(new SoftBevelBorder(SoftBevelBorder.RAISED));
label.setFont(font);
p.add(label);

label = new JLabel("개 설 자");
label.setBounds(385, 25, 58, 20);
label.setBorder(new SoftBevelBorder(SoftBevelBorder.RAISED));
label.setFont(font);
p.add(label);

roomInfo = new JList();
roomInfo.setFont(font);
WaitListCellRenderer renderer = new WaitListCellRenderer();
JScrollPane jsp1 = new JScrollPane(roomInfo);
roomInfo.addMouseListener(this);
renderer.setDefaultTab(20);
renderer.setTabs(new int[]{40, 265, 285, 315, 375, 430});
roomInfo.setCellRenderer(renderer);
jsp1.setBounds(15, 45, 430, 155);
p.add(jsp1);

c.add(p);

p = new JPanel();
p.setLayout(null);
p.setBounds(470, 10, 150, 215);
p.setBorder(new TitledBorder(
    new EtchedBorder(EtchedBorder.LOWERED), "대기자"));

waiterInfo = new JList();
```

```
waiterInfo.setFont(font);
JScrollPane jsp2 = new JScrollPane(waiterInfo);
jsp2.setBounds(15, 25, 115, 175);
p.add(jsp2);

c.add(p);

p = new JPanel();
p.setLayout(null);
p.setBounds(5, 230, 460, 200);
p.setBorder(new TitledBorder(
    new EtchedBorder(EtchedBorder.LOWERED), "채팅창"));

view = new JViewport();
messages = new JTextArea();
messages.setEditable(false);
messages.setFont(font);
view.add(messages);
view.addChangeListener(this);
jsp3 = new JScrollPane(view);
jsp3.setBounds(15, 25, 430, 135);
view.addChangeListener(this);
p.add(jsp3);

view = (JViewport) jsp3.getViewport().getView();
view.addChangeListener(this);

message = new JTextField();
message.setFont(font);
message.setBounds(15, 170, 430, 20);
message.addKeyListener(this);
message.setBorder(new SoftBevelBorder(SoftBevelBorder.LOWERED));
p.add(message);

c.add(p);
```

```java
create = new JButton("대화방개설");
create.setFont(font);
create.setBounds(500, 250, 100, 30);
create.setBorder(new SoftBevelBorder(SoftBevelBorder.RAISED));
create.addActionListener(this);
c.add(create);

join = new JButton("대화방참여");
join.setFont(font);
join.setBounds(500, 290, 100, 30);
join.setBorder(new SoftBevelBorder(SoftBevelBorder.RAISED));
join.addActionListener(this);
c.add(join);

sendword = new JButton("귓말보내기");
sendword.setFont(font);
sendword.setBounds(500, 330, 100, 30);
sendword.setBorder(new SoftBevelBorder(SoftBevelBorder.RAISED));
sendword.addActionListener(this);
c.add(sendword);

logout = new JButton("로 그 아 웃");
logout.setFont(font);
logout.setBounds(500, 370, 100, 30);
logout.setBorder(new SoftBevelBorder(SoftBevelBorder.RAISED));
logout.addActionListener(this);
c.add(logout);

Dimension dim = getToolkit().getScreenSize();
setSize(640, 460);
setLocation(dim.width/2 - getWidth()/2,
            dim.height/2 - getHeight()/2);
show();
```

```java
    addWindowListener(
      new WindowAdapter() {
        public void windowActivated(WindowEvent e) {
          message.requestFocusInWindow();
        }
      }
    );

    addWindowListener(
      new WindowAdapter(){
        public void windowClosing(WindowEvent e){
          cc_thread.requestLogout();
        }
      }
    );
}

public void resetComponents(){
    messages.setText("");
    message.setText("");
    roomNumber = 0;
    password = "0";
    isRock = false;
    isSelected = false;
    message.requestFocusInWindow();
}

public void keyPressed(KeyEvent ke){
    if (ke.getKeyChar() == KeyEvent.VK_ENTER){
      String words = message.getText();
      String data;
      String idTo;
      if(words.startsWith("/w")){
        StringTokenizer st = new StringTokenizer(words, " ");
        String command = st.nextToken();
```

```java
        idTo = st.nextToken();
        data = st.nextToken();
        cc_thread.requestSendWordTo(data, idTo);
        message.setText("");
      } else {
        cc_thread.requestSendWord(words);
        message.requestFocusInWindow();
      }
    }
  }

  public void mouseClicked(MouseEvent e){
    try{
      isSelected = true;
      String select = String.valueOf(((JList)e.getSource()).getSelectedValue());
      setSelectedRoomInfo(select);
    }catch(Exception err){}
  }

  public void actionPerformed(ActionEvent ae){
    if(ae.getSource() == create){
      CreateRoomDisplay createRoom = new CreateRoomDisplay(this, cc_thread);
    } else if(ae.getSource() == join){
      if(!isSelected){
        JOptionPane.showMessageDialog(this, "입장할 방을 선택하세요.",
                    "대화방 입장.", JOptionPane.ERROR_MESSAGE);
      } else if(isRock && password.equals("0")){
        if ((password = JOptionPane.showInputDialog("비밀번호를 입력하세요.")) != null){
          if (!password.equals("")){
            cc_thread.requestEnterRoom(roomNumber, password);
            password = "0";
          } else {
            password = "0";
            cc_thread.requestEnterRoom(roomNumber, password);
          }
```

```java
            } else {
                password = "0";
            }
        } else {
            cc_thread.requestEnterRoom(roomNumber, password);
        }
    } else if(ae.getSource() == logout){
        cc_thread.requestLogout();
    } else if(ae.getSource() == sendword){
        String idTo, data;
        if ((idTo = JOptionPane.showInputDialog("아이디를 입력하세요.")) != null){
            if ((data = JOptionPane.showInputDialog("메세지를 입력하세요.")) != null){
                cc_thread.requestSendWordTo(data, idTo);
            }
        }
    }
}


private void setSelectedRoomInfo(String select){
    StringTokenizer st = new StringTokenizer(select, "=");
    roomNumber = Integer.parseInt(st.nextToken());
    String roomName = st.nextToken();
    int maxUser = Integer.parseInt(st.nextToken());
    int user = Integer.parseInt(st.nextToken());
    isRock = st.nextToken().equals("비공개") ? true : false;
}

public void stateChanged(ChangeEvent e){
    jsp3.getVerticalScrollBar().setValue((jsp3.getVerticalScrollBar().getValue() + 20));
}

public void keyReleased(KeyEvent e){}
public void keyTyped(KeyEvent e){}
public void mousePressed(MouseEvent e){}
```

```java
    public void mouseReleased(MouseEvent e){}
    public void mouseEntered(MouseEvent e){}
    public void mouseExited(MouseEvent e){}
}
```

[예제 10.8] **CreateRoomDisplay.java**

```java
import javax.swing.*;
import java.awt.*;
import java.awt.event.*;

class CreateRoomDisplay extends JDialog implements ActionListener, ItemListener
{
    private ClientThread client;
    private String roomName, str_password;
    private int roomMaxUser, isRock;

    private JFrame main;
    private Container c;
    private JTextField tf;
    private JPanel radioPanel;
    private JRadioButton radio1, radio2, radio3, radio4, rock, unrock;
    private JPasswordField password;
    private JButton ok, cancle;

    public CreateRoomDisplay(JFrame frame, ClientThread client){
        super(frame, true);
        main = frame;
        setTitle("대화방 개설");
        this.client = client;
        isRock = 0;
        roomMaxUser = 2;
        str_password = "0";
```

```java
c = getContentPane();
c.setLayout(null);

JLabel label;
label = new JLabel("방제목");
label.setBounds(10, 10, 100, 20);
label.setForeground(Color.blue);
c.add(label);

tf = new JTextField();
tf.setBounds(10, 30, 270, 20);
c.add(tf);

label = new JLabel("최대인원");
label.setForeground(Color.blue);
label.setBounds(10, 60, 100, 20);
c.add(label);

radioPanel = new JPanel();
radioPanel.setLayout(new FlowLayout(FlowLayout.LEFT, 5, 0));
ButtonGroup group = new ButtonGroup();
radio1 = new JRadioButton("2명");
radio1.setSelected(true);
radio1.addItemListener(this);
group.add(radio1);
radio2 = new JRadioButton("3명");
radio2.addItemListener(this);
group.add(radio2);
radio3 = new JRadioButton("4명");
radio3.addItemListener(this);
group.add(radio3);
radio4 = new JRadioButton("5명");
radio4.addItemListener(this);
group.add(radio4);
```

```
radioPanel.add(radio1);
radioPanel.add(radio2);
radioPanel.add(radio3);
radioPanel.add(radio4);
radioPanel.setBounds(10, 80, 280, 20);
c.add(radioPanel);

label = new JLabel("공개여부");
label.setForeground(Color.blue);
label.setBounds(10, 110, 100, 20);
c.add(label);

radioPanel = new JPanel();
radioPanel.setLayout(new FlowLayout(FlowLayout.LEFT, 5, 0));
group = new ButtonGroup();
unrock = new JRadioButton("공개");
unrock.setSelected(true);
unrock.addItemListener(this);
group.add(unrock);
rock = new JRadioButton("비공개");
rock.addItemListener(this);
group.add(rock);
radioPanel.add(unrock);
radioPanel.add(rock);
radioPanel.setBounds(10, 130, 280, 20);
c.add(radioPanel);

label = new JLabel("비밀번호");
label.setForeground(Color.blue);
label.setBounds(10, 160, 100, 20);
c.add(label);

password = new JPasswordField();
password.setBounds(10, 180, 150, 20);
password.setEditable(false);
```

```
c.add(password);

ok = new JButton("확 인");
ok.setForeground(Color.blue);
ok.setBounds(75, 220, 70, 30);
ok.addActionListener(this);
c.add(ok);

cancle = new JButton("취 소");
cancle.setForeground(Color.blue);
cancle.setBounds(155, 220, 70, 30);
cancle.addActionListener(this);
c.add(cancle);

Dimension dim = getToolkit().getScreenSize();
setSize(300, 300);
setLocation(dim.width/2 - getWidth()/2,
            dim.height/2 - getHeight()/2);
show();

addWindowListener(
   new WindowAdapter() {
      public void windowActivated(WindowEvent e) {
         tf.requestFocusInWindow();
      }
   }
);

addWindowListener(
   new WindowAdapter(){
      public void windowClosing(WindowEvent e){
         dispose();
      }
   }
);
```

```java
    }

    public void itemStateChanged(ItemEvent ie){
        if (ie.getSource() == unrock){
            isRock = 0;
            str_password = "0";
            password.setText("");
            password.setEditable(false);
        } else if (ie.getSource() == rock) {
            isRock = 1;
            password.setEditable(true);
        } else if (ie.getSource() == radio1) {
            roomMaxUser = 2;
        } else if (ie.getSource() == radio2) {
            roomMaxUser = 3;
        } else if (ie.getSource() == radio3) {
            roomMaxUser = 4;
        } else if (ie.getSource() == radio4) {
            roomMaxUser = 5;
        }
    }

    public void actionPerformed(ActionEvent ae){
        if(ae.getSource() == ok){
            if(tf.getText().equals("")){
                JOptionPane.showMessageDialog(main, "방제목을 입력하세요",
                                "대화방 개설.", JOptionPane.ERROR_MESSAGE);
            } else {
                roomName = tf.getText();
                if(isRock == 1){
                    str_password = password.getText();
                }
                if(isRock ==1 && str_password.equals("")){
                    JOptionPane.showMessageDialog(main, "비밀번호를 입력하세요",
                                "대화방 개설.", JOptionPane.ERROR_MESSAGE);
```

```
            } else {
                client.requestCreateRoom(roomName, roomMaxUser,
                                         isRock, str_password);
                dispose();
            }
        }
    } else {
        dispose();
    }
  }
}
```

그림 10.3에서 대기실에 들어온 클라이언트는 "대화방개설" 버튼을 클릭해서 새로운 대화방을 개설하거나 "대화방참여" 버튼을 클릭해서 이미 개설된 대화방(대화방 목록에 리스트 되며 개설된 대화방이 없으면 기능이 수행되지 않음)에 참여할 수 있다. 또한 대기실 창에서 대기하는 클라이언트들끼리는 맨 아래의 대화말 창을 통해서 서로 채팅을 할 수 있으며 "귓말보내기" 버튼을 클릭하면 귓속말 전송도 가능하다.

그림 10.4는 대기실에 있는 3명의 클라이언트가 대화말 및 귓속말을 주고받은 내용을 보여준다.

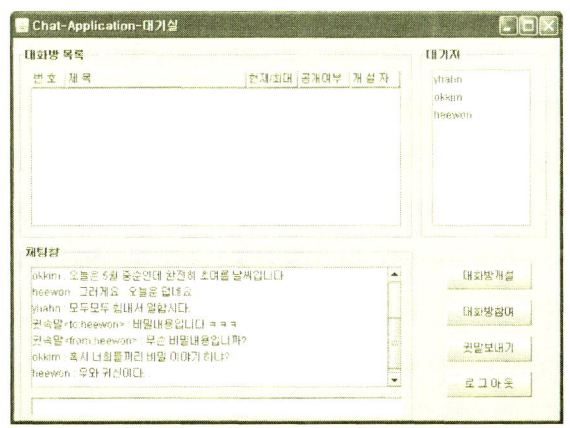

[그림 10.4] 대기실에 있는 클라이언트들끼리 채팅 내용

그림 10.4에서 "대화방개설" 버튼은 대기실에 있는 클라이언트가 새로운 대화방을 개설하는 기능을 수행한다. 즉, 대기실에 있는 사용자가 "대화방개설" 버튼을 클릭하면 방제목,

최대인원, 공개여부 및 비밀번호(비공개를 선택한 경우)를 입력하는 창이 출력되고 해당 내용을 입력하면 대화방이 새롭게 개설(대화방목록에 추가됨)되고 대기실 창에서 대화방 창으로 이동한다.

만일, 사용자가 기존의 개설된 대화방에 참여하고 싶으면 대화방 목록에 있는 대화방 리스트를 선택하고 "대화방참여" 버튼을 클릭하면 해당 대화방으로 이동한다.

그림 10.5은 아이디가 "yhahn"인 사용자가 카우보이라는 이름으로 대화방을 개설하고 아이디가 "okkim"인 사용자가 애리조나라는 이름으로 대화방을 개설한 후에 아이디가 "heewon" 및 "gongwon"인 사용자가 각각 카우보이 및 애리조나 대화방에 참여한 대화방 창을 보여준다. 물론, 각각의 대화방에 참여한 사용자들끼리는 서로가 채팅 및 파일을 전송할 수 있다.

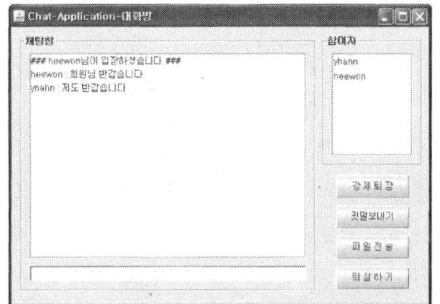 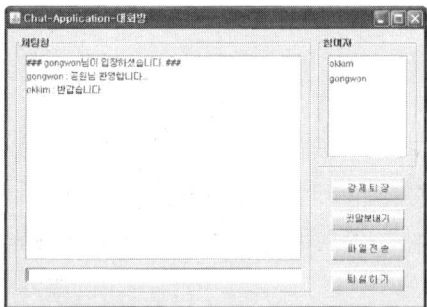

[그림 10.5] 방별로 채팅을 주고받는 대화방 창

예제 10.9은 대화방 창을 출력하고 채팅 및 파일 전송 기능을 수행하는 클래스이다.

[예제 10.9] **ChatRoomDisplay.java**

```
import java.awt.*;
import java.awt.event.*;
import java.util.*;

import javax.swing.*;
import javax.swing.event.*;
import javax.swing.border.*;

class ChatRoomDisplay extends JFrame implements ActionListener, KeyListener,
                                    ListSelectionListener, ChangeListener
{
```

```java
        private ClientThread cr_thread;
        private String idTo;
        private boolean isSelected;
        public boolean isAdmin;

        private JLabel roomer;
        public JList roomerInfo;
        private JButton coerceOut, sendWord, sendFile, quitRoom;
        private Font font;
        private JViewport view;
        private JScrollPane jsp3;
        public JTextArea messages;
        public JTextField message;

        public ChatRoomDisplay(ClientThread thread){
            super("Chat-Application-대화방");

            cr_thread = thread;
            isSelected = false;
            isAdmin = false;
            font = new Font("SanSerif", Font.PLAIN, 12);

            Container c = getContentPane();
            c.setLayout(null);

            JPanel p = new JPanel();
            p.setLayout(null);
            p.setBounds(425, 10, 140, 175);
            p.setBorder(new TitledBorder(
                new EtchedBorder(EtchedBorder.LOWERED), "참여자"));
            roomerInfo = new JList();
            roomerInfo.setFont(font);
            JScrollPane jsp2 = new JScrollPane(roomerInfo);
            roomerInfo.addListSelectionListener(this);
            jsp2.setBounds(15, 25, 110, 135);
```

```java
        p.add(jsp2);

        c.add(p);

        p = new JPanel();
        p.setLayout(null);
        p.setBounds(10, 10, 410, 340);
        p.setBorder(new TitledBorder(
            new EtchedBorder(EtchedBorder.LOWERED), "채팅창"));

        view = new JViewport();
        messages = new JTextArea();
        messages.setFont(font);
        messages.setEditable(false);
        view.add(messages);
        view.addChangeListener(this);
        jsp3 = new JScrollPane(view);
        jsp3.setBounds(15, 25, 380, 270);
        p.add(jsp3);

        message = new JTextField();
        message.setFont(font);
        message.addKeyListener(this);
        message.setBounds(15, 305, 380, 20);
        message.setBorder(new SoftBevelBorder(SoftBevelBorder.LOWERED));
        p.add(message);

        c.add(p);

        coerceOut = new JButton("강 제 퇴 장");
        coerceOut.setFont(font);
        coerceOut.addActionListener(this);
        coerceOut.setBounds(445, 195, 100, 30);
        coerceOut.setBorder(new SoftBevelBorder(SoftBevelBorder.RAISED));
        c.add(coerceOut);
```

```java
sendWord = new JButton("귓말보내기");
sendWord.setFont(font);
sendWord.addActionListener(this);
sendWord.setBounds(445, 235, 100, 30);
sendWord.setBorder(new SoftBevelBorder(SoftBevelBorder.RAISED));
c.add(sendWord);

sendFile = new JButton("파 일 전 송");
sendFile.setFont(font);
sendFile.addActionListener(this);
sendFile.setBounds(445, 275, 100, 30);
sendFile.setBorder(new SoftBevelBorder(SoftBevelBorder.RAISED));
c.add(sendFile);

quitRoom = new JButton("퇴 실 하 기");
quitRoom.setFont(font);
quitRoom.addActionListener(this);
quitRoom.setBounds(445, 315, 100, 30);
quitRoom.setBorder(new SoftBevelBorder(SoftBevelBorder.RAISED));
c.add(quitRoom);

Dimension dim = getToolkit().getScreenSize();
setSize(580, 400);
setLocation(dim.width/2 - getWidth()/2,
            dim.height/2 - getHeight()/2);
show();

addWindowListener(
   new WindowAdapter() {
      public void windowActivated(WindowEvent e) {
         message.requestFocusInWindow();
      }
   }
);
```

```java
    addWindowListener(
      new WindowAdapter(){
        public void windowClosing(WindowEvent e){
          cr_thread.requestQuitRoom();
        }
      }
    );
}

public void resetComponents(){
  messages.setText("");
  message.setText("");
  message.requestFocusInWindow();
}

public void keyPressed(KeyEvent ke){
  if (ke.getKeyChar() == KeyEvent.VK_ENTER){
    String words = message.getText();
    String data;
    String idTo;
    if(words.startsWith("/w")){
      StringTokenizer st = new StringTokenizer(words, " ");
      String command = st.nextToken();
      idTo = st.nextToken();
      data = st.nextToken();
      cr_thread.requestSendWordTo(data, idTo);
      message.setText("");
    } else {
      cr_thread.requestSendWord(words);
      message.requestFocusInWindow();
    }
  }
}
```

```java
public void valueChanged(ListSelectionEvent e){
    isSelected = true;
    idTo = String.valueOf(((JList)e.getSource()).getSelectedValue());
}

public void actionPerformed(ActionEvent ae){
    if (ae.getSource() == coerceOut) {
        if (!isAdmin) {
            JOptionPane.showMessageDialog(this, "당신은 방장이 아닙니다.",
                            "강제퇴장", JOptionPane.ERROR_MESSAGE);
        } else if (!isSelected) {
            JOptionPane.showMessageDialog(this, "강제퇴장 ID를 선택하세요.",
                            "강제퇴장", JOptionPane.ERROR_MESSAGE);
        } else {
            cr_thread.requestCoerceOut(idTo);
            isSelected = false;
        }
    } else if (ae.getSource() == quitRoom) {
        cr_thread.requestQuitRoom();
    } else if (ae.getSource() == sendWord) {
        String idTo, data;
        if ((idTo = JOptionPane.showInputDialog("아이디를 입력하세요.")) != null){
            if ((data = JOptionPane.showInputDialog("메세지를 입력하세요.")) != null) {
                cr_thread.requestSendWordTo(data, idTo);
            }
        }
    } else if (ae.getSource() == sendFile) {
        String idTo;
        if ((idTo = JOptionPane.showInputDialog("상대방 아이디를 입력하세요.")) != null){
            cr_thread.requestSendFile(idTo);
        }
    }
}

public void stateChanged(ChangeEvent e){
```

```
        jsp3.getVerticalScrollBar().setValue((jsp3.getVerticalScrollBar().getValue()   +   20));

   }
   public void keyReleased(KeyEvent e){}
   public void keyTyped(KeyEvent e){}
}
```

그림 10.5의 대화방 창에서 "파일전송" 버튼을 클릭하면 하나의 클라이언트가 다른 클라이언트에 파일을 전송할 수 있다. 전송 순서는 "파일전송" 버튼을 클릭 → 새로운 창에서 파일을 전송할 상대방 아이디를 입력 → 상대방으로부터 승인을 얻고 → 그림 10.6과 같이 파일을 선택하고 전송하는 창에서 전송할 파일이름을 입력 → "전송" 버튼을 클릭 → 파일이 목적지 클라이언트에 전송되고 그림 10.6의 오른쪽의 세 번째 그림처럼 "현재작업폴더\받은파일\전송된파일이름" 으로 저장이 된다 → 보내는 사람은 "종료" 버튼을 클릭하고 받는 사람은 "닫기" 버튼을 클릭하면 창이 없어지고 파일 전송기능이 종료된다.

 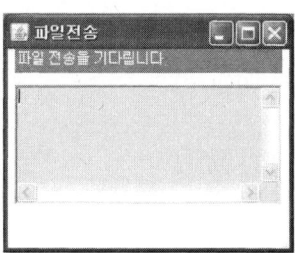 

[그림 10.6] 파일 전송 창

[예제 10.10] SendFile.java

```
import java.io.*;
import java.net.*;
import java.util.*;
import java.awt.*;
import java.awt.event.*;

public class SendFile extends Frame implements ActionListener
{
   private TextField tf_filename;
   private Button bt_dialog, bt_send, bt_close;
```

```java
    private Label lb_status;

    private static final String SEPARATOR = "|";
    private String address;

    public SendFile(String address){
        super("파일전송");
        this.address = address;

        setLayout(null);

        Label lbl = new Label("파일이름");
        lbl.setBounds(10, 30, 60, 20);
        add(lbl);

        tf_filename = new TextField();
        tf_filename.setBounds(80, 30, 160, 20);
        add(tf_filename);

        bt_dialog = new Button("찾아보기");
        bt_dialog.setBounds(45, 60, 60, 20);
        bt_dialog.addActionListener(this);
        add(bt_dialog);

        bt_send = new Button("전송");
        bt_send.setBounds(115, 60, 40, 20);
        bt_send.addActionListener(this);
        add(bt_send);

        bt_close = new Button("종료");
        bt_close.setBounds(165, 60, 40, 20);
        bt_close.addActionListener(this);
        add(bt_close);

        lb_status = new Label("파일전송 대기중....");
```

```java
        lb_status.setBounds(10, 90, 230, 20);
        lb_status.setBackground(Color.gray);
        lb_status.setForeground(Color.white);

        add(lb_status);

        addWindowListener(new WinListener());

        setSize(250, 130);
        show();
    }

    public void actionPerformed(ActionEvent e){
        if (e.getSource() ==bt_dialog){
            FileDialog fd = new FileDialog(this, "파일 찾기", FileDialog.LOAD);
            fd.show();
            tf_filename.setText(fd.getDirectory() + fd.getFile());
            if (tf_filename.getText().startsWith("null"))
                tf_filename.setText("");
        } else if(e.getSource() == bt_send){
            String filename = tf_filename.getText();

            if(filename.equals("")){
                lb_status.setText("파일이름을 입력하세요.");
                return;
            }

            lb_status.setText("파일검색중..");

            File file = new File(filename);

            if (!file.exists() {
                lb_status.setText("해당파일을 찾을 수 없습니다.");
                return;
            }
```

```java
StringBuffer buffer = new StringBuffer();
int fileLength = (int) file.length();

buffer.append(file.getName());
buffer.append(SEPARATOR);
buffer.append(fileLength);

lb_status.setText("연결설정중......");

try{
    Socket sock = new Socket(address, 3777);
    FileInputStream fin = new FileInputStream(file);
    BufferedInputStream bin = new BufferedInputStream(fin, fileLength);
    byte data[] = new byte[fileLength];
    try{
        lb_status.setText("전송할 파일 로드중......");
        bin.read(data, 0, fileLength);
        bin.close();
    }catch(IOException err){
        lb_status.setText("파일읽기 오류.");
        return;
    }

    /*
    for(int i=0; i<data.length; i++){
        System.out.print(data[i]);
    }
    */

    DataOutputStream out = new DataOutputStream(sock.getOutputStream());
    out.writeUTF(buffer.toString());

    tf_filename.setText("");
    lb_status.setText("파일전송중......( 0 Byte)");
```

```
            BufferedOutputStream bout = new BufferedOutputStream(out, 2048);
            DataInputStream din = new DataInputStream(sock.getInputStream());
            sendFile(bout, din, data, fileLength);
            bout.close();
            din.close();

            lb_status.setText(file.getName() + " 파일전송이 완료되었습니다.");
            sock.close();
        }catch(IOException e1){
            System.out.println(e1);
            lb_status.setText(address + "로의 연결에 실패하였습니다.");
        }
    } else if(e.getSource() == bt_close){
        dispose();
    }
}

private void sendFile(BufferedOutputStream bout, DataInputStream din, byte[] data, int fileLength)
    throws IOException{
    int size = 2048;
    int count = fileLength/size;
    int rest = fileLength%size;
    int flag = 1;

    if(count == 0) flag = 0;

    for(int i=0; i<=count; i++){
        if(i == count && flag == 0){
            bout.write(data, 0, rest);
            bout.flush();
            return;
        } else if(i == count){
            bout.write(data, i*size, rest);
```

```
            bout.flush();
            return;
        } else {
            bout.write(data, i*size, size);
            bout.flush();
            lb_status.setText("파일전송중......(" + ((i+1)*size) + "/" + fileLength + " Byte)");
            din.readUTF();
        }
      }
   }
}

class WinListener extends WindowAdapter
{
    public void windowClosing(WindowEvent we){
        System.exit(0);
    }
  }
}
```

[예제 10.11] **ReceiveFile.java**

```
import java.io.*;
import java.net.*;
import java.awt.*;
import java.awt.event.*;

public class ReciveFile extends Frame implements ActionListener
{
    public static final int port = 3777;
    public Label lbl;
    public TextArea txt;
    public Button btn;

    public ReciveFile(){
        super("파일전송");
```

```java
setLayout(null);
lbl = new Label("파일 전송을 기다립니다.");
lbl.setBounds(10, 30, 230, 20);
lbl.setBackground(Color.gray);
lbl.setForeground(Color.white);
add(lbl);
txt = new TextArea("", 0, 0, TextArea.SCROLLBARS_BOTH);
txt.setBounds(10, 60, 230, 100);
txt.setEditable(false);
add(txt);
btn = new Button("닫기");
btn.setBounds(105, 170, 40, 20);
btn.setVisible(false);
btn.addActionListener(this);
add(btn);
addWindowListener(new WinListener());
setSize(250, 200);
show();

try{
    ServerSocket socket = new ServerSocket(port);
    Socket sock = null;
    FileThread client = null;
    try{
        sock = socket.accept();
        client = new FileThread(this, sock);
        client.start();
    } catch(IOException e){
        System.out.println(e);
        try{
            if(sock != null) sock.close();
        }catch(IOException e1){
            System.out.println(e1);
        }finally{
```

```
            sock = null;
        }
      }
    }catch(IOException e){}
  }

  public void actionPerformed(ActionEvent e){
    dispose();
  }

  class WinListener extends WindowAdapter
  {
    public void windowClosing(WindowEvent we){
      dispose();
    }
  }
}
```

[예제 10.12]

```
import java.io.*;
import java.net.*;
import java.util.*;

public class FileThread extends Thread
{
  private ReciveFile recv;
  private Socket sock;
  private DataInputStream in;
  private String header;
  private byte[] data;

  private static final String SEPARATOR = "|";

  public FileThread(ReciveFile recv, Socket sock){
```

```java
    try{
        this.recv = recv;
        this.sock = sock;
        in = new DataInputStream(sock.getInputStream());
    }catch(IOException e){
        System.out.println(e);
    }
}

public void run(){
    try{
        header = in.readUTF();

        StringTokenizer st = new StringTokenizer(header, SEPARATOR);
        String filename = st.nextToken();
        int fileLength = Integer.parseInt(st.nextToken());
        data = new byte[fileLength];

        recv.lbl.setText(filename + "(" + fileLength + "byte) 파일을 수신합니다.");

        BufferedInputStream bin = new BufferedInputStream(in, 2048);
        DataOutputStream dout = new DataOutputStream(sock.getOutputStream());
        readFile(bin, dout, data, fileLength);
        bin.close();
        dout.close();

        File dir = new File("받은파일\\");
        if(!dir.exists()){
            dir.mkdir();
        }

        File file = new File(dir, filename);
        if(file.exists()){
            file = new File(dir, "re_" + filename);
```

```java
        recv.txt.append(filename + " 파일이 이미 존재합니다.\n");
        recv.txt.append(file.getName() + " 으로 파일명을 변경합니다.\n");
    } else {
        if(!file.createNewFile()){
            recv.txt.append(filename + "파일 생성 에러.\n");
            recv.txt.append(filename + "파일 수신이 취소되었습니다.\n");
            return;
        }
    }

    FileOutputStream fout = new FileOutputStream(file);
    BufferedOutputStream bout = new BufferedOutputStream(fout, fileLength);
    bout.write(data, 0, fileLength);
    bout.flush();
    bout.close();

    recv.txt.append(filename + "파일 수신이 성공했습니다.\n");
    recv.txt.append(filename+"저장위치 : "+dir.getAbsolutePath()+"\\"+file.getName() + "\n");
    sock.close();
    recv.btn.setVisible(true);
}catch(Exception e){
    System.out.println(e);
}finally{
    try{
        if(sock != null) sock.close();
    }catch(IOException e){
    }finally{
        sock = null;
    }
    try{
        if(in != null) in.close();
    }catch(IOException e){
    }finally{
        in = null;
```

```
        }
      }
    }

    private void readFile(BufferedInputStream bin, DataOutputStream dout, byte[] data, int fileLength)
        throws IOException{
        int size = 2048;
        int count = fileLength/size;
        int rest = fileLength%size;
        int flag = 1;

        if(count == 0) flag = 0;

        for(int i=0; i<=count; i++){
           if(i == count && flag == 0){
              bin.read(data, 0, rest);
              recv.lbl.setText("파일수신완료......(" + fileLength + "/" + fileLength + " Byte)");
              return;
           } else if(i == count){
              bin.read(data, i*size, rest);
              recv.lbl.setText("파일수신완료......(" + fileLength + "/" + fileLength + " Byte)");
              return;
           } else {
              bin.read(data, i*size, size);
              recv.lbl.setText("파일수신중......(" + ((i+1)*size) + "/" + fileLength + " Byte)");
              dout.writeUTF("flag");
           }
        }
      }
    }
}
```

[예제 10.13] **MessageBox.java**

```java
import javax.swing.*;
import javax.swing.border.*;
import java.awt.*;
import java.awt.event.*;

class MessageBox extends JDialog implements ActionListener
{
    private Container c;
    private JButton bt;

    public MessageBox(JFrame parent, String title, String message){
        super(parent, false);
        setTitle(title);
        c = getContentPane();
        c.setLayout(null);
        JLabel lbl = new JLabel(message);
        lbl.setFont(new Font("SanSerif", Font.PLAIN, 12));
        lbl.setBounds(20, 10, 190, 20);
        c.add(lbl);

        bt = new JButton("확 인");
        bt.setBounds(60, 40, 70, 25);
        bt.setFont(new Font("SanSerif", Font.PLAIN, 12));
        bt.setBorder(new SoftBevelBorder(SoftBevelBorder.RAISED));
        bt.addActionListener(this);
        c.add(bt);

        Dimension dim = getToolkit().getScreenSize();
        setSize(200, 100);
        setLocation(dim.width/2 - getWidth()/2,
                    dim.height/2 - getHeight()/2);
        show();
        addWindowListener(
```

```
        new WindowAdapter(){
          public void windowClosing(WindowEvent e){
            dispose();
          }
        }
      );
  }

  public void actionPerformed(ActionEvent ae){
    if(ae.getSource() == bt){
      dispose();
    }
  }
}
```

[예제 10.14] **MessageBoxLess.java**

```
import javax.swing.*;
import javax.swing.border.*;
import java.awt.*;
import java.awt.event.*;

class MessageBoxLess extends JDialog implements ActionListener
{
  private Frame client;
  private Container c;

  public MessageBoxLess(JFrame parent, String title, String message){
    super(parent, true);
    setTitle(title);
    c = getContentPane();
    c.setLayout(null);
    JLabel lbl = new JLabel(message);
    lbl.setFont(new Font("SanSerif", Font.PLAIN, 12));
    lbl.setBounds(20, 10, 190, 20);
```

```java
        c.add(lbl);

        JButton bt = new JButton("O K");
        bt.setBounds(60, 40, 70, 25);
        bt.setFont(new Font("SanSerif", Font.PLAIN, 12));
        bt.addActionListener(this);
        bt.setBorder(new SoftBevelBorder(SoftBevelBorder.RAISED));
        c.add(bt);

        Dimension dim = getToolkit().getScreenSize();
        setSize(200, 100);
        setLocation(dim.width/2 - getWidth()/2,
                    dim.height/2 - getHeight()/2);
        show();
        client = parent;
    }
    public void actionPerformed(ActionEvent ae){
        dispose();
        System.exit(0);
    }
}
```

[예제 10.15] **WaitListCellRenderer.java**

```java
import java.awt.*;
import java.awt.event.*;
import java.util.*;

import javax.swing.*;
import javax.swing.border.*;
import javax.swing.event.*;

class WaitListCellRenderer extends JLabel implements ListCellRenderer
{
    protected static Border m_noFocusBorder;
```

```java
    protected FontMetrics m_fm = null;
    protected Insets m_insets = new Insets(0, 0, 0, 0);
    protected int m_defaultTab = 50;
    protected int[] m_tabs = null;

    private int count;

    public WaitListCellRenderer(){
        super();
        m_noFocusBorder = new EmptyBorder(1, 1, 1, 1);
        setOpaque(true);
        setBorder(m_noFocusBorder);
        count = 0;
    }

    public Component getListCellRendererComponent(JList list,
        Object value, int index, boolean isSelected, boolean cellHasFocus){
        setText(value.toString());
        setBackground(isSelected ? list.getSelectionBackground() :
            list.getBackground());
        setForeground(isSelected ? list.getSelectionForeground() :
            list.getForeground());

        setFont(list.getFont());
        setBorder((cellHasFocus) ? UIManager.getBorder(
            "List.focusCellHighlightBorder") : m_noFocusBorder);

        return this;
    }

    public void setDefaultTab(int defaultTab){
        m_defaultTab = defaultTab;
    }
```

```java
public int getDefaultTab(){
   return m_defaultTab;
}

public void setTabs(int[] tabs){
   m_tabs =tabs;
}

public int[] getTabs(){
   return m_tabs;
}

public int getTab(int index){
   if (m_tabs == null)
      return m_defaultTab * index;
   int len = m_tabs.length;
   if(index >= 0 && index < len)
      return m_tabs[index];
   return m_tabs[len-1] + m_defaultTab * (index-len-1);
}

public void paint(Graphics g){
   m_fm = g.getFontMetrics();
   g.setColor(getBackground());
   g.fillRect(0, 0, getWidth(), getHeight());
   getBorder().paintBorder(this, g, 0, 0, getWidth(), getHeight());

   g.setColor(getForeground());
   g.setFont(getFont());
   m_insets = getInsets();
   int x = m_insets.left;
   int y = m_insets.top + m_fm.getAscent();

   StringTokenizer st = new StringTokenizer(getText(), "=");
```

```
    while(st.hasMoreTokens()){
        String temp = st.nextToken();
        g.drawString(temp, x, y);
        x += m_fm.stringWidth(temp);
        if (!st.hasMoreTokens())
            break;
        int index = 0;
        while (x >= getTab(index)) index++;
        x = getTab(index);
    }
  }
}
```

UDP 프로토콜

11.1 UDP 프로토콜
11.2 DatagramPacket 클래스
11.3 DatagramSocket 클래스

11 UDP 프로토콜

1. UDP 프로토콜

TCP 프로토콜은 통신주체간에 데이터를 교환하기 전에 먼저 통신선로를 설정해야 하므로 이러한 프로토콜을 연결설정형(connection-oriented) 프로토콜이라 한다. 예를 들면, 전화로 상대방과 통화를 하기 전에 다이얼링을 통하여 양측 간에 선로를 먼저 설정해야 하는 것과 같다.

연결설정형 프로토콜에서 통신주체간에 설정된 라인은 누군가가 단절시키기 전에는 통신이 이루어지지 않아도 연결된 상태로 남아있다. 따라서 이 방식은 설정된 라인을 통하여 통신이 이루어지므로 안정성은 있으나, 네트워크의 사용율을 저하시킨다.

이에 비해, UDP(User Datagram Protocol)은 통신주체간에 통신을 위한 선로를 설정하지 않고 데이터를 송수신하는 것으로 비연결설정형(connectionless-oriented) 방식이라 한다. 이러한 방식은 송신자가 수신자의 주소와 데이터를 포함한 패킷을 네트워크에 보내면, 교환기가 그 주소에 해당하는 수신자에게 패킷을 전달하는 방식이다. 예를 들면, 수신자의 주소 및 내용을 포함한 편지를 우편함에 넣으면 배달부가 수신자에게 전해주는 메일 시스템과 유사하다.

따라서 UDP 방식은 TCP 방식에 비하여 신뢰성이 떨어진다. 가장 큰 문제점은 패킷을 잃어버릴 수도 있다는 점과 패킷의 순서가 바뀔 수도 있다는 점이다. 따라서 응용 프로그램은 이러한 점을 고려하여 프로그램을 작성해야 한다. 그러나 UDP는 TCP에 비해서 전송속도가 월등히 높으며, 네트워크 자원의 사용율을 높일 수 있는 장점이 있다.

자바에서 UDP 프로토콜은 DatagramPacket 클래스 및 DatagramSocket 클래스로 지원한다. DatagramPacket 클래스는 응용 프로그램들이 주고받을 패킷과 관련된 클래스이며 실제 패킷의 전송은 DatagramSocket 클래스에 의하여 이루어진다.

2. DatagramPacket 클래스

DatagramPacket 클래스는 소스 및 목적지의 포트주소와 소스 및 목적지의 IP 주소를 포함하는 헤더 및 실제 전송할 바이트 데이터를 포함한 UDP 패킷(데이터그램:datagrams)을 만들거나, 수신한 UDP 패킷에서 바이트 데이터를 읽는 기능을 지원한다. 그림 11.1은 전형적인 UDP 데이터그램의 구성을 보여준다.

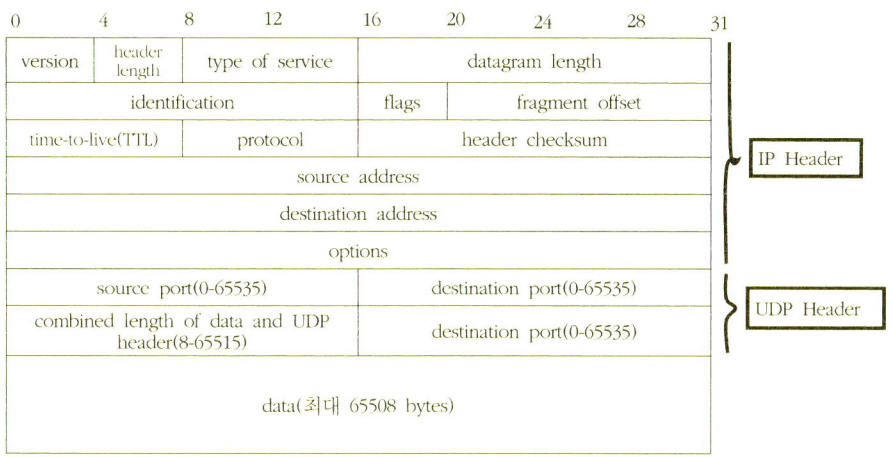

[그림 11.1] UDP 데이터그램의 구성

그림 11.1에서 보는 것처럼 UDP 데이터그램은 응용 계층에서 전달한 바이트 데이터, 상대방 호스트의 포트 주소 및 송신하는 호스트의 포트 주소 등을 포함하는 UDP 헤더 그리고 IP 계층에서 추가로 포함되는 상대방 호스트의 IP 주소 및 송신하는 호스트의 IP 주소 등을 포함하는 IP 헤더로 구성된다. 따라서 IP 네트워크 계층은 IP 헤더에 포함된 IP 주소로 상대방 호스트에 전송되고, 상위 계층인 UDP 전달 계층은 포트 주소에 의하여 응용 프로그램에 전송된다.

자바에서 UDP 프로토콜을 지원하는 DatagramPacket 및 DatagramSocket 클래스는 포트 주소만을 사용하여 상대방 호스트에 패킷을 전송한다. 물론, 패킷을 전송하는 호스트의 IP 주소 및 상대방 호스트의 IP 주소는 IP 헤더에 포함되어 있다. 그리고 이론적으로 하나의 UDP 데이터그램에 포함하는 최대 데이터의 길이는 65,508바이트이나, 많은 플랫폼에서 실제 제한은 8,192바이트(8K)이다.

2.1 수신용 데이터그램의 생성

DatagramPacket 클래스는 4개의 생성자 메소드를 지원한다. 2개의 생성자는 데이터그램을 수신할 때 사용하는 생성자이고, 나머지 2개는 데이터그램을 송신할 때 사용하는 생성자이다. 아래는 데이터그램을 수신할 때 사용하는 DatagramPacket 클래스의 생성자 메소드이다.

> public DatagramPacket(byte[] buffer, int length);

수신한 데이터그램에 있는 바이트 데이터를 첫 번째 인수로 주어진 buffer 바이트 배열에 두 번째 인수로 주어진 length개 만큼 저장한다. buffer의 공간이 모두 채워지거나, 또는 두 번째 인자로 주어진 length 바이트 수만큼의 데이터를 읽을 때까지 buffer[0]부터 차례로 buffer 배열에 저장한다.

> public DatagrmaPacket(byte[] buffer, int offset, int length);

수신한 바이트 데이터를 저장할 첫 번째 위치가 두 번째 인수로 주어진 buffer[offset]이다. 이 생성자는 다른 데이터를 포함하는 배열에 추가로 데이터를 저장하거나, 또는 배열에 저장된 일부분의 데이터를 송신할 때 유용하게 사용될 수 있다.

아래는 8,192 bytes까지의 데이터그램을 수신할 수 있는 DatagramPacket 객체를 생성하는 예제이다.

```
byte[] buffer = new byte[8192];
DatagramPacket dp = new DatagramPacket(buffer, buffer.length);
```

2.2 송신용 데이터그램의 생성

송신용 DatagramPacket 클래스의 생성자 메소드는 상대방 호스트의 IP 주소와 포트 번호를 포함한다. 아래는 그림 11.1과 같이 송신할 데이터그램을 만드는 DatagramPacket 클래스의 생성자 메소드이다.

```
public DatagramPacket(byte[] data, int length, InetAddress destination,
    int port);
```

인수로 주어진 data 배열의 바이트 데이터 중에서 length 개(data[0]부터 읽음)의 바이트 데이터 그리고 destination으로 주어지는 상대방 호스트의 IP 주소 및 port로서 주어지는 포트 번호로 지정한 송신용 데이터그램을 생성한다.

```
public DatagramPacket(byte[] buffer, int offset, int length,
        InetAddress destination, int port);
```

data 배열에서 data[offset] 위치부터 lengh 개의 데이터를 읽어서 송신용 데이터그램을 생성하는 것을 제외하고는 앞의 생성자 메소드와 같다.

지금까지 설명한 4개의 생성자 메소드는 IllegalArgumentException 예외를 발생하고 통신은 직접 수행하지 않으므로 IOException 예외는 발생하지 않는다.

전송되는 데이터는 byte 형의 데이터이어야 하므로 문자등과 같은 데이터는 DatagramPacket을 생성하기 전에 바이트 배열로 변환하는 것이 일반적이다. 예를 들면, 문자열 "This is a test data"를 www.ssc.ac.kr 호스트의 포트번호 7(echo port)에 전송하기 위하여 데이터그램을 생성하는 부분 프로그램은 아래와 같다.

```
String s = "This is a test data";
byte[] data = s.getBytes("ASCII"); // s 문자열을 바이트로 변환
try{
    InetAddress ia = InetAddress.getByName("ssc.ac.kr");
    int port=7;
    DatagramPacket dp = new DatagramPacket(data, data.length, ia, port);
    // 패킷을 전송한다.(DatagramSocket 객체 사용)
}catch(IOException e){
}
```

2.3 지원하는 메소드

DatagramPacket 클래스는 UDP 데이터그램을 구성하는 IP 주소, 포트 번호 및 바이트 데이터를 저장하는 버퍼를 포함한 3개의 필드를 가진다. 따라서 이 클래스는 3개의 필드의 내용을 얻거나, 필드의 내용을 변경하는 메소드를 아래와 같이 지원한다. 아래에서 설명하는 메소드들은 로컬 데이터를 처리하기 때문에 어떠한 예외도 발생시키지 않는다.

public InetAddress getAddress()

이 메소드는 목적지 또는 소스 호스트의 InetAddress 객체를 반환한다. 상대방 호스트에 패킷을 전송하기 위하여 DatagramPacket 클래스로부터 데이터그램 패킷을 생성하고 이 메소드를 호출하면, 반환되는 주소는 상대방(목적지) 호스트의 IP 주소이다. 반대로 네트워크

로부터 데이터그램 패킷을 수신하고 이 메소드를 호출하면, 반환되는 주소는 데이터그램을 전송한 상대방(소스) 호스트의 주소이다.

  public int getPort()

이 메소드는 목적지 또는 소스 호스트의 포트 번호를 반환한다. 상대방 호스트에 패킷을 전송하기 위하여 DatagramPacket 클래스로부터 데이터그램 패킷을 생성하고 이 메소드를 호출하면, 반환되는 포트 번호는 상대방(목적지) 호스트의 포트 번호이다. 반대로 네트워크로부터 데이터그램 패킷을 수신하고 이 메소드를 호출하면, 반환되는 포트 번호는 데이터그램을 전송한 상대방(소스) 호스트의 포트 번호이다.

  public byte[] getData()

이 메소드는 데이터그램에 있는 데이터를 읽어서 바이트 배열로 반환한다. 예를 들면, 수신한 데이터그램의 바이트 데이터를 ASCII로 인코딩된 문자열로 변환하는 명령은 아래와 같다.

```
String s = new String(dp.getData(), "ASCII");
```

위에서 dp는 수신한 DatagramPacket 객체이다. 따라서 수행문은 데이터그램의 바이트 데이터를 읽어서 ASCII 방식으로 인코딩한 문자열을 반환한다.

  public int getLength()

이 메소드는 데이터그램에 있는 바이트 데이터의 수를 반환한다. 이 메소드는 생성자에서 지정한 버퍼의 크기를 반환하지 않고 데이터그램에 있는 실제 바이트 데이터의 수를 반환하는 것을 주의해야 한다.

  public int getOffset()

이 메소드는 데이터그램에서 데이터가 시작되는 위치를 정수 값으로 반환한다. offset이 지정되지 않았다면, 0을 반환한다.

예제 11.1은 앞에서 설명한 메소드를 이용해서 데이터그램에 포함된 필드의 정보를 구하는 클래스이다. 예제 11.1은 프로그램내에서 데이터그램을 생성하고 관련된 메소드를 사용하여 필드의 내용을 읽으나, 대부분 네트워크로부터 수신한 데이터그램으로부터 필드 값을 읽는데 위의 메소드를 사용할 것이다. 이러한 내용은 DatagramSocket 클래스를 배우면 작성 가능하다.

[예제 11.1] **ReadFieldOfDatagram.java**

```java
import java.net.*;
public class ReadFieldOfDatagram
{
    public static void main(String args[]){
        String s = "This is a sample data";
        byte[] data = s.getBytes(); // s 문자열을 바이트 데이터로 변환한다.
        String retrivedData;
        try{
            InetAddress ia = InetAddress.getByName("www.ssc.ac.kr");
            int port = 7; // echo 포트
            DatagramPacket dp = new DatagramPacket(data, data.length, ia, port);
            System.out.println("이 패킷의 목적지 주소는 "+dp.getAddress()+", 포트번호는 "+dp.getPort());
            System.out.println("패킷에 포함된 바이트 데이터의 수는 "+dp.getLength());
            retrivedData = new String(dp.getData(), dp.getOffset(), dp.getLength());
            System.out.println("데이터그램으로부터 읽혀진 데이터는 "+retrivedData);
        }catch(UnknownHostException e){
            System.out.println(e);
        }
    }
}
```

> **예제 11.1 설명**
>
> 먼저 송신용 dp 데이터그램 패킷을 만들고 관련 메소드를 사용하여 데이터그램의 데이터, 목적지 주소 및 포트 번호 등을 읽어서 화면에 아래와 같이 출력한다.
>
> 이 패킷의 목적지 주소는 www.ssc.ac.kr/210.119.132.11, 포트번호는 7
> 패킷에 포함된 바이트 데이터의 수는 21
> 데이터그램으로부터 읽혀진 데이터는 This is sample data

DatagramPacket 클래스는 데이터그램의 관련 필드를 읽는 메소드에 대응하는 설정 메소드를 지원한다. 따라서 DatagramPacket 클래스에서 지원하는 4개의 생성자 메소드를 사용하여 데이터그램을 생성할 수 있거나 또는 데이터그램의 필드를 설정하는 아래의 5개의 메소드를 사용하여 데이터그램을 생성할 수도 있다.

public void setData(byte[] data)

이 메소드는 데이터그램에 있는 데이터 필드의 내용을 인수로 주어진 data 바이트 배열의 내용으로 수정한다. 따라서 이 메소드를 사용하면, 이미 생성된 데이터그램의 데이터만 수정하여 용량이 많은 데이터를 반복적으로 전송할 수 있다.

public void setData(byte[] data, int offset, int length)

이 메소드는 데이터그램에 있는 데이터 필드의 내용을 data 바이트 배열에서 offset 위치의 데이터부터 length 개의 데이터로 수정한다. 따라서 이 메소드를 사용하면, 용량이 많은 데이터를 하나의 배열에 저장하고 length 개만큼씩 쪼개서 전송할 수 있다.

public void setAddress(InetAddress remote)

이 메소드는 데이터그램에 있는 주소를 수정한다. 따라서 이 메소드를 사용하면 다수의 서로 다른 호스트에 같은 데이터그램을 전송할 수 있다. 즉, 아래의 부분 프로그램과 같이 수신용 데이터그램을 먼저 생성하고 setAddress() 및 setPort() 메소드를 사용하여 호스트의 주소 및 포트번호를 설정한 송신용 데이터그램을 생성한다.

```
String s = "Sample message";
byte[] data = s.getBytes("ASCII");
DatagramPacket dp = new DatagramPacket(data, data.length); // 수신용 데이터그램
dp.setPort(2000);
String network = "210.119.132.";
for(int host = 1; host<255; host++){
    try{
        InetAddress remote = InetAddress.getByName(network+host);
        dp.setAddress(remote);
        socket.send(dp); // socket은 데이터그램 소켓
    }catch(IOException e){}
}
```

public void setPort(int port)

이 메소드는 위의 부분 프로그램의 네 번째 줄과 같이 데이터그램이 전송될 포트 주소를 수정한다.

public void setLength(int length)

이 메소드는 데이터그램의 데이터 필드의 크기를 수정한다. 데이터그램의 데이터 필드의

크기는 처음에 수신한 데이터의 크기로 설정된다. 따라서 처음에 설정된 크기보다 긴 데이터가 다음에 수신되면, 나머지 데이터는 잘리게 된다. 따라서 이 메소드를 사용하여 데이터그램의 크기를 수정할 수 있다.

3. DatagramSocket 클래스

DatagramSocket 클래스는 DatagramPacket 클래스로부터 생성된 데이터그램을 송신하거나 수신하는 역할을 담당하는 클래스이다. 이 클래스는 생성자 메소드를 이용해서 데이터그램 소켓을 생성하고 생성된 소켓은 UDP 데이터그램을 주고받는데 사용한다.

TCP 프로토콜을 지원하기 위하여 Socket 클래스로부터 생성된 스트림 소켓은 서로 연결된 2개의 호스트 간에 데이터를 주고받으나, 데이터그램 소켓은 네트워크의 서로 다른 호스트/포트에 데이터그램을 전송할 수 있고, 반대로 네트워크의 서로 다른 호스트/포트로부터 데이터그램을 수신할 수 있다. 이것은 해당 주소나 포트에 대한 정보가 소켓에 연결된 것이 아니고, 패킷 안에 포함되어 있기 때문이다.

UDP 프로토콜은 서버 소켓(ServerSocket)과 일반 소켓(Socket)의 구분이 없으며 데이터그램 소켓(DatagramSocket)이 이 두 가지 역할을 동시에 해준다. 그리고 UDP 프로토콜은 TCP 프로토콜과 독립적으로 실행되기 때문에 TCP 및 UDP 프로토콜이 동시에 같은 포트를 사용할 수 있다.

3.1 데이터그램 소켓의 생성

UDP 데이터그램을 송수신하기 위한 데이터그램 소켓을 생성하는 DatagramSocket 클래스의 생성자는 3가지가 있다. 3개의 생성자가 사용하는 인수는 자신의 주소 및 포트 번호(local address and port) 만을 사용하며, 목적지 주소 및 포트(remote address and port) 번호는 UDP 데이터그램내에 저장되어 있다.

public DatagramSocket() throws SocketException

이 생성자는 익명의 포트(시스템이 사용하지 않는 포트 중에서 하나를 사용함)에 바운드된 데이터그램 소켓을 생성한다. 따라서 이 생성자는 서버와 통신을 하기 위한 클라이언트 측의 소켓 생성을 위하여 사용된다. 지정한 소켓이 이미 사용중이거나, 운영체제의 문제로 인하여 지정한 소켓이 할당될 수 없으면 SocketException 예외가 발생한다.

```
public DatagramSocket(int port) throws SocketException
```
이 생성자는 인수로 지정한 포트에 바인드된 데이터그램 소켓을 생성한다. 따라서 이 생성자는 알려진 포트에서 데이터를 수신해야 하는 서버 측의 소켓 생성을 위하여 사용된다. 왜냐하면 서버가 익명의 포트를 사용한다면, 클라이언트들은 서버와 연결을 할 수 없기 때문이다. 이 메소드 역시 지정된 포트가 이미 사용되거나, 또는 UNIX 시스템에서 1024번 이하의 포트를 사용하면 SocketException 예외가 발생한다.

예제 11.2는 로컬 호스트에서 사용되는 UDP 포트를 출력하는 클래스이다.

[예제 11.2] **UDPPortScanner.java**

```java
import java.net.*;
public class UDPPortScanner
{
    public static void main(String args[]){
        for(int port=1024; port <= 65535; port++){
            try{
                DatagramSocket server = new DatagramSocket(port);
                server.close();
            }catch(SocketException e){
                System.out.println(port+" 포트는 이미 서버가 사용중입니다.");
            }
        }
    }
}
```

◆ 예제 11.2 설명

> 1024 포트부터 65535 포트까지 server DatagramSocket 소켓을 생성할 때, 지정한 포트가 UDP 프로토콜을 사용하는 서버(응용 프로그램)에 의하여 이미 사용중이라면, SocketException 예외가 발생하므로 catch문에 의하여 [xxxx 포트는 이미 서버가 사용중입니다.] 메시지를 화면에 출력한다.

```
public DatagramSocket(int port, InetAddress address)
    throws SocketException
```
이 생성자는 인수로 지정한 port와 address로 주어진 네트워크 인터페이스에서 데이터를 기다리는 소켓을 생성하므로 멀티홈된 호스트(multihomed hosts)에 주로 사용된다. 따라서 두 번째 인수인 address는 호스트의 네트워크 인터페이스 중의 하나와 일치하는 InetAddress

객체이어야 한다. 이 메소드 역시 소켓을 생성하는데 실패하면 SocketException 예외가 발생한다.

3.2 UDP 데이터그램의 송수신

데이터그램 소켓은 send() 및 receive() 메소드를 사용해서 UDP 데이터그램을 전송할 수도 있고 수신할 수도 있다. 또한 하나의 소켓은 동시에 다수의 호스트에 데이터그램을 전송할 수도 있고, 다수의 호스트로부터 데이터그램을 수신할 수도 있다.

    public void send(DatagramPacket dp) throws IOException

이 메소드는 인수로 주어진 dp UDP 데이터그램을 전송한다.

아래는 UDP 데이터그램을 전송하기 위한 절차를 보여준다.

1) DatagramPacket 클래스를 이용하여 상대방의 주소, 포트 번호 및 데이터를 포함하는 송신용 UDP 데이터그램(패킷)을 생성한다. 예를 들면, 상대방 주소가 www.ssc.ac.kr 이고 포트 번호가 5000인 서버에 전송할 데이터가 "My name is Ahn Young-Hwa"인 송신용 데이터그램의 생성은 아래와 같다.

```
………
try{
    InetAddress host = new InetAddress("www.ssc.ac.kr");
    String str = "My name is Ahn Young-Hwa";
    byte[] data = str.getBytes(); // 문자열을 바이트 배열로 변환
    DatagramPacket dp = new DatagramPacket(data, data.length, host, 5000);
} catch(UnknownHostException e){
    System.err.println(e);
}
………
```

2) DatagramSocket 클래스를 이용하여 데이터그램 소켓을 만들고 아래와 같이 send() 메소드를 사용하여 1)에서 만들어진 데이터그램을 전송한다.

```
…….
try{
```

```
            DatagramSocket sender = new DatagramSocket(); // 익명의 포트 사용
            sender.send(dp);
        }catch(IOException e){
            System.err.println(e);
        }
        .......
```

예제 11.3은 키보드로부터 입력된 문장을 discard 서버(예제 11.4로 수신한 모든 패킷을 버림)에 전송하는 클라이언트 프로그램이다. 당연히 서버 프로그램인 예제 11.4를 먼저 실행시켜야 한다.

[예제 11.3] **UDPDiscardClient.java**

```
import java.net.*;
import java.io.*;
public class UDPDiscardClient
{
    public static final int PORT = 9;
    public static String hostname = "localhost";
    public static void main(String args[]){
        BufferedReader input;
        DatagramPacket packet;
        DatagramSocket theSocket;
        try{
            InetAddress server = InetAddress.getByName(hostname);
            input = new BufferedReader(new InputStreamReader(System.in));
            theSocket = new DatagramSocket(); // 데이터그램 소켓 생성
            while(true){
                String theLine = input.readLine();
                if(theLine.equals(".")) break;
                byte[] data = theLine.getBytes();
                packet = new DatagramPacket(data, data.length, server, PORT);
    // PORT는 서버측의 소켓 포트 번호이어야 한다.
                theSocket.send(packet); // 데이터그램을 전송한다.
            }
        }catch(UnknownHostException e){
```

```
            System.out.println(e);
        }catch(SocketException e){
            System.out.println(e);
        }catch(IOException e){
            System.out.println(e);
        }
    }
}
```

> **예제 11.3 설명**
>
> 서버의 주소가 "localhost"이고 포트번호가 9이며 키보드로부터 입력한 문장(theLine)을 데이터로 가지는 데이터그램을 생성하고 데이터그램 소켓 및 send() 메소드를 이용해서 예제 11.4의 discard 서버에 전송한다. 따라서 반드시 서버인 예제 11.4를 먼저 실행시키고 예제 11.3을 실행시켜야 한다. 또한 키보드에서 .를 입력하면 프로그램이 종료된다.

public void receive(DatagramPacket dp) throws IOException

이 메소드는 하나의 UDP 데이터그램을 수신하고 수신한 데이터그램을 인수로 주어진 수신용 dp 데이터그램에 저장한다. 이 메소드는 데이터그램이 수신될 때까지 블록킹된다. 따라서 프로그램이 데이터그램을 기다리는 것 이외의 일을 수행해야 한다면, 별도의 스레드로 receive() 메소드를 호출해야 한다.

인수로 사용되는 수신용 데이터그램의 버퍼는 수신한 데이터그램에 포함된 데이터를 저장할 만큼의 충분한 크기를 가져야 한다. 그렇지 않으면, 수신된 데이터 중에서 버퍼 크기보다 큰 나머지 데이터는 잃게 된다. 참고로 데이터 버퍼의 최대 크기는 65,508 바이트(IP 데이터그램의 최대 크기 65,536 바이트 - IP 헤더 크기 20 바이트 - UPD 헤더 크기 8 바이트)이며 네트워크로부터 UDP 데이터그램을 수신하기 위한 절차는 아래와 같다.

1) 네트워크로부터 수신한 데이터그램을 저장할 수신용 데이터그램 객체를 아래와 같이 생성한다.

```
    .......
    try{
        byte[] buffer = new byte[65508]; // 수신할 데이터를 저장한 바이트 배열
        DatagramPacket in = new DatagramPacket(buffer, buffer.length);
```

```
        // 수신용 데이터그램을 생성한다.
    }catch(IOException e){
        System.err.println(e);
    }
    ........
```

2) 데이터그램 소켓을 만들고(서버용으로 사용되므로 포트를 지정해야 함), receive() 메소드를 사용하여 데이터그램을 수신한다.

```
    ........
    try{
        DatagramSocket receiver = new DatagramSocket(5000);
        receiver.receive(in); // in 패킷에 수신된 데이터그램을 저장한다.
    }catch(IOException e){
        System.err.println(e);
    }
    ........
```

예제 11.4는 예제 11.3의 클라이언트가 전송한 데이터에 대하여 어떤 응답도 하지 않고 수신한 데이터를 버리는 UDP discard 서버를 보여준다.

[예제 11.4] **UDPDiscardServer.java**

```
import java.net.*;
import java.io.*;
public class UDPDiscardServer
{
    public static final int PORT = 9;
    public static final int MAX_PACKET_SIZE = 65508;
    public static void main(String args[]){
        byte[] buffer = new byte[MAX_PACKET_SIZE];
        try{
            DatagramPacket packet = new DatagramPacket(buffer, buffer.length);
            DatagramSocket server = new DatagramSocket(PORT);
            // 서버는 데이터그램 소켓을 만들고, 이 포트(9번)에 들어오는 패킷을 수신한다.
```

```
            while(true){
                try{
                    server.receive(packet);
                    String data = new String(packet.getData(), 0, packet.getLength());
                    System.out.println("IP 주소 : "+packet.getAddress()+" 및 포트 : "+packet.getPort()+" 클라이언트에서 데이터 "+data+"를 전송했음");
                    packet.setLength(buffer.length); // 버퍼의 크기를 다시 설정한다.
                }catch(IOException e){
                    System.out.println(e);
                }
            } // while 종료
        }catch(SocketException se){
            System.out.println(se);
        }
    }
}
```

> **예제 11.4 설명**
>
> 서버 프로그램이므로 포트번호가 지정된 데이터그램 소켓을 만들고 수신용 데이터그램 패킷에 클라이언트가 전송한 패킷을 수신한다. 그리고 수신한 데이터를 문자열로 변환하고 클라이언트(예제 11.3)의 주소 및 포트 번호를 수신한 데이터와 함께 화면에 출력한다.

3.3 기타 지원하는 메소드

DatagramSocket 클래스는 데이터그램 패킷을 송수신하는데 사용하는 send() 및 receive() 메소드외에 아래와 같은 메소드를 지원한다.

public int getLocalPort()

이 메소드는 데이터그램 소켓이 바인드된 로컬 호스트의 포트 번호를 반환한다. 이 메소드는 포트 번호를 지정하지 않고 데이터그램 소켓을 생성한 경우, 소켓이 어떤 포트를 사용하는지를 알고 싶을 때 주로 사용한다.

public InetAddress getLocalAddress()

이 메소드는 바인딩에 사용된 인터페이스의 주소를 반환하며, 일반적으로 모든 인터페이스 주소에 바인딩된 것을 의미하는 0.0.0.0 IP 주소가 디폴트 주소이다.

    public int getPort()

이 메소드는 데이터그램 소켓이 바인드된 상대방(목적지) 호스트의 포트 번호를 반환한다.

    public InetAddress getInetAddress()

이 메소드는 데이터그램 소켓이 바인드된 목적지 호스트의 주소를 반환한다.

    public void connect(InetAddress host, int port) throws IllegalArgumentException

UDP 프로토콜은 비 연결설정형 방식으로 데이터그램을 주고받으므로 하나의 데이터그램 소켓은 어떤 주소 및 포트를 가지는 호스트에 데이터그램을 전송할 수 있고, 반대로 수신할 수도 있다. 그러나 경우에 따라서 데이터그램 소켓도 하나의 목적지 호스트에만 데이터그램을 전송하는 것이 바람직하며, connect() 및 disconnect() 메소드는 이러한 기능을 지원한다.

connect() 메소드는 인수로 주어진 호스트 및 포트에 데이터그램을 전송한다. 따라서 이 메소드로 목적지 호스트 및 포트를 지정한 후에 생성된 데이터그램 소켓은 별도로 목적지 호스트를 지정하지 않아도 된다.

    public void disconnect()

이 메소드는 connect() 메소드에서 지정된 호스트와의 연결을 해제한다.

    public void close()

이 메소드는 데이터그램 소켓이 사용하는 포트를 해제한다. 예를 들면,

```
try{
    DatagramSocket server = new DatagramSocket(27);
    server.close(); //   server가 사용하는 포트 27를 해제한다.
}catch(SocketException e){
    System.out.println(e);
}
```

    public void setSoTimeout(int timeout) throws SocketException

receive() 메소드는 네트워크로부터 데이터그램을 수신할 때까지 무한히 기다린다. 그러나 setSoTimeout() 메소드는 인수로 주어진 정수 값(밀리초)에 의하여 기다리는(blocking) 시간을 제한시킬 수 있다. 만일, 인수 값이 0라면 데이터그램을 무한히 기다린다. UDP 프

로토콜은 데이터그램이 분실된 경우, 데이터그램을 무한히 기다릴 수 있으므로 이 메소드를 사용하여 타임아웃 시간을 설정하는 것이 바람직하다.

    public int getSoTimeout() throws SocketException

이 메소드는 설정된 블록킹 시간을 구하는데 사용한다.

    public void setSendBufferSize(int size) throws SocketException
    public int getSendBufferSize() throws SocketException
    public void setReceiveBufferSize(int size) throws SocketException
    public int getReceiveBufferSize() throws SocketException

위의 메소드는 송신 및 수신 버퍼의 크기를 설정하고 얻는 메소드들이다. 설정된 버퍼의 크기는 한 번에 운영체제 소켓에 또는 운영체제 소켓으로부터 복사되는 바이트의 수에 영향을 준다. 따라서 이러한 메소드는 프로그램의 성능에 영향을 미칠 수 있으나, 버퍼의 크기가 송신 또는 수신되는 데이터그램의 데이터 크기보다 작더라도 데이터를 버리지는 않는다. 만일, 데이터그램의 패킷 크기를 예측할 수 있는 응용 프로그램이 이 메소드를 사용하면 효과적으로 패킷을 읽을 수 있을 것이다.

예제 11.5 및 11.6은 UDP 프로토콜을 이용한 echo 서버와 클라이언트 클래스이다. 예제 11.5는 클라이언트가 전송한 데이터를 수신하여, 수신된 데이터를 클라이언트에 재전송하는 echo 서버를 보여준다. 프로그램의 실행은 먼저 서버 프로그램인 예제 11.5를 실행시키고 클라이언트인 예제 11.6을 실행시켜야 한다.

[예제 11.5] **UDPEchoServer.java**

```java
import java.net.*;
import java.io.*;
public class UDPEchoServer extends Thread
{
    public static final int PORT = 7; // echo 서버 포트
    public static final int BUFFER_SIZE = 8192;
    protected DatagramSocket ds;
    public UDPEchoServer() throws SocketException{
        ds = new DatagramSocket(PORT);
    }
    public void run(){
```

```java
            byte[] buffer = new byte[BUFFER_SIZE];
            while(true){
                DatagramPacket incoming = new DatagramPacket(buffer, buffer.length);
                // 수신용 데이터그램을 생성한다.
                try{
                    ds.receive(incoming); // 데이터그램을 수신한다.
                    String recData = new String(incoming.getData(), 0, incoming.getLength());
                    // 수신한 바이트 데이터를 문자열로 변환한다.
                    System.out.println(recData);
                    DatagramPacket outgoing = new DatagramPacket(incoming.getData(),
incoming.getLength(), incoming.getAddress(), incoming.getPort());
                    // 송신용 데이터그램을 생성한다.
                    ds.send(outgoing); // 데이터그램을 보낸 호스트에 다시 전송한다.
                }catch(IOException e){
                    System.out.println(e);
                }
            }
        }
    public static void main(String args[]){
        try{
            UDPEchoServer server = new UDPEchoServer();
            server.start(); // 스레드 시작
        }catch(SocketException se){
            System.out.println(se);
        }
    }
}
```

◁■ 예제 11.5 설명

예제는 UDP 프로토콜을 이용해서 클라이언트로부터 수신한 패킷을 다시 클라이언트에 전송하는 echo 서버 프로그램이다. 클라이언트로부터 데이터그램을 수신하고 재전송하는 기능은 스레드로 작성되었다. 프로그램은 CTRL-Z 키 입력에 의하여 종료된다.

TCP 프로토콜은 통신하는 호스트간에 먼저 연결을 설정하고 데이터를 송수신하기 때문에 Echo 프로토콜을 구현하는 것은 간단하다. 즉, TCP 기반의 echo 클라이언트는 데이터를 서버에 전송하고, 연결된 스트림을 통하여 데이터를 수신한다.

그러나 UDP 기반의 echo 클라이언트는 서버에 전송한 데이터를 서버가 수신했는지를 확신할 수가 없으므로 클라이언트는 단지 서버로부터 응답만을 기다릴 수가 없다. 따라서 예제 11.6, 11.7 및 11.8과 같이 스레드를 이용하여 서버에 데이터를 송신하고 수신하는 모듈을 별도로 작성해야 한다. 예제 11.6은 스레드를 사용하여 키보드로부터 입력된 데이터를 서버에 전송하고, 서버로부터 다시 데이터를 수신하는 UDP 기반의 echo 클라이언트 클래스이다.

[예제 11.6] **UDPEchoClient.java**

```java
import java.net.*;
import java.io.*;
public class UDPEchoClient
{
    public static final int PORT = 7;
    public static void main(String args[]){
        String hostname = "localhost";
        if(args.length > 0){
            hostname = args[0];
        }
        try{
            InetAddress ia = InetAddress.getByName(hostname);
            DatagramSocket theSocket = new DatagramSocket();
            Sender send = new Sender(ia, PORT, theSocket);
            // 데이터를 송신하는 스레드 클래스로부터 객체를 생성한다.
            send.start(); // 데이터를 송신한다.
            Receiver receive = new Receiver(theSocket);
            // 데이터를 수신하는 스레드 클래스로부터 객체를 생성한다.
            receive.start(); // 데이터를 수신한다.
        }catch(UnknownHostException e){
            System.out.println(e);
        }catch(SocketException se){
            System.out.println(se);
```

```
        }
    }
}

class Sender extends Thread
{
    InetAddress server;
    int port ;
    DatagramSocket theSocket;
    public Sender(InetAddress ia, int port, DatagramSocket ds){
        server = ia;
        this.port = port;
        theSocket = ds;
    }
    public void run(){
        BufferedReader reader;
        String line;
        DatagramPacket packet;
        try{
            reader = new BufferedReader(new InputStreamReader(System.in));
            while(true){
                line = reader.readLine(); // 키보드로부터 데이터를 입력받는다.
                if(line.equals(".")) System.exit(0);
                line = line.toString()+"\r\n";
                byte[] data = line.getBytes("ASCII"); // 바이트 데이터로 변환한다.
                packet = new DatagramPacket(data, data.length, server, port);
// server 및 port는 각각 상대방 호스트(서버)의 주소 및 포트번호이다.
                theSocket.send(packet); // 데이터를 송신한다.
                Thread.yield();
            }
        }catch(IOException e){
            System.out.println(e);
        }
    }
}
```

}

```
class Receiver extends Thread
{
    DatagramSocket theSocket;
    protected DatagramPacket packet;
    public Receiver(DatagramSocket ds){
        theSocket = ds;
        byte[] buffer = new byte[65508];
        packet = new DatagramPacket(buffer, buffer.length);
    }
    public void run(){
        while(true){
            try{
                theSocket.receive(packet); // 데이터를 수신한다.
                String data = new String(packet.getData(), 0, packet.getLength());
                System.out.println(data);
                Thread.yield();
            }catch(IOException e){
                System.out.println(e);
            }
        }
    }
}
```

예제 11.6 설명

예제 11.6은 echo 클라이언트를 구현하는 주프로그램이며 Sender 클래스는 키보드로부터 입력받은 데이터를 echo 서버(예제 11.5)에 전송하고 Receiver 클래스는 서버가 재전송한 데이터그램을 수신하는 스레드 클래스이다.

연결지향적인 TCP 프로토콜을 이용해서 데이터를 송수신하는 echo 클라이언트는 서버와 고정된 라인을 통해서 이루어지기 때문에 클라이언트가 서버에 데이터를 송신하고 수신하는 루틴을 하나의 스레드로 함께 순차적으로 작성을 하여도 문제가 없다. 그러나 비연결지향적인 UDP 프로토콜을 이용해서 데이터를 송수신하는 echo 클라이언트는 서버에 전송한 데이터가 도착되었는지를 확인을 하기 어렵기 때문에 Sender 및 Receiver 클래스와 같이 송신과 수신을 하는 부문을 별도의 스레드로 작성해야 한다.

또한, 예제 11.5의 서버 프로그램을 미리 수행시키고 다수의 클라이언트 프로그램을 수행시켜도 모든 클라이언트가 서버와 통신을 할 수 있다.

예제 11.7 및 예제 11.8은 GUI 기반에서 UDP 프로토콜을 이용하여 echo 서버 및 클라이언트의 기능을 수행하는 클래스들이다.

[예제 11.7]

```java
import java.io.*;
import java.net.*;
import java.awt.*;
import java.awt.event.*;
public class ServerUDP extends Frame
{
    private TextArea display;
    private DatagramPacket sendPacket, receivePacket;
    private DatagramSocket socket;
    public ServerUDP(){
        super( "서버" );
        display = new TextArea();
        add( display, BorderLayout.CENTER );
        addWindowListener(new WinListener());
        setSize( 400, 300 );
        setVisible( true );
        try {
            socket = new DatagramSocket( 5000 ); // 서버에서 사용되는 포트번호(5000)
        }catch( SocketException se ) {
            se.printStackTrace();
            System.exit( 1 );
        }
    }
    public void waitForPackets()
    {
        while ( true ) {
            try { // 수신용 패킷을 만든다.
```

```java
            byte data[] = new byte[ 100 ];
            receivePacket =  new DatagramPacket( data, data.length );
            socket.receive( receivePacket ); // 패킷의 수신을 기다린다.
            display.append( "\n수신된 패킷:" +
                "\n클라이언트 주소: " + receivePacket.getAddress() +
                "\n클라이언트 포트번호: " + receivePacket.getPort() +
                "\n메시지 길이: " + receivePacket.getLength() +
                "\n메시지 : " + new String( receivePacket.getData() ) );
            // 수신받은 패킷을 다시 클라이언트에 전송한다.
            display.append( "\n\n클라이언트로 다시 전송(Echo data)...)");
            sendPacket = new DatagramPacket(
                            receivePacket.getData(),
                            receivePacket.getLength(),
                            receivePacket.getAddress(),
                            receivePacket.getPort() ); // 한줄의 명령임
            socket.send( sendPacket ); // 위에서 만들어진 패킷을 전송한다.
            display.append( "패킷 전송 완료\n" );
        }catch( IOException io ) {
            display.append( io.toString() + "\n" );
            io.printStackTrace();
        }
    }
}
public static void main( String args[] ){
    ServerUDP s = new ServerUDP();
    s.waitForPackets();
}
class WinListener extends WindowAdapter{
    public void windowClosing(WindowEvent e){
        System.exit(0);
    }
}
}
```

[예제 11.8]
```java
import java.io.*;
import java.net.*;
import java.awt.*;
import java.awt.event.*;
public class ClientUDP extends Frame implements ActionListener
{
    private TextField enter;
    private TextArea display;
    private DatagramPacket sendPacket, receivePacket;
    private DatagramSocket socket;
    public ClientUDP(){
        super( "클라이언트" );
        enter = new TextField( "메시지를 입력하세요" );
        enter.addActionListener( this ); // 입력된 데이터를 전송하기 위한 이벤트
        add( enter, BorderLayout.NORTH );
        display = new TextArea();
        add( display, BorderLayout.CENTER );
        addWindowListener(new WinListener());
        setSize( 400, 300 );
        setVisible( true );
        try {
            socket = new DatagramSocket(4000); // 클라이언트가 사용하는 포트번호(4000)
        }catch( SocketException se ) {
            se.printStackTrace();
            System.exit( 1 );
        }
    }
    public void waitForPackets(){
        while ( true ) {
            try { // 수신용 패킷을 만든다.
                byte data[] = new byte[ 100 ];
                receivePacket = new DatagramPacket( data, data.length );
                socket.receive( receivePacket ); // 패킷을 기다린다.
                display.append( "\n수신된 패킷:" +
```

```java
                    "\n서버 주소: " + receivePacket.getAddress() +
                    "\n서버 포트번호: " + receivePacket.getPort() +
                    "\n메시지 길이: " + receivePacket.getLength() +
                    "\n메시지 : " + new String( receivePacket.getData() ) );
            }catch( IOException exception ) {
                display.append( exception.toString() + "\n" );
                exception.printStackTrace();
            }
        }
    }
    public void actionPerformed( ActionEvent e ){
        try {
            display.append( "\n송신 메시지: " + e.getActionCommand() + "\n" );
            String s = e.getActionCommand(); // 서버에 보낼 데이터를 구한다.(텍스트필드)
            byte data[] = s.getBytes(); // 문자열을 바이트 배열로 변환한다.
sendPacket=new DatagramPacket(data, data.length, InetAddress.getLocalHost(), 5000);
            socket.send( sendPacket );
            display.append( "패킷 전송 완료\n" );
        }catch ( IOException exception ) {
            display.append( exception.toString() + "\n" );
            exception.printStackTrace();
        }
    }
    public static void main( String args[] )
    {
        ClientUDP c = new ClientUDP();
        c.waitForPackets();
    }
    class WinListener extends WindowAdapter{
        public void windowClosing(WindowEvent e){
            System.exit(0);
        }
    }
}
```

예제 11.8 설명

서버 프로그램인 예제 11.7를 먼저 실행하고 클라이언트인 예제 11.8을 실행시킨다. 그리고 클라이언트의 텍스트 필드에 전송하고자하는 데이터 및 엔터키를 입력하면, 입력한 데이터는 서버에 전송되고 서버는 수신한 데이터를 다시 클라이언트에 전송하는 에코 서버의 기능을 수행한다.

데이터그램 소켓을 생성하는 socket = new DatagramSocket(5000); 및 socket = new DatagramSocket(4000);은 각각 서버 측에서 사용하는 포트 번호는 5000번이고 클라이언트에서 사용하는 포트 번호는 4000번을 의미한다. 즉, 그림 11.2와 같이 5000 및 4000은 실제 서버 및 클라이언트에서 송수신에 사용되는 포트 번호를 의미한다.

[그림 11.2] 서버 및 클라이언트의 포트번호

전송하기 위한 패킷을 만들 때 사용되는 포트 번호는 상대측이 사용하는 포트 번호를 사용해야한다. 예를 들면, 클라이언트에서 보내는 패킷을 만드는 actionPerformed() 메소드의 여섯 번째 줄에서 sendPacket 객체는 5000번 포트를 사용하였다.

반대로 서버는 송신할 패킷이 4000번 포트를 포함해야 한다. 따라서 waitForPackets() 메소드에서 sendPacket 객체를 생성할 때 사용된 DatagramPacket() 생성자의 네 번째 인수로 사용된 receivePacket.getPort() 메소드는 클라이언트에서 사용되는 포트번호 4000을 반환한다. 아래는 서버와 클라이언트의 실행 결과를 보여준다.

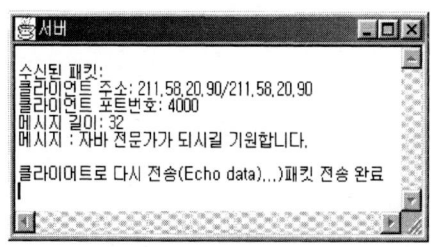 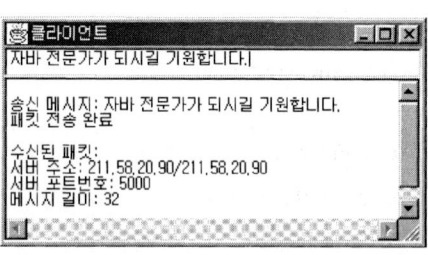

1. 예제 11.1의 클래스에서 송신용 데이터그램의 전송할 데이터, 상대방 주소, 상대방의 포트번호를 해당하는 setXxx() 메소드들을 사용해서 데이터그램을 생성하고 같은 결과가 출력되도록 수정하시오.

2. 예제 7.3 및 예제 8.3의 daytime 서버 및 클라이언트 프로그램을 UDP 프로토콜을 사용하여 구현하시오.

3. 예제 11.5 및 예제 11.6은 한글지원이 안 된다. 한글이 지원되도록 클래스를 수정하시오.

4. 예제 11.7 및 예제 11.8을 수정해서 서버와 클라이언트가 일대일로 대화말을 주고받을 수 있도록 수정하시오.

URLConnection 클래스

12.1 URLConnection 객체 생성
12.2 URLConnection 클래스의 메소드
12.3 기타 메소드들

12 URLConnection 클래스

URLConnection 클래스는 URL에 의하여 지정되는 자원에 대한 활성화된 연결을 나타내는 추상 클래스이다. 따라서 URLConnection 클래스의 객체는 URL이 지정하는 파일을 읽을 뿐 아니라 HTTP 서버의 정보, 파일의 형식 및 길이와 같은 MIME 정보 그리고 HTTP 요청 헤더의 정보를 얻을 수 있다. 또한 URLConnection 클래스를 사용하면 이진 데이터를 다운로드 받을 수 있고 POST 방식으로 웹 서버에 데이터를 전송할 수도 있다.

1. URLConnection 객체 생성

URLConnection 클래스는 자바에서 지원하지 않는 새로운 종류의 프로토콜을 지원하기 위해 작성하는 프로토콜 핸들러 클래스의 상위 클래스로 사용되는 추상 클래스이다. 즉, 새로운 프로토콜을 지원하기 위하여 작성하는 프로토콜 핸들러 클래스는 URLConnection 클래스로부터 상속받아 작성된다. 그러나 이 책에서는 프로토콜 핸들러는 다루지 않고 단지 URLConnection 클래스를 사용하여 서버의 파일을 읽기, 헤더의 구문 분석, 이진 데이터의 다운로드 등을 살펴본다.

URLConnection은 추상 클래스이므로 서브 클래스로부터 객체를 생성해야 한다. 그러나 URL 클래스의 openConnection() 메소드(6.2.4절 참조)를 사용하여 URLConnection 객체를 생성하고 URL이 지정하는 원격 자원에 연결을 할 수 있다. 따라서 URLConnection 객체를 생성하기 위해서는 먼저 URL 객체를 생성해야 한다. 예제 12.1은 http://www.ssc.ac.kr URL 에 연결된 URLConnection 객체의 생성을 보여준다.

[예제 12.1]   MakeURLConnection.java

```java
import java.net.*;
import java.io.*;
public class MakeURLConnection
{
    public static void main(String args[]){
        URL u;
        URLConnection uc;
        try{
            u = new URL("http://www.ssc.ac.kr"); // URL 객체를 생성한다.
            uc = u.openConnection(); // u에 연결된 uc URLConnection 객체를 생성
            System.out.println("uc 객체 : "+uc);
        }catch(MalformedURLException e){
            System.out.println(e);
        }catch(IOException e){
            System.out.println(e);
        }
    }
}
```

◁▶ 예제 12.1 설명

URL 객체와 openConnection() 메소드를 이용해서 URLConnection 객체를 생성하며 아래는 클래스의 실행 결과를 보여준다.

uc 객체 : sun.net.www.protocol.http.HttpURLConnection:http://www.ssc.ac.kr

2. URLConnection 클래스의 메소드

URLConnection 객체를 생성하고 이 클래스에서 지원하는 메소드를 이용하면 HTTP 서버가 전송하는 MIME 헤더의 정보를 얻을 수 있고 또한 파일의 내용을 읽을 수 있다.

2.1 헤더의 구문 분석 메소드들

MIME(Multipurpose Internet Mail Extension)은 인터넷 전자 메일을 통해, 여러 종류의 데

이터를 전송하기 위한 개방형 표준(RFCs 2045-2049)이다. MIME은 원래 전자 메일용으로 개발되었지만, 현재는 파일의 컨텐트를 묘사하는 기술로서 폭 넓게 사용되고 있다. 예를 들면, MIME은 클라이언트에 보내고 있는 데이터의 종류를 식별하기 위한 HTTP 서버에서 사용된다. 따라서 웹 브라우저는 전송되어 온 파일이 GIF 이미지 파일인지, 텍스트 파일인지를 알기 위해 MIME 정보를 사용한다.

MIME는 사전에 정의된 수 백 가지의 컨텐트 유형을 지원한다. 컨텐트 유형은 일반 유형과 세부유형으로 구분된다. 일반 유형은 어떤 종류의 데이터가 들어 있는지 구분하기 위해 일반적인 범주를 사용한다. 예를 들면, 그림 파일(image)인지, 텍스트 파일(text)인지, 아니면 동영상 파일(video)인지 정도를 구분한다. 세부 유형은 좀 더 세분화된 범주를 사용한다. 그림 파일이라면 GIF 이미지인지, JPEG 이미지인지, TIFF 이미지인지를 구분한다. 예를 들면, 브라우저가 수신한 HTML의 컨텐트 유형이 text/html이라면 일반 유형은 text이고, 세부 유형은 html이다. 또한 GIF 이미지를 위한 컨텐트 유형은 image/gif인데 일반유형은 image이고 세부유형은 gif이다.

서버는 클라이언트(웹 브라우저)가 요청한 문서에 대하여 아래와 같이 요청한 문서 앞에 헤더(MIME)를 추가하여 전송한다.

```
HTTP/1.0 OK 200
Server : ssc.ac.kr
MIME-version:1.0
Content-type: text/html
Content-length:107

<html>
    // html 코드
    .....
</html>
```

위와 같이 HTTP 서버는 실제 파일 앞에 MIME 정보를 포함하여 컨텐트 코드화 방법, 날짜와 시간, 컨텐트의 바이트 길이, 컨텐트의 만기일, 컨텐트가 마지막으로 수정된 날짜 등을 전송한다. 그러나 전송되는 정보는 서버에 따라 다르다. 어떤 서버는 위의 모든 정보를 모두 보내는가 하면, 어떤 서버는 일부만 전송한다. 따라서 클라이언트가 수신한 파일에서 MIME의 헤더를 분석하면 파일의 컨텐트 유형 및 크기 등을 알 수 있으며, URLConnection 클래스는 헤더의 구문 분석을 위하여 아래와 같은 메소드를 지원한다.

public String getContentType()

이 메소드는 파일 데이터의 컨텐트 유형을 반환하며 컨텐트 유형 정보가 없으면 null을 반환한다. text/html은 웹 서버와 접속하는 경우 가장 흔한 컨텐트 유형이다. 이외에도 흔히 볼 수 있는 컨텐트 유형으로는 text/plain, image/gif, image/jpeg가 있다.

public int getContentLength()

이 메소드는 컨텐트(파일)의 바이트 길이를 반환한다. 많은 서버들이 텍스트 파일을 보낼 때에는 컨텐트의 길이를 보내지 않고 이진 데이터를 보낼 때에만 컨텐트의 길이를 헤더 정보 속에 포함시킨다. 만약, 컨텐트 길이가 헤더에 없으면, 이 메소드는 -1을 반환한다. 이 메소드는 몇 바이트를 읽어야 할지를 결정하기 위해, 또는 컨텐트를 모두 저장할 버퍼의 길이를 사전에 결정하기 위해 사용한다.

public String getContentEncoding()

이 메소드는 컨텐트가 코드화된 방법을 문자열로 반환한다. 만약, 컨텐트가 코드화되지 않은 상태에서 전송되었다면 null을 반환한다. 일반적으로 사용되는 코드화 방법은 Base-64와 quoted-printable이지만, 웹에서는 컨텐트를 거의 코드화하지 않는다.

public long getDate()

이 메소드는 문서가 언제 전송되었는지를 1970년 1월 1일 GMT 0시를 기준으로 하여 경과된 초를 정수 값으로 반환한다. 이 값은 아래와 같이(uc는 URLConnection 객체) Date 객체로 변환할 수 있다.

    Date sentDate = new Date(uc.getDate());

이 시간은 서버가 문서를 보낸 시간이므로 로컬 시스템의 시간과 일치하지 않을 수 있다. 날짜 헤더가 MIME 헤더에 들어있지 않으면, 이 메소드는 0을 반환한다.

public long getExpiration()

이 메소드는 문서가 캐쉬에서 머무를 수 있는 시각을 1970년 1월 1일 GMT 0시를 기준으로 하여 경과된 초로 반환한다. 즉, 이 메소드가 반환한 시각 이후에 문서는 캐쉬에서 사라지므로 다시 사용하기 위해서는 재적재 해야 한다. 실제로 이 정보를 보내는 헤더는 거의 없다. 만약, 헤더 정보에 만기일 정보가 들어있지 않으면 이 메소드는 0을 반환하는데, 문서는 만기가 되지 않으며 재적재 되지 않아도 무한히 캐시에 머무를 수 있다는 뜻이다.

public long getLastModified()

이 메소드는 문서가 최종적으로 수정된 날짜를 반환하며 이 정보가 헤더에 들어있지 않으면 0을 반환한다.

예제 12.2는 명령어 라인에서 입력한 URL의 컨텐트 유형, 컨텐트 길이, 컨텐트 코드화 기법, 최종 수정일, 만기일 및 현재 날짜를 출력하는 클래스이다.

[예제 12.2]　**GetMIMEHeader.java**

```java
import java.net.*;
import java.io.*;
import java.util.*;
public class GetMIMEHeader
{
    public static void main(String args[]){
        URL u;
        URLConnection uc;
        if(args.length ==0){
            System.out.println("URL를 입력하세요!!!");
            return;
        }
        for(int i=0; i<args.length; i++){
            try{
                u = new URL(args[i]); // URL 객체를 생성한다.
                uc = u.openConnection(); // uc URLConnection 객체를 생성
                System.out.println("컨텐트 유형 : "+uc.getContentType());
                System.out.println("컨텐트 인코딩 : "+uc.getContentEncoding());
                System.out.println("문서전송날짜 : "+new Date(uc.getDate()));
                System.out.println("최종수정날짜 : "+new Date(uc.getLastModified()));
                System.out.println("문서만기날짜 : "+new Date(uc.getExpiration()));
                System.out.println("문서길이 : "+uc.getContentLength());
            }catch(MalformedURLException e){
                System.out.println("입력된 URL은 잘못된 URL 입니다.");
            }catch(IOException e){
                System.out.println(e);
            }
```

            }
        }
}

> 예제 12.2 설명

사용자가 입력한 URL에 대하여 서버가 보낸 헤더 정보를 구하여 화면에 출력한다. 예를 들면, 명령어 라인에서 java GetMIMEHeader http://chosun.com을 입력하면 실행 결과는 아래와 같다.

컨텐트 유형 : text/html
컨텐트 인코딩 : null
문서전송날짜 : Wed Jun 12 16:16:29 KST 2013
최종수정날짜 : Thu Jan 01 09:00:00 KST 1970
문서만기날짜 : Thu Jan 01 09:00:00 KST 1970
문서길이 : -1

2.2 서버로부터 데이터를 가져오는 메소드들

URLConnectuon 클래스는 URL 클래스와 마찬가지로 아래의 메소드들을 이용해서 파일의 내용을 읽거나 쓸 수 있다.

    public InputStream getInputStream()

이 메소드는 서버로부터 데이터를 가져오기 위한 입력 스트림을 반환한다. 따라서 URLConnection 클래스를 이용하여 서버로부터 데이터를 가져오기 위해서는

1) URL 객체 생성한다.
2) openConnection() 메소드를 이용한 URLConnection 객체 생성한다.
3) getInputStream() 메소드를 사용하여 입력 스트림 객체를 생성한다.

와 같은 절차를 수행해야 하며 예제 12.3은 예제 12.1에 나머지 과정을 추가하여 서버로부터 index.html 파일을 읽어 화면에 출력하는 클래스이다.

[예제 12.3] **ReadHTMLFile.java**

```
import java.net.*;
import java.io.*;
public class ReadHTMLFile
```

```java
{
    public static void main(String args[]){
        String data;
        URL u;
        URLConnection uc;
        try{
            u = new URL("http://chosun.com");
            uc = u.openConnection(); // uc URLConnection 객체를 생성
            InputStream is = uc.getInputStream(); // 입력 스트림 객체를 생성한다.
            BufferedReader reader = new BufferedReader(new InputStreamReader(is));
            while((data = reader.readLine()) != null){
                System.out.println(data); // index.html 파일을 화면에 한줄씩 출력한다.
            }
        }catch(MalformedURLException e){
            System.out.println(e);
        }catch(IOException e){
            System.out.println(e);
        }
    }
}
```

> ➡ 예제 12.3 설명
>
> URL 객체 u를 생성한 후에 URLConnection 객체 uc를 생성한다. 그리고 URL이 가리키는 파일을 읽기 위한 reader 문자 입력 객체를 생성하여 u URL 객체가 가리키는 파일 (index.html)의 내용을 한 줄씩 읽어서 화면에 출력한다.

예제 12.4는 GUI 환경에서 URLConnection을 사용하여 파일의 컨텐트 유형 및 파일의 내용을 읽도록 예제 6.8을 수정한 클래스이다.

[예제 12.4] **ReadServerFileConn.java**

```java
import java.awt.*;
import java.awt.event.*;
import java.net.*;
import java.io.*;
public class ReadServerFileConn extends Frame implements ActionListener
```

```java
{
    private TextField enter;
    private TextArea contents;
    public ReadServerFileConn(){
        super("호스트 파일 읽기");
        setLayout( new BorderLayout() );
        enter = new TextField( "URL를 입력하세요!" );
        enter.addActionListener( this );
        add( enter, BorderLayout.NORTH );
        contents=new TextArea("", 0, 0, TextArea.SCROLLBARS_VERTICAL_ONLY);
        add( contents, BorderLayout.CENTER );
        addWindowListener(new WinListener());
        setSize(350, 150);
        setVisible(true);
    }
    public void actionPerformed( ActionEvent e ) {
        URL url;
        URLConnection urlconn;
        InputStream is;
        BufferedReader input;
        String line;
        StringBuffer buffer = new StringBuffer();
        String location = e.getActionCommand();  // 텍스트 필드에 입력된 URL를 구한다.
        try {
            url = new URL( location );
            urlconn = url.openConnection();  // URLConnection 객체를 생성한다.
            String headertype = urlconn.getContentType();
            is = urlconn.getInputStream();  // InputStream 객체생성
            input = new BufferedReader(new InputStreamReader(is));
            contents.setText( "파일을 읽는 중입니다...." );
            line="헤더타입 : "+headertype+"\n";
            buffer.append(line);
            while ( ( line = input.readLine() ) != null )  // 파일(웹페이지)을 읽는다.
                buffer.append( line ).append( '\n' );
            contents.setText( buffer.toString() );  // 읽은 파일을 텍스트 에리어에 출력
```

```
            input.close();
        }catch(MalformedURLException mal) {
            contents.setText("URL 형식이 잘못되었습니다.");
        }catch ( IOException io ) {
            contents.setText( io.toString() );
        }catch ( Exception ex ) {
            contents.setText( "호스트 컴퓨터의 파일만을 열 수 있습니다." );
        }
    }
    public static void main(String args[]){
        ReadServerFileConn read = new ReadServerFileConn();
    }
}
class WinListener extends WindowAdapter
{
    public void windowClosing(WindowEvent we){
        System.exit(0);
    }
}
```

예제 12.4 설명

예제는 URL 클래스 대신 URLConnection 클래스를 사용하여 url 객체로 지정된 호스트로부터 파일을 읽고, getContentType() 메소드를 이용하여 읽은 파일의 타입을 텍스트 에리어의 첫 줄에 출력하는 차이만 있다.

　　　public OutputStream getOutputStream()

이 메소드는 URLConnection 클래스를 사용하여 서버에 데이터를 전송할 수 있는 출력 스트림을 반환한다. 그러나 URLConnection 클래스를 사용해서 서버에 데이터를 전송하기 위해서는 아래의 부분 프로그램과 같이 setDoOutout() 메소드(12.2.3절 참조)를 사용해서 쓰기 기능을 설정해야 한다.

```
    .....
    try{
        URL u = new URL("http://www.ssc.ac.kr");
        URLConnection uc = u.openConnection();
```

```
        uc.setDoOutput(true); // 쓰기 기능을 설정한다.
        DataOutputStream dos = new DataOutputStream(uc.getOutputStream());
        dos.writeBytes("This is sample data");
        dos.close();
    }catch(Exception e){
        System.out.println(e);
    }
    .....
```

public Object getContent() throws IOException

이 메소드는 URL이 지정한 객체(파일)를 다운로드 받는다. 그러나 메소드가 정상적으로 동작하기 위해서는 자바환경이 컨텐트 유형을 이해하고 인식할 수 있어야 한다. 현재 이해되는 유형으로는 text/plain, image/gif, image/jpeg가 있다. 이외의 컨텐트를 이해하기 위해서는 추가적인 컨텐트 핸들러를 설치해야 한다. 컨텐트 핸들러를 설치하지 않으면 getInputStream() 메소드를 사용하여 입력 스트림 객체를 생성하고 이를 통하여 컨텐트를 읽어서 컨텐트의 유형을 구하여 처리할 수도 있다.

getContent() 메소드는 MIME 유형을 잘 이해하고 있는 HTTP와 같은 프로토콜에서만 작동이 된다. 만약, 컨텐트 유형이 알려져 있지 않거나, 또는 프로토콜이 컨텐트 유형을 이해할 수 없다면 UnknownServiceException이 발생한다.

2.3 URLConnection의 환경 설정 메소드

URLConnection 객체는 setup 또는 connected 상태를 가진다. URLConnection 객체를 생성하면 자동적으로 setup 상태가 되며 setup 상태에서 입출력 지원, 사용 언어 및 캐쉬의 지원 등과 같은 URLConnection의 환경을 설정할 수도 있다. 그리고 setup 상태에서 connected 상태로 전환하기 위해서는 명시적으로 connect() 메소드를 사용하거나, 앞 절에서 배운 헤더 파일을 읽는 메소드 또는 파일의 내용을 읽는 메소드를 실행하면 자동적으로 connected 상태로 전환된다. 본 절에서는 URLConnection 객체의 환경을 설정하는 메소드를 살펴보며 이러한 메소드는 반드시 setup 상태에서 실행해야 한다.

public void setDoInput(boolean doinput)

URLConnection 객체를 생성하면, 이 객체는 기본적으로 원격 자원의 내용을 읽을 수 있으나, 원격 서버에 데이터를 쓰는 기능을 지원하지 않는다. setDoInput() 메소드는 인수를 true를 사용하면 읽는 기능을 설정하고, false를 사용하면 읽는 모드를 해제시킨다.

public void setDoOutput(boolean dooutput)

이 메소드는 인수를 true를 사용하면 쓰는 기능을 설정하고, false를 사용하면 쓰는 모드를 해제시킨다.

public boolean getDoInput()
public boolean getDoOutput()

getDoInput() 및 getDoOutput() 메소드는 현재의 모드 상태를 구하는데 사용된다.

위의 메소드들은 반드시 setup 상태에서 호출해야 한다. 따라서 connect() 메소드를 호출한 후에 이 메소드들을 사용하면 IllegalAccessError 예외가 발생한다.

public void setRequestProperty(String key, String value)

이 메소드는 key-value의 쌍을 사용하여 URLConnection의 특성을 설정할 수 있다. key-value의 형태는 사용되는 프로토콜에 의존한다. 예를 들면, HTTP 프로토콜에서 setRequestProperty("Accept-language", "fr")은 문서가 프랑스어로 처리될 것을 요청한다.

public String getRequestProperty(String key)

이 메소드는 인수로 주어진 key에 해당하는 value를 구하는데 사용한다. connect() 메소드를 호출한 후에 이 메소드들을 사용하면 IllegalAccessError 예외가 발생한다.

public void setUseCaches(boolean usecaches)

어떤 프로토콜은 성능을 향상시키기 위하여 이전에 질의된 결과를 캐쉬에 저장한다. setUseCaches() 메소드는 인수가 true이면 캐쉬 기능을 설정하고, false이면 캐쉬 기능을 해제한다.

public boolean getUseCaches()

이 메소드는 현재의 캐쉬 설정 상태를 구하는데 사용한다. connect() 메소드를 호출한 후에 이 메소드들을 사용하면 IllegalAccessError 예외가 발생한다.

public void setAllowUserInteraction(boolean allowuserinteraction)

이 메소드는 URL이 지정하는 자원을 접근하는데 사용자 대화 기능을 지원 또는 해제한다.

public boolean getAllowUserInteraction()

이 메소드는 설정된 사용자 대화 기능의 내용을 읽는 메소드이며 connect() 메소드를 호출한 후에 이 메소드을 사용하면 IllegalAccessError 예외가 발생한다.

public void setIfModifiedSince(long timemills)

이 메소드는 인수로 주어진 시간 이후에 수정된 파일만을 읽도록 한다.

public long getIfModifiedSince()

이 메소드는 setIfModifiedSince(long timemills) 메소드가 설정한 값을 읽을 때 사용하며 connect() 메소드를 호출한 후에 이 메소드들을 사용하면 IllegalAccessError 예외가 발생한다.

public URL getURL()

이 메소드는 URLConnection 객체를 생성시킨 URL를 구하는데 사용한다.

예제 12.5는 "http://www.ssc.ac.kr" URL에 대한 URLConnection 객체 uc를 생성하고 getURL() 메소드를 사용하여 URL 값을 구하여 화면에 출력하는 클래스이다.

[예제 12.5] **GetURLConnection.java**

```java
import java.net.*;
import java.io.*;
public class GetURLConnection
{
    public static void main(String args[]){
        URL u;
        URLConnection uc;
        try{
            u = new URL("http://www.ssc.ac.kr");
            uc = u.openConnection(); // u에 연결된 uc URLConnection 객체를 생성
            System.out.println(uc.getURL());
        }catch(MalformedURLException e){
            System.out.println(e);
        }catch(IOException e){
            System.out.println(e);
        }
    }
}
```

◁▦ 예제 12.5 설명

URLConnection 객체(uc)를 생성하고 getURL() 메소드를 사용하여 URL 객체를 구함으로 아래와 같이 실행결과를 출력한다.

http://www.ssc.ac.kr

URLConnection 클래스는 13개의 필드를 포함한다. 아래의 7개의 정적 변수는 앞 절에서 배운 메소드를 사용하여 설정되고 클라이언트와 서버사이에 통신 환경을 정의한다. 나머지 6개는 특정 URLConnection의 상태를 정의한다.

```
protected URL url;
protected boolean doInput = true;
protected boolean doOutput = false;
protected boolean allowUserInteraction = defaultAllowUserInteraction;
protected boolean useCaches = defaultUseCaches;
protected long ifModifiedSince = 0;
protected boolean connected;
```

오른쪽의 값은 해당 필드의 초기 값을 나타낸다. connected 필드는 지정된 URL과 연결의 상태를 부울 값으로 반환한다. 만약, 연결이 열려 있으면 true 값을 반환하고 닫혀있으면 false 값을 반환한다. 이 필드들의 접근 한정자는 protected이므로 URLConnection의 객체나 서브 클래스에서만 접근할 수 있다.

```
public abstract void connect() throws IOException
```

URLConnection 객체를 생성하더라도 로컬 호스트와 원격 호스트간에 실질적인 연결이 되지 않는다는 것을 배웠다. connect() 메소드는 로컬 호스트와 원격 호스트간에 실질적인 연결을 만드는 메소드이다. 그러나 이 메소드를 명시적으로 호출하지 않아도 환경을 설정하는 메소드를 제외한 메소드들(헤더 구문 분석 및 입출력 스트림을 구하는 메소드들)은 자동적으로 connect() 메소드를 호출한다. 따라서 이러한 메소드를 사용할 때는 명시적으로 connect() 메소드를 호출할 필요가 없다. 아래는 connect() 메소드를 사용하는 예이다.

```
    ......
    try{
        u = new URL("http://www.ssc.ac.kr");
        uc = u.openConnection(); // uc URLConnection 객체를 생성
        uc.connect(); // "www.ssc.ac.kr" 호스트와 연결한다.
    }catch(MalformedURLException e){
        System.out.println(e);
    ......
```

3. 기타 메소드들

12.2.1절에서 배운 5컨텐트의 헤더를 분석하는 메소드는 인수 없이 헤더의 내용을 읽어오는 기본적인 메소드들이다. 그러나 헤더의 내용은 key/value 쌍으로 구성되어 있다. 예를 들면, 컨텐트 유형을 가리키는 헤더의 key는 Content-type이고, value는 text/html 등이다. URLConnection 클래스는 헤더의 key 값을 인수로 전달하고 대응하는 value의 값을 구하는 메소드를 아래와 같이 지원한다.

　　public String getHeaderField(String name)
　이 메소드는 인수로 주어진 name(key 값)에 해당하는 value 값을 반환한다. 만일, 인수로 전달된 key가 헤더에 포함되지 않으면 null을 반환한다.

　　public int getHeaderFieldInt(String name, int default)
　이 메소드는 인수로 name(key 값)에 해당하는 value 값을 정수로 반환한다. 만일, 해당하는 value가 정수로 변환될 수 없다면, 두 번째 인수로 주어진 default 값을 반환한다.

　　public long getHeaderFieldDate(String name, long default)
　이 메소드는 name(key 값)에 해당하는 value(문자열)을 밀리초 long 값으로 변환하여 반환한다. 반환될 수 없다면, 두 번째 인수로 지정된 dafault 값을 반환한다.

　　public String getHeaderField(int n)
　이 메소드는 헤더의 key-value 쌍에서 인수로 주어진 n 번째 value 값을 반환한다.

　　public String getHeaderFieldKey(int n)
　이 메소드는 인수로 주어진 n 번째 value 값을 반환한다.

2 개의 메소드는 key-value 쌍이 헤더에 포함되지 않으면 null 값을 반환한다. 따라서 이 2개의 메소드를 사용하여 반복문을 실행하면(key-value 값이 모두 null일 때까지) 헤더의 모든 내용을 읽을 수 있다.

HTTP 서버는 MIME 유형으로 데이터를 처리하므로 getContentType() 메소드를 사용하여 서버로부터 받은 데이터의 유형을 얻을 수 있다. 그러나 MIME가 무엇인지 전혀 모르는 FTP 프로토콜, 심지어 MIME를 사용하는 HTTP 서버조차도 MIME 헤더를 제공하지 않거나, 거짓말을 하기도 하고, 잘못된 헤더를 제공하기도 한다. 자바는 헤더에서 컨텐트 유형을 알 수 없을 때, 또는 컨텐트 정보는 있기는 하지만 이를 믿지 못할 때 전송되는 데이터의 확장자 명이나 초기 데이터를 통하여 MIME 유형을 알아내는 2개의 메소드가 있다.

protected static String guessContentTypeFromName(String name)

이 메소드는 파일 부분의 확장자를 기초로 해서 컨텐트 유형을 조사하기 때문에, 이 추측값은 거의 정확하다. 예를 들면, 파일의 확장자가 gif이면 컨텐트 유형은 image/gif이며 mpg, mpe, mpeg이면 컨텐트 유형은 video/mpeg를 반환한다.

protected static String guessContentTypeFromStream(InputStream is)

이 메소드는 데이터 스트림에서 시작하는 몇 바이트를 살펴봄으로서 컨텐트의 유형을 예측하고 문자열로 반환한다. 예를 들면, 스트림의 시작이 GIF8이면 image/gif 문자열을 반환하고 〈html〉이면 text/html을 반환한다. 2 개의 메소드는 컨텐트 유형을 분석하지 못하면 null을 반환한다.

URL 클래스는 openStream() 메소드를 사용(입력 스트림 생성)하여 HTTP 서버로부터 텍스트 파일을 다운로드 받을 수 있었다. 그러나 GIF 이미지 파일이나 class 바이트 코드 파일과 같은 이진 데이터 파일을 다운로드 받는 데는 문제가 있다. 그 이유는 HTTP 서버는 스스로 알아서 연결을 끊고 필요한 시점에 EOF를 전송해 주지 않기 때문에, 클라이언트 쪽에서는 언제까지 입력 스트림을 읽어야 할지 알 수가 없다.

그러므로 이진 데이터를 다운로드 받는 경우에는 정확히 읽어야 할 바이트의 길이를 알아야 하므로 URLConnection 클래스의 getContentLength() 메소드를 사용하는 것이 좋다. 예제 12.6은 서버에 저장된 이진 데이터 파일을 읽어 같은 이름으로 로컬 시스템에 저장하는 클래스이다.

[예제 12.6] **SaveBinaryData.java**

```java
import java.net.*;
import java.io.*;
public class SaveBinaryData
{
    public static void main(String args[]){
        URL u;
        URLConnection uc;
        for(int i=0; i<args.length; i++){
            try{
                u = new URL(args[i]);
                uc = u.openConnection(); // uc URLConnection 객체를 생성
                String ct = uc.getContentType(); // 컨텐트 유형을 반환
                int cl = uc.getContentLength(); // 컨텐트의 길이를 반환
                if(ct.startsWith("text/") || cl == -1){
                    System.out.println("이진 데이터 파일이 아닙니다.");
                    return; // 텍스트 파일은 프로그램을 종료함.
```

```
            }
            InputStream is = uc.getInputStream();
            BufferedInputStream bis = new BufferedInputStream(is);
            byte[] buffer = new byte[cl]; // 이진데이터 크기만큼 할당
            int bytesread = 0;
            int offset = 0;
            while(offset 〈cl){
                bytesread = bis.read(buffer, offset, buffer.length-offset);
                if(bytesread == -1) break;
                offset = offset+bytesread;
            }
            bis.close();
            if(offset != cl){
                System.out.println("데이터를 정상적으로 읽지 않았습니다.");
            }
            String filename = u.getFile(); // URL에서 파일이름(경로포함)을 읽음
            filename = filename.substring(filename.lastIndexOf('/')+1);
            // 경로를 제외한 순수한 파일이름만 구한다.
            FileOutputStream fout = new FileOutputStream(filename);
            fout.write(buffer); // 파일에 데이터를 저장한다.
            fout.flush();
            fout.close();
        }catch(MalformedURLException e){
            System.out.println("입력된 URL은 잘못된 URL 입니다.");
        }catch(IOException e){
            System.out.println(e);
        }
    }
  }
}
```

예제 12.6 설명

서버로부터 URL 객체 u로 지정한 이미지 파일 또는 로컬 하드디스크의 이미지 파일을 읽어서 같은 파일이름으로 로컬 하드디스크에 저장한다. 예를 들면, 명령어 라인에서 java SaveBinaryData file:///c:\valueadd\banner.gif를 입력하면, 로컬 시스템의 c:\valueadd 폴더에 저장된 banner.gif 파일을 읽어서 현재의 작업 폴더에 banner.gif 이미지 파일을 저장한다.

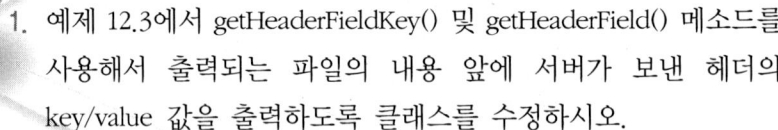

1. 예제 12.3에서 getHeaderFieldKey() 및 getHeaderField() 메소드를 사용해서 출력되는 파일의 내용 앞에 서버가 보낸 헤더의 key/value 값을 출력하도록 클래스를 수정하시오.

2. 예제 12.6에서 텍스트 파일도 읽어서 저장하는 기능을 추가하시오.

IP 멀티캐스팅 소켓

13.1 멀티캐스트(Multicast)
13.2 MulticastSocket 클래스
13.3 멀티캐스트 패킷 수신
13.4 멀티캐스트 패킷 전송

13 IP 멀티캐스팅 소켓

멀티캐스트(multicast)는 하나의 호스트가 패킷을 전송하고 다수의 호스트가 그 패킷을 수신하는 프로토콜이다. 예를 들면, 인터넷 비디오 서비스를 생각하자. TCP/IP 및 UDP/IP 프로토콜을 사용하면 비디오 서버는 서비스를 원하는 모든 클라이언트에 별도의 패킷을 전송해야 한다. 그러나 멀티캐스트 프로토콜을 사용하면 서버는 하나의 패킷만을 전송하고 중간에 라우터가 필요한 만큼 패킷을 복사하여 클라이언트에 전송을 할 수 있다. 이렇게 함으로서 일대일 전송 방식보다도 네트워크의 자원을 효율적으로 사용할 수 있다.

멀티캐스트를 지원하기 위해서는 호스트와 라우터가 "멀티캐스트용"이어야 한다. 즉, 멀티캐스트용 호스트와 라우터는 IGMP(Internet Group Management Protocol)를 지원해야 하며 멀티캐스트 주소로 보내어지는 패킷을 받아 처리할 줄 알아야 한다.

1. 멀티캐스트(Multicast)

그림 13.1은 로컬 네트워크 a, b, c를 라우터로 연결한 네트워크를 보여준다. 그림에서 보는 것처럼 로컬 네트워크 a에 포함된 어떤 호스트가 자신이 속해있는 로컬 네트워크의 호스트뿐만 아니라 다른 로컬 네트워크의 호스트에도 패킷을 전송하는 경우를 생각하자. 이러한 경우 같은 패킷을 수신하고자 하는 모든 호스트를 같은 주소(이 주소를 멀티캐스트 주소라 함)로 묶고 전송 호스트가 그 주소를 포함한 패킷을 네트워크에 보내면 멀티캐스트 주소로 지정된 호스트는 그 패킷을 받기만 하면 된다. 즉, 그림 13.1에서 a, b 및 c에 연결된 호스트들은 같은 멀티캐스트 주소(239.1.2.3)를 가지므로 전송 호스트가 보낸 패킷을 수신할 수 있으며, 이때 네트워크를 연결하는 라우터는 멀티캐스트를 지원해야 한다.

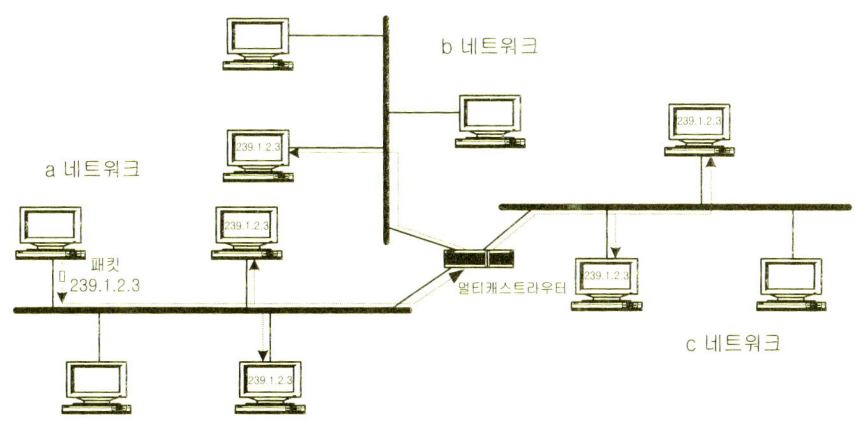

[그림 13.1] 멀티캐스트 패킷의 전송

1.1 멀티캐스트 주소

멀티캐스트 주소는 멀티캐스트 그룹이라는 호스트들의 그룹 주소이다. 즉, TCP 및 UDP 프로토콜에서는 하나의 IP 주소가 하나의 호스트를 지정하나, 멀티캐스트 주소는 하나의 IP 주소가 다수의 호스트(이 호스트들은 같은 IP 주소를 가짐)를 나타내는 차이가 있다. 멀티캐스트 주소는 첫 번째 4비트를 1110으로 시작하는 224.0.0.0 ~ 239.255.255.255에 속하는 IP 주소를 사용한다. 이들은 일반적인 클래스 A, B, C 주소들과 구분하기 위해서 클래스 D로 불린다. IANA(Internet Assigned Number Authority)는 필요한 경우 멀티캐스트 주소를 할당하는 일을 하며 멀티캐스트 주소도 다른 IP 주소들처럼 호스트 이름을 가질 수 있다. 예를 들면, IP 주소 224.0.0.0의 호스트 이름은 BASE-ADDRESS.MCAST.NET이고 예약된 베이스 주소이며 224.0.0.1의 호스트 이름은 ALL-SYSTEMS.MCAST.net이며 로컬 서브넷의 모든 시스템을 의미한다.

이와 같이 멀티캐스트 주소는 공식적으로 특정한 애플리케이션에 지정된 것도 있고 멀티캐스트 주소를 동적으로 지정하자는 제안도 나와 있지만, 동일한 단체 안에서는 대개 내부적으로 지정된 주소를 사용할 수 있다. 239로 시작하는 모든 멀티캐스트 주소는 이러한 내부 지정용으로 예약되어 있기 때문에, 여러분이 속해 있는 네트워크에서 시험해 보려면 이 범위 안의 아무 주소나 사용해도 안전하다.

멀티캐스트 전송일지라도 하나의 IP 주소(다수의 호스트를 가리키는 그룹 주소)가 사용되므로 멀티캐스트 전송을 하기 위해서 사용되는 멀티캐스트 데이터그램은 11장에서 배운 UDP 데이터그램과 별 차이가 없다. 즉, UDP 패킷은 수신할 호스트의 IP 주소를 패킷에 포함하였으나, 멀티캐스트 패킷은 다수의 호스트를 지정하는 멀티캐스트 주소(224.0.0.0 ~

239.255.255.255)를 포함한다. 그리고 UDP와 동작 방식이 똑같기 때문에 단지 멀티캐스트 패킷만 네트워크에 흘려 놓으면, 멀티캐스트 그룹에 가입된 호스트들이 자신의 그룹 주소라면 패킷을 읽는다. 실제로 멀티캐스트 전송을 위한 패킷의 생성은 DatagramPacket 클래스를 이용하며 단지 DatagramSocket 대신 MulticastSocket 클래스를 사용하여 소켓을 생성하고 전송한다.

또한 멀티캐스트는 패킷 기반으로 동작하므로 믿을 수 있는 전송을 보장하지도 않는다. 역시 패킷은 유실될 수 있고 복제될 수도 있으며 도달 순서가 뒤바뀔 수도 있다. 한쪽에서는 패킷을 제대로 받았어도 다른 한쪽에선 못 받는 경우도 생긴다.

1.2 TTL(Time To Live)

멀티캐스트 패킷은 UDP 패킷과 구조가 같으나, 멀티캐스트 주소를 사용하고 패킷의 생존기간을 지정하는 TTL(Time To Field) 필드를 포함하고 있다(그림 11.1참조). 이 필드는 0부터 255사이의 값을 가지는 1 바이트의 크기로서, IP 헤더 내에 포함되어 있다. TTL 필드의 값은 패킷이 사라지기 전에 통과할 수 있는 라우터의 수이다. 패킷이 라우터를 통과할 때마다 이 숫자는 감소되어, 0 값이 되면 패킷은 자동적으로 사라진다. 따라서 멀티캐스트 패킷이 인터넷을 무한히 떠돌아다니거나, 라우터의 환경설정이 잘못된 경우 다른 라우터와 패킷을 끝없이 주고받는 것을 막을 수 있다.

TTL 필드의 값은 어떤 라우터에서는 1이 감소되고 다른 라우터에서는 2 또는 3만큼 감소할 수도 있다. 따라서 TTL 값이 작으면 그만큼 제한된 네트워크 사이에서만 패킷이 돌아다닐 수밖에 없고 IP 멀티캐스트 전송에서 TTL은 멀티캐스트 전송을 지역적으로 제한하는데 사용된다. 예를 들면, 로컬 네트워크의 호스트들에게만 전송을 원하는 경우는 TTL 값을 1로 설정하고, 32는 어떤 조직에 연결된 호스트들, 64는 지역에 연결된 호스트들, 128보다 적은 경우는 대륙의 호스트들, 128보다 큰 경우는 온 세상을 돌아다닐 수 있을 것이다. TTL의 기본 값은 1이다. 즉, 기본적으로 패킷은 자신의 로컬 서브 네트워크 밖으로 나가지 못한다. 그러나 멀티캐스트 전송을 지원하기 위해서는 멀티캐스트 전송을 지원하는 운영체제, 하드웨어 플랫폼, 네트워크 라우터를 갖고 있어야 한다.

2. MulticastSocket 클래스

멀티캐스트 패킷을 전송하거나 수신하는 것은 11장에서 배운 UDP/IP 프로토콜과 유사하다. 먼저, DatagramPacket 클래스를 이용하여 데이터, 멀티캐스트 그룹의 주소 및 TTL 값

등을 가지는 멀티캐스트 패킷을 생성한다. 그리고 DatagramSocket 클래스가 아닌 MulticastSocket 클래스를 사용하여 멀티캐스트 소켓을 생성하고 이를 통하여 멀티캐스트 패킷을 전송하거나 수신하면 된다.

MulticastSocket 클래스는 DatagramSocket 클래스를 상속받아, 멀티캐스트 기능을 지원하기 위하여 멀티캐스트 그룹에 가입하거나 탈퇴하는 기능 등을 추가한 클래스이다. 따라서 이 클래스는 DatagramSocket 클래스의 모든 메소드는 기본적으로 제공하고 그룹 멤버를 조정하는데 필요한 추가적인 메소드를 포함한다.

2.1 MulticastSocket 클래스의 생성자 메소드

멀티캐스트 소켓은 멀티캐스트 기능을 수행하려는 호스트가 가장 가까이 있는 멀티캐스트 라우터와 그룹 가입 및 탈퇴 등을 정의한 IGMP(Internet Group Management Protocol) 프로토콜 기능을 추가한 UDP 소켓이다. 따라서 지원하는 생성자는 DatagramSocket 클래스와 유사하다. 그러나 일반적인 UDP 소켓과의 큰 차이점은 하나의 포트에 다수의 멀티캐스트 소켓이 바운드 될 수 있으며 지원하는 생성자는 아래와 같다.

public MulticastSocket() throws SocketException

이 생성자는 임의의 포트에 바인드된 멀티캐스트 소켓을 생성한다. 일반적으로 특정한 포트를 사용할 필요가 없는 클라이언트가 이 생성자를 사용한다. 만약, 포트 번호를 알고 싶다면 DatagramSocket으로부터 상속된 getLocalPort() 메소드를 사용하면 된다.

public MulticastSocket(int port) throws SocketException

이 생성자는 인수로 주어진 포트에 바인드된 멀티캐스트 소켓을 생성한다. 하나의 포트는 다수의 멀티캐스트 소켓이 사용할 수 있으나, 데이터그램 소켓이 사용하는 포트는 사용할 수 없고 같은 그룹에 포함된 호스트들은 같은 포트를 사용해야 한다.

2.2 지원하는 메소드들

MulticastSocket 클래스는 DatagramSocket 클래스에서 지원하는 메소드외에 IGMP 프로토콜 기반의 IP 멀티캐스트 지원을 위한 메소드를 아래와 같이 지원한다.

public void joinGroup(InetAddress group) throws SocketException

어떤 호스트가 멀티캐스트 소켓으로부터 패킷을 받기 위해서는 먼저 멀티캐스트 그룹에 가입해야 한다. joinGroup() 메소드는 가장 가까운 멀티캐스트 라우터에 인수로 주어진 멀티캐스트 그룹 주소에 가입할 것을 요청한다. 성공적으로 그룹에 가입되면, 그 그룹으로 전송된 모든 패킷을 받을 수 있다. 만약, 가입하고자 하는 주소가 멀티캐스트 주소(224.0.0.0 ~ 239.255.255.255)가 아니면, 이 메소드는 SocketException 예외를 발생시킨다.

public void leaveGroup(InetAddress group) throws SocketException

이 메소드는 가장 가까운 멀티캐스트 라우터에 인수로 주어진 멀티캐스트 그룹으로부터 탈퇴할 것을 요청한다. 만약, 탈퇴하고자 하는 주소가 멀티캐스트 주소(224.0.0.0 ~ 239.255.255.255)가 아니라면 지정된 예외가 발생한다.

public void setTimeToLive(int ttl) throws IOException

이 메소드는 인수로 주어진 정수를 멀티캐스트 패킷의 TTL 값으로 설정하며 인수는 1부터 255 사이의 값이다. 이 메소드는 send(DatagramPacket dp) 메소드를 사용하여 전송하는 모든 멀티캐스트 패킷에 적용된다.

public int getTimeToLive() throws IOException

이 메소드는 현재 설정된 TTL 값을 구하는데 사용하며 1부터 255사이의 값을 반환한다.

public synchronized void send(DatagramPacket dp)
        throws IOException, SocketException

이 메소드는 인수로 주어진 멀티캐스트 패킷 dp를 전송한다.

public synchronized void send(DatagramPacket dp, byte ttl)
        throws IOException, SocketException

이 메소드는 첫 번째 인수로 주어진 dp 멀티캐스트 패킷의 TTL 값을 두 번째 인수의 값으로 설정하여 멀티캐스트 그룹 호스트들에 전송한다. 이 메소드를 사용하면, 패킷에 설정된 TTL 값은 setTimeToLive() 메소드로 설정된 TTL 값을 일시적으로 무시한다. 따라서 특정한 패킷을 디폴트 TTL 값이 아닌 특정한 TTL 값으로 전송을 원하는 경우는 이 메소드를 사용하면 된다.

public void setInterface(InetAddress interface) throws SocketException

여러 개의 네트워크 인터페이스 카드를 가지는 호스트(멀티 홈 호스트)에서 멀티캐스트 소켓을 생성하면, 모든 네트워크 카드에 멀티캐스트 소켓이 생성된다. setInterface() 메소드는 멀티 홈 호스트에서 인수로 주어진 주소에 해당하는 인터페이스 카드만을 멀티캐스트 전송을 위한 카드로 선택하게 한다. 만약, 전달한 InetAddress가 로컬 호스트의 네트워크 인터페이스가 아니면 SocketException 예외를 발생시킨다.

```
public InetAddress getInterface() throws SocketException
```
이 메소드는 멀티 홈 호스트에서 멀티캐스트 전송으로 사용되는 네트워크 인터페이스 카드의 InetAddress 주소를 반환한다. 만일, 모든 카드가 멀티캐스트 소켓으로 사용된다면 0.0.0.0 주소를 반환한다.

3. 멀티캐스트 패킷 수신

멀티캐스트 그룹에 가입하지 않아도 호스트는 멀티캐스트 패킷을 전송할 수 있으나, 멀티캐스트 패킷을 수신하고자 하는 호스트는 먼저 멀티캐스트 그룹에 가입해야 한다. 하나의 호스트가 멀티캐스트 패킷을 수신하는 순서는 아래와 같다.

1) MulticastSocket() 생성자를 이용하여 MulticastSocket 소켓을 만든다.
2) joinGroup() 메소드를 사용하여 멀티캐스트 그룹에 가입한다. 이렇게 하면, 서버와 멀티캐스트 그룹에 가입한 호스트 사이의 경로 상에 있는 멀티캐스트 라우터가 멀티캐스트 패킷을 멀티캐스트 그룹에 가입한 호스트에 보낸다.
3) 전송된 멀티캐스트 패킷을 받기 위한 DatagramPacket을 만들고 MulticastSocket 소켓 객체의 receive() 메소드를 호출한다.
4) 서버로부터 더 이상 패킷을 받고 싶지 않으면, MulticastSocket의 leaveGroup() 메소드를 호출하여 멀티캐스트 그룹에서 탈퇴한다.
5) 마지막으로 close() 메소드를 호출하여 소켓을 닫는다. 아래는 지금까지 설명한 멀티캐스트 패킷을 받기 위한 부분 프로그램이다.

```
......
InetAddress group;
int mport;
byte[] buffer = new byte[65508];
MulticastSocket ms = new MulticastSocket(mport); // 멀티캐스트 소켓 생성
ms.joinGroup(group); // 그룹 주소에 가입
DatagramPacket dp = new DatagramPacket(buffer, buffer.length);
ms.receive(dp); // 멀티캐스트 패킷을 수신
// 멀티캐스트 패킷을 전송한 호스트 및 데이터를 구한다.
InetAddress source = dp.getAddress();
```

```
int sourceport = dp.getPort();
int length = dp.getLength();
byte data[] = dp.getData();
// 데이터를 처리한다.
……
ms.leaveGroup(group); // 멀티캐스트 그룹에서 탈퇴
ms.close(); // 멀티캐스트 소켓을 닫는다.
……
```

4. 멀티캐스트 패킷 전송

멀티캐스트 패킷을 보내는 것은 UDP 패킷을 전송하는 것과 유사하다. 멀티캐스트 패킷을 전송하기 위해서는 멀티캐스트 그룹에 가입할 필요는 없다. 먼저 데이터, 멀티캐스트 주소 및 TTL 값 등을 포함하는 멀티캐스트 패킷을 만든다. 그리고 2개의 send() 메소드 중 하나를 사용하여 멀티캐스트 패킷을 전달하며 부분적인 프로그램은 아래와 같다.

```
……
byte[] data;
InetAddress group;
int mport;
MulticastSocket ms = new MulticastSocket(); // 익명의 포트를 사용
DatagramPacket dp = new DatagramPacket(data, data.length, group, mport);
dp.send(dp, (byte)64); /* TTL 값을 64로 설정함. */
ms.close();
……
```

MulticastSocket으로 전송된 패킷은 그룹의 모든 멤버에 전송되고 패킷을 전송한 호스트도 패킷을 수신한다. 따라서 이것은 loop-back 영향을 가진다. 예제 13.1은 하나의 호스트가 멀티캐스트 그룹에 가입하여 패킷을 그룹에 전송하고 다시 loop-back되는 패킷을 수신하는 클래스이다.

[예제 13.1] TestMulticast.java

```java
import java.net.*;
import java.io.*;
public class TestMulticast
{
    public static void main(String args[]){
        int port = 5265;
        try{
            InetAddress group = InetAddress.getByName("239.255.10.10");
            System.out.println(group.getHostAddress()+" 그룹 주소 및 "+port+" 포트에 바인드된 멀티캐스트 소켓을 생성함.");
            MulticastSocket msocket = new MulticastSocket(port);
            msocket.setSoTimeout(10000);
            msocket.setTimeToLive(1); // 전송영역을 로컬 네트워크에 한함.
            System.out.println("멀티캐스트 그룹에 가입하고 있습니다.");
            msocket.joinGroup(group);

            // 멀티캐스트 패킷을 생성하고 전송한다.

            String sendmsg = "This is a multicast data";
            byte data[] = sendmsg.getBytes();
            DatagramPacket packet = new DatagramPacket(data, data.length, group, port);
            System.out.println("멀티캐스트 메시지를 전송중입니다 : "+sendmsg);
            msocket.send(packet);

            // loop-back되는 멀티캐스트 데이터를 수신한다.

            packet.setData(new byte[512]);
            packet.setLength(512);    // 버퍼의 크기를 설정함.
            System.out.println("멀티캐스트 패킷을 수신하고 있습니다.");
            msocket.receive(packet);
            String receivemsg = new String(packet.getData(), 0, packet.getLength());
            System.out.println("수신된 메시지는 : "+receivemsg);
```

```
            System.out.println("멀티캐스트 그룹을 탈퇴합니다.");
            msocket.leaveGroup(group);
            msocket.close();
        }catch(UnknownHostException e){
            System.out.println(e);
        }catch(SocketException e){
            System.out.println(e);
        }catch(IOException e){
            System.out.println(e);
        }
    }
}
```

⇨ ○예제 13.1 설명

송신 호스트는 "This is a multicast data" 데이터, group 그룹 주소 및 port 포트 번호를 패킷화 해서 멀티캐스트 그룹에 전송한다. 전송된 패킷은 멀티캐스트 그룹 주소를 가지는 호스트 및 패킷을 전송한 호스트도 수신(loop-back)할 수 있으므로 자신이 전송한 패킷을 수신한다. 물론, 예제는 IP 멀티캐스트를 지원하는 환경에서 실행된다.

멀티캐스트를 사용하면, 클라이언트-서버 구조가 아닌 모든 클라이언트가 동등한 입장에서 메시지를 주고받는 채팅 프로그램을 작성할 수 있다. 예제 13.2는 멀티캐스트 방식을 사용하여 클라이언트들이 채팅을 하는 클래스이다.

[예제 13.2] MulticastChat.java

```
import java.net.*;
import java.io.*;
import java.awt.*;
import java.awt.event.*;
public class MulticastChat implements Runnable, WindowListener, ActionListener
{
    protected InetAddress group;
    protected int port;
    protected Frame frame;
    protected TextField input;
```

```java
    protected TextArea output;
    protected Thread listener;
    protected MulticastSocket socket;
    protected DatagramPacket outgoing, incoming;
    public MulticastChat(InetAddress group, int port){
        this.group = group;
        this.port = port;
        initAWT();
    }
    protected void initAWT(){
        frame = new Frame("멀티캐스트 채팅 [호스트 : "+group.getHostAddress()+" , "+port+"]");
        frame.addWindowListener(this);
        output = new TextArea();
        output.setEditable(false);
        input = new TextField();
        input.addActionListener(this);
        frame.setLayout(new BorderLayout());
        frame.add(output, "Center");
        frame.add(input, "South");
        frame.pack();
    }
    public synchronized void start() throws IOException{
        if(listener == null){
            initNet();
            listener = new Thread(this);
            listener.start(); // 스레드를 시작한다.(run() 메소드 실행)
            frame.setVisible(true);
        }
    }
    protected void initNet() throws IOException{
        socket = new MulticastSocket(port);
        socket.setTimeToLive(1);
        socket.joinGroup(group);
```

```java
        outgoing = new DatagramPacket(new byte[1], 1, group, port);
        incoming = new DatagramPacket(new byte[65508], 65508);
    }
    public synchronized void stop() throws IOException{
        frame.setVisible(false);
        if(listener != null){
            listener.interrupt();
            listener = null;
            try{
                socket.leaveGroup(group);
            }finally{
                socket.close();
                System.exit(0);
            }
        }
    }
    public void windowOpened(WindowEvent we){
        input.requestFocus();
    }
    public void windowClosing(WindowEvent we){
        try{
            stop();
        }catch(IOException e){
            System.out.println(e);
        }
    }
    public void windowClosed(WindowEvent we){}
    public void windowIconified(WindowEvent we){}
    public void windowDeiconified(WindowEvent we){}
    public void windowActivated(WindowEvent we){}
    public void windowDeactivated(WindowEvent we){}
    public void actionPerformed(ActionEvent ae){
        try{
            byte[] utf = ae.getActionCommand().getBytes("UTF8");
```

```java
            outgoing.setData(utf);
            outgoing.setLength(utf.length);
            socket.send(outgoing);
            input.setText("");  // 텍스트 필드의 내용을 지운다.
        }catch(IOException e){
            System.out.println(e);
            handleIOException(e);
        }
    }
    protected synchronized void handleIOException(IOException e){
        try{
            stop();
        }catch(IOException ie){
            System.out.println(ie);
        }
    }
    public void run(){
        try{
            while(!Thread.interrupted()){
                incoming.setLength(incoming.getData().length);
                socket.receive(incoming);
                String message = new String(incoming.getData(), 0, incoming.getLength(), "UTF8");
                output.append(message+"\n");
            }
        }catch(IOException e){
            handleIOException(e);
        }
    }
    public static void main(String args[]) throws IOException{
        if((args.length != 1) || (args[0].indexOf(":") < 0)) // 멀티캐스트주소:포트번호 형태로 입력을 해야함.
            throw new IllegalArgumentException("잘못된 멀티캐스트 주소입니다.");
        int idx = args[0].indexOf(":");
```

```
            InetAddress group = InetAddress.getByName(args[0].substring(0, idx));
            int port = Integer.parseInt(args[0].substring(idx+1));
            MulticastChat chat = new MulticastChat(group, port);
            chat.start();
        }
    }
```

예제 13.2 설명

예제는 명령어 라인에서 멀티캐스트의 서버 주소 및 포트 번호를 입력해야 하고 멀티캐스트 전송을 이용하므로 서버를 사용하지 않고 같은 그룹에 속한 클라이언트들이 채팅을 할 수 있다. 즉, 그룹에 속한 하나의 클라이언트가 데이터를 송신하면 자신을 포함하여 그룹에 속한 모든 호스트가 데이터를 수신한다.

사용자가 input 텍스트 필드에 대화말 및 enter 키를 입력하면, 이벤트가 발생하여 actionPerformed() 메소드가 실행되어 멀티캐스트 패킷을 전송한다. 또한 스레드는 그룹에 속한 호스트가 전송한 멀티캐스트 패킷을 계속 수신하여 output 텍스트 에리어에 출력한다. 아래는 2개의 도스 창에서 java MulticastChat 239.255.10.10:5265를 실행시켜 2 사람이 채팅을 한 결과를 보여준다. 이름도 사용자가 대화말에 포함시켜 직접 입력한 것이다.

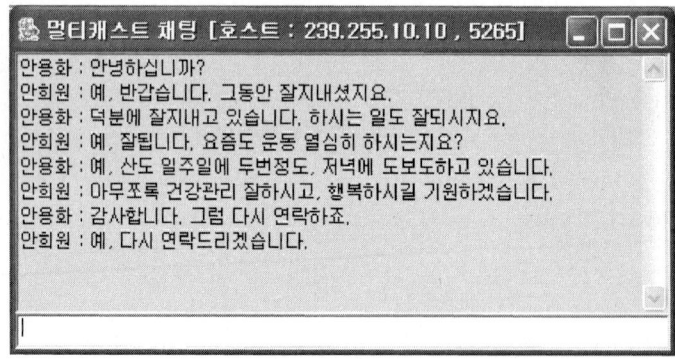